Arena-Taschenbuch
Band 1764

Auguste Lechner,
1905 in Innsbruck geboren, ist Österreichische Staatspreisträgerin. Mit ihren Büchern erschließt sie der Jugend einen Zugang zur Sagenwelt. Ihr Gesamtwerk wurde mit dem »Premio Europeo di Letteratura Giovanile« ausgezeichnet.

Arena-Taschenbücher von Auguste Lechner:

»Die Nibelungen« (Band 1319)
»Dietrich von Bern« (Band 1346)
»Parzival« (Band 1353)
»Ilias – Der Untergang Trojas« (Band 1369)
»Die Abenteuer des Odysseus« (Band 1370)
»Aeneas – Sohn der Göttin« (Band 1371)
»Der Reiter auf dem schwarzen Hengst« (Band 1429)
»Gudrun« (Band 1455)
»Die Rolandsage« (Band 1470)
»Herkules« (Band 1500)
»Don Quijote« (Band 1529)
»Die Sage vom Goldenen Vlies« (Band 1641)

Auguste Lechner

Die Wolfdietrichsage

Arena

Die Deutsche Bibliothek – CIP-Einheitsaufnahme

Lechner, Auguste:
Die Wolfdietrichsage / Auguste Lechner.
- 1. Aufl., – Würzburg: Arena, 1993.
(Arena-Taschenbuch; Bd. 1764)
ISBN 3-401-01764-0
NE: GT

1. Auflage als Arena-Taschenbuch 1993
Lizenzausgabe der Verlagsanstalt Tyrolia GmbH, Innsbruck

Umschlagillustration: Klaus Müller
Gesamtherstellung: Pfälzische Verlagsanstalt, Landau
ISSN 0518-4002
ISBN 3-401-01764-0

I

Lange bevor König Ortnit von Lamparten im Tal der gelben Felsen den Tod fand, herrschte weit drunten im Griechischen Reiche ein König namens Hugdietrich. Er war ein wenig wunderlich, nicht mit allzu großer Klugheit begabt, und lebte stets in Angst vor allerlei Zauber, bösen Geistern und Teufeln und nicht zuletzt vor seinen Göttern: denn Hugdietrich war ein Heide.

Er hatte eine schöne, junge Gemahlin und zwei kleine Söhne. Aber er war oft lange von ihnen fort auf Kriegszügen gegen die wilden Nachbarstämme, deren bewaffnete Horden immer wieder in sein Land einfielen.

Da beschloß er, dem ein Ende zu machen, und rief seine Freunde und Lehensmannen zu einer großen Heerfahrt auf.

Viel Kriegsvolk sammelte sich in seiner Hauptstadt Kunstenopel, und tagelang saß der König im großen Saal seiner Burg und beriet sich mit den Herzögen und Grafen, die das Heer führen sollten.

Endlich, als alles beredet schien, sagte Hugdietrich zum alten Herzog Berchtung, seinem treuesten Lehensmann: »Nun rate mir noch eines! In wessen Obhut soll ich meine Gemahlin und meine Söhne zurücklassen, wenn wir reiten?«

Berchtung dachte nicht lange nach. »Übergib sie dem Herzog Sabene, Herr. Ich kenne keinen klügeren Mann als ihn, und er ist so treu wie ich. Und da er der Oberbefehlshaber der Hauptstadt ist und Verweser des Landes, wird es ihm ein leichtes sein, die Königin und die Kinder zu beschützen.«

Das glaubte Berchtung. Aber er war ein ehrlicher Ritter, und in

seinem Kopfe und in seinem Herzen hatte nichts Falsches Platz. Daher kam es, daß er sich irrte: denn Sabene war keineswegs so treu und ehrlich wie er selbst; er war nur so schlau, daß es niemand merkte.
Dem König gefiel der Vorschlag, und er schickte sogleich einen Knecht nach Sabene.
Gleich darauf trat der Herzog in den Saal. Er beugte den schönen dunklen Kopf. »Du hast mich rufen lassen, Herr?« Auch seine Stimme war schön und seine schmalen Augen, über denen es wie ein Schleier lag, und die Geschmeidigkeit seiner schlanken Gestalt. Aber Sabene war ein Bösewicht, schön und gefährlich wie die großen Raubtiere der Wüste. Das wußte freilich weder Hugdietrich noch der gute alte Berchtung.
Es veränderte sich kein Zug in seinem Gesicht, als er den Auftrag des Königs vernahm, kaum spannte sich die Haut über den Backenknochen ein wenig.
»Du erweisest mir eine große Ehre«, sagte er nur gleichgültig.
Am Morgen darauf zog das Heer von Kunstenopel aus. Es wurde ein langer Kriegszug mit harten Kämpfen in Sümpfen und Wäldern, wo die Männer am Fieber starben oder an einem Pfeil aus dem Hinterhalt. Wenig Nachricht kam vom Heere nach der Hauptstadt.
Monde vergingen, die Königin lebte in Sorgen mit ihren Kindern in der Burg.
Und eines Nachts kam der dritte Sohn Hugdietrichs zur Welt. Die Frauen, die um die Königin waren, schwuren, sie hätten noch nie ein so schönes, starkes Kind gesehen. Die Königin selbst erstaunte, als sie es am Morgen betrachtete. Das runde Gesichtlein war hell, die Haut spannte sich straff um den festen, kleinen Leib, und seine Mutter dachte verwundert, daß niemand es für ein Neugeborenes halten könnte, so aufmerksam wie es einen anblickte aus ruhigen Augen, die beinahe zu lächeln schienen. Und plötzlich fühlte die Königin, daß sie

diesen jüngsten Sohn viel mehr lieben würde als die beiden anderen. Sie wußte nicht, warum, und sie war um der andern willen traurig darüber.
Nachdem sieben Tage vergangen waren, stand die Königin eines frühen Morgens heimlich auf, als kaum der erste Silberstreifen am Himmel erschienen war. Sie warf leise das Gewand über, nahm das Kind und hüllte es sorgfältig ein; dann legte sie einen dunklen Mantel an, der sie und den Knaben verbarg, und verließ lautlos die Burg, in der noch alles schlief. Durch ein kleines eisernes Pförtlein in der Mauer trat sie aus dem Hofe hinaus auf die Heide, die sich zwischen Stadt und Burg und den endlosen Wäldern erstreckte. Nebel kroch über den Boden, die Luft zog feucht vom Meere her, das ostwärts, jenseits der Stadt, sich schillernd ins Ungewisse dehnte. Die Königin fröstelte ein wenig, denn sie war noch nicht sonderlich kräftig. Nein, es würde nicht leicht sein, eine halbe Meile durch den unwegsamen Wald zu gehen mit dem Kind auf dem Arm: aber es mußte sein, denn sie wollte zu dem alten Klausner, um ihren Sohn taufen zu lassen. Die Königin hatte Angst: denn Hugdietrich wollte nichts von Christenglauben und Taufe hören und hätte es gewiß streng verboten; und wenn sie daran dachte, daß er es erfahren könnte, wurde ihr kalt vor Furcht. Sie wußte, daß ihr Gemahl im Zorn sehr grausam war.
Aber sie konnte nicht anders: Dieser jüngste Sohn sollte im Christenglauben aufwachsen, dem sie selbst heimlich anhing. Das hatte sich die Königin geschworen.
Hastig schritt sie fürbaß. Sie erschrak, wenn die Dornranken an ihrem Mantel zerrten oder wenn seitwärts ein Tier durchs Dickicht brach. Der Wald wurde immer dichter, nur manchmal zeigten ihr ein paar abgebrochene Zweige oder eine Fußspur im Boden, daß sie auf dem rechten Wege war. Sie kannte den Einsiedler wohl und wußte, daß von weither die Leute zu ihm kamen, wenn sie Rat und Hilfe brauchten und sich selber

nimmer zu helfen wußten. Denn der Alte war gut und weise und viel in der Welt herumgekommen, durchs ganze Abendland und weit hinüber ins Morgenland. Nun war er so uralt, daß er längst des Wanderns müde war. Aber er hatte viel Wissen von seinen Pilgerfahrten heimgebracht, viel Kenntnis geheimer Kräfte der Erde und der Pflanzen, die sie so vielfältig hervorbrachte, in jedem Lande von anderer Art und Wirksamkeit. Er heilte Wunden und Siechtum, tröstete die Armen, die mit ihren Kümmernissen zu ihm kamen, und hielt den Mächtigen furchtlos ihre Untaten vor.

Und wie es oft geschah in diesen alten Zeiten, wenn einer mehr wußte, als die anderen verstanden, so hielten zuletzt die Heiden den alten Klausner für einen mächtigen Zauberer, und die Christen meinten, er müßte ein großer Heiliger sein. Er war keins von beiden, aber er liebte die Menschen und half ihnen, wo er konnte.

Als just die Sonne aufging, kam die Königin auf die kleine Rodung hinaus, wo die Hütte des Klausners stand. Sie sah den Alten vor der Tür knien und beten. Zögernd blieb sie stehen. Aber er erhob sich sofort, als er sie erblickte.

»Ich wollte dein Gebet nicht stören, Herr«, sagte sie ein wenig schüchtern und atemlos. Oh, sie war so müde, und das Kind schien ihr so schwer! Aber sie mußte zu Ende bringen, was sie sich vorgenommen hatte!

Der Klausner sah auf sie herab und lächelte: Er war so groß, daß sie wie ein kleines Mägdlein vor ihm stand. Er streckte die Hände aus, lange, schmale, braune Hände, und nahm ihr den Knaben ab. »Du bist müde, Königin«, sagte er freundlich, »und beten kann man zu jeder Zeit, helfen aber muß man, wenn es not tut. Setze dich auf die Bank und ruhe dich aus.«

Sie gehorchte und fühlte, wie gut es tat, hier zu sein.

»Ich bitte dich, den Knaben zu taufen«, sagte sie und sah zu, wie sorglich und geschickt seine Hände ihn hielten. »Dieser, mein jüngster Sohn, wenigstens soll ein Christ werden!« fügte sie traurig hinzu: denn sie hatte ihren Gemahl vergeblich gebeten, die beiden anderen taufen zu lassen. Nun aber war König Hugdietrich weit fort.

Der Einsiedler nickte ernst: Er kannte den König gut genug. »Gott lohne dir, was du tust, Königin.«

Sie stand auf und folgte ihm nach der Quelle, die ein wenig seitwärts unter einem Felsen hervorsprang.

»Wie willst du ihn nennen?«

»Er soll Dietrich heißen.«

So wurde der Knabe getauft, und der Klausner sprach die Gebete, tauchte ihn dreimal ins Wasser und machte das Zeichen des Kreuzes über ihn.

Dann blickte er das Kind lange und aufmerksam an, und sein altes Gesicht wurde fremd und abwesend, als wäre sein Geist plötzlich weit fort. Die Königin gewahrte es mit Verwunderung. Aber da schien es schon wieder vorbei, und er legte ihr den Knaben in die Hände und sagte ruhig: »Du hast einen schönen Sohn, und er wird einmal groß und stark sein. Er wird viel kämpfen müssen, und oft wird ihm der Tod sehr nahe sein. Aber eines Tages wird er sich ein großes Reich und eine Königin erstreiten, und dies wird sein seltsamster Kampf sein.«

Sie erschrak und wunderte sich, woher er das wohl wissen mochte, aber sie wagte nicht zu fragen, dankte ihm und wollte gehen.

»Warte noch ein wenig«, bat er und trat in die Hütte, als wäre ihm etwas eingefallen. Als er zurückkam, hielt er ein kleines weißes Gewand in der Hand. Es schien ein merkwürdiges Gewebe, wie es die Königin noch nie gesehen hatte. Fast sah es aus wie dicke feine festgesponnene Seide, aber dennoch anders.

»Dieses Hemd will ich dir für deinen Sohn schenken«, sagte der Alte feierlich. »Verwahre es gut, und wenn er erwachsen

ist und zum Kampfe ausziehen muß, so heiße es ihn anlegen. Es ist aus Palmatseide drüben im Morgenlande gewoben worden. Niemand hierzulande kennt das Geheimnis dieses Gewebes: aber es ist undurchdringlich gegen Feuer, Stahl und Drachenzahn, und darum ist, wer es trägt, unverwundbar.«
Die Königin lächelte ein wenig ungläubig. »Aber, Herr – wie kann ein erwachsener Mensch dieses Hemdlein anlegen, das kaum für einen zweijährigen Knaben groß genug ist?«
»Es wird so groß, wie es nötig ist«, beschied der Klausner kurz. »Nun aber mußt du fort, es ist gefährlich für dich, lange zu bleiben, du weißt es.«
Ja, sie wußte es wohl, und sie verbarg auch hastig das Hemdlein in ihrem Gewand, hüllte den Knaben in den Mantel und machte sich auf den Heimweg.
Sie lief durch den Wald, so schnell sie konnte, drückte den warmen kleinen Leib an sich und dachte über die Worte des Klausners und sein seltsames Geschenk nach. Ein Weilchen hielt sie an, um Atem zu holen, als sie an den Waldrand kam. Nun mußte sie noch das Stück Heideland überqueren und ungesehen durch das Pförtchen schlüpfen, dann war sie gerettet und niemand würde je erfahren, daß sie mit dem Kinde fortgegangen war.
Aber als sie just mitten in der Heide war, geschah etwas, das diese Hoffnung jäh zunichte machte: Seitwärts zwischen den Büschen erschien ein Reiter, der geradewegs auf sie zujagte. Sie erkannte ihn im gleichen Augenblick und wäre vor Schrecken beinahe in die Knie gesunken: denn der Reiter war Herzog Sabene. Das war sein schwarzer Hengst mit dem blitzenden Zaumzeug und der Purpurdecke, und so saß nur Sabene im Sattel, so stolz und so leicht und sicher. Lieber Gott, warum hatte sie nur so entsetzliche Angst vor ihm? Sie wußte es nicht. Niemand am Hofe begegnete ihr ehrerbietiger als der Herzog! Ihre Schritte wurden immer langsamer, und sie versuchte, ihren

keuchenden Atem zu beruhigen. Nein, sie durfte nun nicht mehr laufen, sonst müßte er Verdacht schöpfen. So aber würde er sie vielleicht für eine Magd halten in ihrem ärmlichen dunklen Gewand. Aber nach ein paar Schritten wußte sie, daß auch diese Hoffnung sie betrogen hatte.
Der Herzog zügelte seinen Hengst, und ein Ausdruck maßloser Überraschung glitt über sein Gesicht: Er hatte die Königin erkannt. Er lächelte, als er aus dem Sattel sprang, und er lächelte noch immer, als er sich tief verbeugte, während sie dicht an ihm vorüberschritt.
Ihr war, als erstarre etwas in ihr zu Eis bei diesem Lächeln. Sie merkte gar nicht, daß sie immer schneller zu gehen begann, bis sie zuletzt auf das Mauerpförtchen zulief wie gehetzt. Sie sah noch, wie er sein Pferd wandte und gemächlich auf die Stadtmauer zuritt.
Seit diesem Tage wußte sie, daß etwas geschehen würde, und die Angst verließ sie nicht mehr.
Aber es geschah lange nichts. Die Zeit verging ruhig in der Burg und in der Hauptstadt.
Der Knabe Dietrich wuchs und gedieh, und er war so schön, daß die Mägde oft im Kreise um ihn auf dem Boden hockten, weil sie ihn nicht genug ansehen konnten, und selbst die Mutter dachte manchmal, wenn sie das strahlende Gesichtlein betrachtete, wie wenig er doch seinem Vater und den Brüdern glich: denn Hugdietrich und die beiden älteren Söhne waren gewiß nicht schön zu nennen mit ihren langen schmalen Köpfen und dem dunklen, strähnigen Haar, unter dem die Ohren häßlich abstanden.
Aber allmählich begannen die Mägde untereinander zu flüstern. Weiß Gott, wer damit angefangen hatte! Vielleicht die alte Amme, die Herzog Sabene in die Burg gebracht und der Königin so warm empfohlen hatte. Die Alte wußte so viele sonderbare Geschichten, bei denen den Mägden die Ohren heiß

wurden vor Neugier und Gruseln. Manchmal war darin die Rede von Kindern, die ein böser Geist gestohlen hatte, um dafür der Mutter einen greulichen Wechselbalg* in die Wiege zu legen mit einem riesigen Kopf und Fledermausohren oder verunstalteten Gliedmaßen und einer Stimme, die bellte wie ein Wolf.

Ja, so schaurige Dinge erzählte die alte Amme, wackelte mit dem Kopfe dazu und wiegte das Kind der Königin auf ihren dicken Knien, und den Mägden wurde auch ein wenig unheimlich dabei.

Oh, man mußte auf der Hut sein, murmelte sie. Die Geister lauerten immer darauf, sich der Kinder zu bemächtigen und ihr übles Wesen mit ihnen zu treiben. »Seht ihr, so lebten auch einmal ein Mann und eine Frau, die bekamen ein ganz gewöhnliches Kind, das nicht einmal recht gedeihen wollte. Da ging eines frühen Morgens, als es dämmerte, seine Mutter mit ihm vom Hause fort und trug es in den Wald. Als sie wieder zurückkam, wunderten sich alle und meinten, das Kind sei auf einmal viel größer und kräftiger geworden. Es wuchs von Tag zu Tag und wurde immer schöner und klüger, daß es den Leuten zuletzt nicht mehr mit rechten Dingen zuzugehen schien. Als der Knabe sieben Jahre alt war, da kam eines Nachts eine Schar böser Geister, führte den Mann und die Frau und den Knaben mit sich fort durch die Luft, und niemand hat sie je wiedergesehen.«

Die jüngste Dirne hockte vor der Alten auf dem Boden und vergaß vor Angst und Staunen, den Mund zuzumachen. Sie war ein armes, dummes Ding, und in ihrem Kopfe ging es ein wenig durcheinander. Plötzlich streckte sie den Finger aus. »Er ist auch viel zu groß und zu schön und zu klug«, sagte sie und starrte den Knaben mit gerunzelter Stirne an. Auf einmal

---

* *Wechselbalg: mißgestaltetes oder untergeschobenes Kind*

schnellte sie in die Höhe, stieß einen heiseren Angstschrei aus und rannte aus der Kammer. Unter der Türe stieß sie beinahe mit der Königin zusammen, die sich verwundert fragte, was wohl in ihre Mägde gefahren sein mochte, daß sie so stumm mit feuerroten Köpfen dasaßen.
Aber sie vergaß es bald wieder, denn sie hatte große Sorgen. Sie konnte nicht begreifen, warum niemals eine Botschaft vom König sie erreichte, schon seit vielen Monden nicht. Wenn Sabene bei ihr erschien, fragte sie ihn danach: aber der Herzog zuckte nur sorgenvoll die Schultern, verbarg seine Samtaugen unter den langen Wimpern und versprach ihr, wieder einen Boten an Hugdietrich zu schicken. Aber es geschah nie.
Der schöne Herzog wußte nur zu gut, was aus den Boten wurde, die ab und zu vom König kamen: Sie wurden stets vor ihn geführt, richteten ihre Botschaft aus, und dann schickte er sie sogleich wieder mit einem neuen Auftrag aus der Hauptstadt fort, ohne daß die Königin je einen von ihnen zu sehen bekam.
So vergingen zwei Jahre, das dritte nahte sich schon seinem Ende, und Hugdietrich kehrte noch immer nicht zurück. Dietrich lief längst mit wehenden Locken über Treppen und Gänge, stieg zu den Wächtern auf die Türme, und sein helles Lachen flatterte überall durch das graue Gemäuer. Er war in den Pferdeställen, in den Rüstkammern und in der Mägdestube. Es gab niemanden in der Burg, der den schönen, fröhlichen Knaben nicht liebte. Aber dennoch schien es, als hätten das Gesinde und selbst die Jungfrauen der Königin Angst vor ihm. Sie beobachteten ihn oft mit scheuen Augen und bekreuzigten sich heimlich, ehe sie ihn anrührten: denn wie leicht konnte man Schaden nehmen an Leib und Seele, wenn der Knabe Dietrich wirklich nicht König Hugdietrichs Sohn war, sondern ein Wechselbalg der bösen Geister! Dieses Gerede ging bald allenthalben in Burg und Stadt um, und die einzige, die nichts davon hörte, war die Königin. Einsichtige Leute schüttelten

freilich die Köpfe darüber, und der Bischof erschrak, als es ihm zu Ohren kam, und ließ in den Kirchen gegen den sündhaften Aberglauben predigen. Aber es half nicht viel: denn kein Gerede ist so dumm, daß es nicht doch eine Menge gläubiger Zuhörer findet, und in Hugdietrichs Reich gab es neben den Christen noch sehr viele Heiden.
Sabene lächelte teuflisch, als er durch seine Kundschafter diese Dinge erfuhr: Ja, nun war wohl seine Zeit gekommen. Längst hatte der Herzog beschlossen, daß der König von dieser Heerfahrt nicht heimkehren durfte: denn Sabene hatte keine Lust, je wieder auf Macht und Reichtum zu verzichten, die ihm so mühelos zugefallen waren. Ja, das Amt des Reichsverwesers war recht einträglich gewesen, und es gab nur eines, das noch einträglicher sein würde.
Der schöne Herzog betrachtete sich nachdenklich in dem großen silbernen Spiegel und meinte befriedigt bei sich, die Königskrone stünde ihm ganz gewiß viel besser als Hugdietrichs spitzem Kopf.
Er rief einen Knecht, ließ sein Pferd satteln und ritt nach der Königsburg.

Die Königin wunderte sich, als er zu einer so ungewohnten Stunde bei ihr eintrat. Sie saß mit den drei Knaben in ihrer Kemenate und versuchte traurig und ratlos, sie zu bewegen, daß sie miteinander spielen sollten wie andere Brüder. Aber es gelang ihr nicht. Die beiden älteren standen mit mürrischen Gesichtern an der Wand, und Dietrich hockte feuerrot in der Ecke, und seine hellen Augen sprühten vor Zorn. Nein, sie mochten einander einfach nicht leiden, dachte die Königin bekümmert, und ließ sie von der Magd fortbringen.
Sabene war an der Tür stehengeblieben. Als Dietrich an ihm vorüber wollte, bückte sich der Herzog und streckte die Arme aus, um ihn aufzuheben. Aber der Knabe stieß seine Hände

zurück. »Du sollst mich nicht anrühren!« sagte er leise und zornig und lief hinaus.
Nur einen Augenblick zuckte es wie Haß über das Gesicht des Herzogs. Dann verbeugte er sich geschmeidig wie stets vor der Königin.
Sie stand vor ihm in ihrem Gewand aus grünem Samt, der große Smaragd im Stirnreif funkelte über dem honigfarbenen Haar, und ihre Augen waren sehr hell, fast golden. Bei den Göttern, sie war die schönste Frau im ganzen Land, und er konnte sich glücklich schätzen, wenn –
»Was bringst du, Herzog?« Er fuhr beinahe zusammen und rief eilig seine schweifenden Gedanken zurück: Nun hieß es, behutsam zu Werke gehen, denn er wußte wohl, daß er sehr viel wagte.
»Ich fürchte, nichts Gutes, Herrin.« Seine Stimme war glatt wie Öl, und die Königin fühlte, wie die alte Angst und Abneigung sie überkam.
»Ich habe Nachricht vom Heere«, fuhr er vorsichtig fort und beobachtete sie genau. Er sah, wie sie erschrak.
»Ja?« sagte sie hastig.
»Das Glück ist nicht mit König Hugdietrich auf dieser Heerfahrt«, fuhr er fort und bedachte sorgfältig jedes Wort. »Er hat viele Krieger und seine besten Ritter verloren. Und er selbst –« Sabene hob die Schultern mit einer ratlosen Gebärde –, »der Bote sagt, der König sei verschwunden nach einer furchtbaren Schlacht in den Wäldern, und niemand wisse, ob er tot oder in der Hand der Feinde sei.«
Die Königin war sehr bleich geworden. Ja, das war freilich eine üble Botschaft. Aber das Merkwürdigste war: Sie vermochte sie nicht zu glauben. »Er lügt«, dachte sie. »Ich weiß genau, daß er lügt!«
Sie schlang die Finger ineinander, weil ihr die Hände doch ein wenig zitterten, und betrachtete ihn aufmerksam.

»Und du, Herzog Sabene – was glaubst du?«
Er richtete sich auf: Nun würde er gleich wissen, ob er sein Spiel gewann oder verlor.
»Erlaubst du mir, die Wahrheit zu sagen, Königin?« Ein neugeborenes Lamm hätte nicht sanfter und unschuldiger sein können als Herzog Sabene. Sie nickte und war auf der Hut.
»Es tut mir leid, daß ich dir Schmerz bereiten muß: aber ich bin sicher, daß unser Herr nicht heimkehren wird.«
Und diesmal log er nicht einmal: denn in einem Gewölbe seines riesigen Palastes wartete ein Dutzend Männer, gerüstet und mit gesattelten Pferden. Sie warteten nur auf einen Befehl des Herzogs, um dem König entgegenzureiten, und jeder von ihnen hatte einen Dolch und einen Beutel Goldes von Sabene erhalten. Sie würden dafür sorgen, daß Hugdietrich nicht heimkehrte.
Zu dieser Zeit aber befand sich der König mit Berchtung und dem Rest seines Heeres bereits auf dem Heimweg. Das wußte jedoch niemand außer Sabene: denn der Bote, der die Nachricht gebracht hatte, war tot. Tote können nicht reden.
»Du bist sicher, daß unser Herr nicht heimkehren wird?« wiederholte die Königin nachdenklich. »Aber dann – Herzog Sabene, was soll aus uns und dem Lande werden?«
Sabene antwortete nicht gleich.
Ein wenig verwundert war er nun doch, daß sie so ruhig blieb. Aber freilich – sie mochte Hugdietrich wohl nicht sonderlich lieben, so hart und grausam, wie er war. Ja, so mußte es sein, und das war gut, dachte er frohlockend, denn da würde er leichtes Spiel haben. Und da vergaß der schlaue Sabene einen Augenblick seine gewohnte Vorsicht, weil er seines Sieges schon zu sicher war, und sagte: »Du sollst keine Sorge haben, Herrin. Ich habe alles schon geordnet. Meine Macht im Lande ist so groß, daß niemand sie mir mehr streitig machen kann.«
Er zögerte einen Augenblick, denn einen Mann gab es doch,

der ebensoviel Macht besaß wie er: Dieser Mann war Herzog Berchtung. Aber er schob den Gedanken zur Seite und fuhr schnell fort: »Nichts wird mich hindern, in diesem Lande als König zu herrschen. Dann werde ich dich zu meiner Gemahlin machen, und niemand auf der Welt wird herrlicher sein als wir!«

Ja, nun war es gesagt, und es konnte nicht mehr zurückgenommen werden, und Herzog Sabene hatte sein Spiel verloren. Wenigstens für den Augenblick. Denn er hatte etwas vergessen bei seinen schlauen Plänen: und das war die Treue der Königin. Sie sagte eine Weile nichts, als er schwieg. Ihre goldenen Augen sahen ihn ruhig an.

»Du bist sehr kühn, Herzog Sabene«, begann sie endlich langsam, »denn du spielst um dein Leben, das weißt du doch? Wenn der König ein Wort von dem erfährt, was du gesagt hast, bist du ein toter Mann. Und er wird es erfahren. Du hast mich belogen, Herzog. Ich weiß es. Mein Gemahl wird zurückkehren und du –« Sie brach ab und blickte aufmerksam durchs Fenster. Als sie sich wieder zu ihm zurückwandte, lächelte sie. »Mich dünkt, der Reiter da drunten sieht aus, als käme er von weit her. Vielleicht bringt er Botschaft vom König. Diesmal aber will ich ihn selber hören, Herzog Sabene.«

Es gellte dem Herzog in die Ohren wie die Posaunen des Jüngsten Gerichtes, als der Reiter am Tor ins Horn stieß.

Verlorenes Spiel, Herzog Sabene! Sein Gesicht wurde grau wie Lehm. Aber so schnell gab er sich nicht geschlagen: Wenigstens seine Haut mußte er retten, und das würde er, bei den Göttern, schwor er sich, obgleich er weder an diese Götter noch sonst an etwas glaubte.

»Höre mich an, Königin!« sagte er heiser. »Du tust mir Unrecht. Und du hast mich mißverstanden. Niemand kann dem König treuer sein als ich. Ich wollte dich nur prüfen, Herrin, glaube mir. Aber ich sehe, daß du so treu bist wie ich. Vergib mir, daß ich daran zweifeln konnte, und vergiß, was ich gesagt habe. Es dünkt mich besser, wenn der König nichts davon erfährt: denn du kennst seinen jähen Zorn. Leicht könnte er etwas tun, was ihn später reut.«

Die Königin schüttelte den Kopf. »Gib dir keine Mühe, es hilft dir nichts«, sagte sie kalt. »Du wirst mich nicht mehr täuschen. Du bist ein Verräter und –«

Sie stockte und starrte ihn an. Wie sah er denn plötzlich aus? War das der schöne Herzog Sabene, diese verzerrte Fratze? Er kam langsam auf sie zu.

»Gut«, sagte er leise, fast sanft. »Wenn du den Kampf mit mir willst, sollst du ihn haben. Ich bin neugierig, wer gewinnt. Und ich bin neugierig, was der König sagen wird, wenn er von mir erfährt, daß die Königin mit ihrem jüngsten Sohn eines frühen Morgens aus dem Walde zurückgekommen ist – aus demselben Walde, in dem der alte Klausner wohnt, der die Kinder der Christen tauft und der unserem Herrn schon lange ein Dorn im Auge ist.«

Wie von einem Peitschenhieb getroffen, zuckte die Königin zusammen. Das war es, wovor sie sich die ganze Zeit gefürchtet hatte! Wie hatte sie nur einen Augenblick hoffen können, er würde es vergessen? Wenn der König es erfuhr, waren sie wohl beide verloren, sie und Dietrich!

»Du kannst wählen, Königin«, redete die gefährlich sanfte Stimme indessen schon wieder weiter. »Schweigst du, so tue ich es auch. Willst du aber reden, so wünsche ich dir, daß es dich nicht reuen mag!« Er wartete, und da sie nicht zu antworten vermochte, fuhr er fort: »Ich warne dich. Du kennst den König. Er ist ein tapferer Krieger, aber er hat Angst vor allem, was er nicht mit Augen sehen kann, vor Göttern, bösen Geistern und Zauberei.« Ein spöttisches Lachen flog über sein Gesicht. »Es werden merkwürdige Dinge geredet über deinen schönen Sohn, Königin, der so stark und klug ist wie kein Kind in seinem Alter.

Es könnte leicht sein, daß diese Dinge dem König zu Ohren kommen. Auch das wäre nicht gut für dich und Dietrich.«
Die Königin begriff nicht, was er meinte, denn noch hatte niemand gewagt, ihr das Gerede über Dietrich zu hinterbringen. Sie fühlte nur, daß seine Worte eine neue Drohung bedeuteten. Und da packte sie eine solche Angst, daß sie nicht mehr anders konnte.
»Ich werde schweigen«, sagte sie tonlos.
In diesem Augenblick öffnete der Kämmerer die Tür. »Herrin, ein Bote des Königs!«
Sie nickte müde. »Laß ihn eintreten!«
Der junge Ritter grüßte so höfisch, wie es ihm eben gelang. Sein Harnisch war verschroten, der Helm zerbeult und seine Wangen hohl vor Müdigkeit. »Herrin, der König läßt dir und Herzog Sabene sagen, daß er in drei Tagen hier sein wird, und er bittet dich, du mögst ihm mit deinen Söhnen entgegenreiten.«
Sie dankte ihm, schenkte ihm einen goldenen Ring als Botengabe und entließ ihn. Als sie sich umsah, war auch Sabene verschwunden.
Am Morgen des dritten Tages zog die Königin an der Spitze eines glänzenden Gefolges von der Burg aus, um ihren Gemahl zu begrüßen. Vor ihr ritten die beiden älteren Knaben und neben ihr trabte Dietrichs junge braune Stute, und der kleine Bursche saß im Sattel, als hätte er sein Leben lang nichts anderes getan. Und plötzlich kam es der Königin zum Bewußtsein, daß er bereits viel größer war als seine Brüder: Darüber mußte sie lächeln.
Da erschien an ihrer anderen Seite ein schwarzer Hengst. Sie fuhr herum. Als sie Sabene ins Gesicht sah, wurde sie rot vor Zorn. Oh, sie hätte ihn gerne mit harten Worten fortgewiesen, aber sie wagte es nicht!
Der schöne Herzog war sehr düsteren Mutes! Er konnte nicht vergessen, daß er so gedemütigt vor der Königin gestanden war

und daß sie ihn einen Lügner und Verräter gescholten hatte. Nein, das verzieh ein Mann wie er nie! So hatte er beschlossen, sich zu rächen. Und wenn er Glück hatte, sollte ihm seine Rache eines Tages dennoch die Königskrone eintragen.

Es war ein trauriger Rest des prächtigen Heeres, das vor drei Jahren ausgezogen war, was da zurückkehrte aus den Fiebersümpfen, aus den Felseinöden und den unendlichen Wäldern. Abgemagert und müdegekämpft, mit schlecht verheilten Wunden und zerfetztem Harnisch, so hingen sie auf ihren dürren, struppigen Gäulen, Ritter und Knechte, so viele noch von ihnen übriggeblieben waren.

Nein, König Hugdietrich hatte kein Glück gehabt auf dieser Heerfahrt. Sein finsteres Gesicht hellte sich kaum auf, als er seine Gemahlin und seine Söhne begrüßte: Sie erkannten ihren Vater nicht mehr, zu lange war er fort gewesen. Ja, da standen sie neben ihren Pferden, drei kleine Knaben, und verbeugten sich scheu. Nur Dietrich verbeugte sich nicht: Er hatte vergessen, daß es ihm befohlen worden war. Er stand da und starrte neugierig den fremden, bärtigen Mann an, der sein Vater und der König sein sollte. Hugdietrich stutzte. Wohl hatte ihm die Königin einen Boten gesandt, als sein dritter Sohn geboren war. Aber – dieser hier? Das konnte er doch nicht sein! Seine älteren Söhne sahen ja neben ihm aus wie häßliche Zwerge! Und er stand da, groß und schlank mit seinen honigfarbenen Locken und seinen goldenen Augen.

»Dies ist Dietrich«, sagte die Königin ein wenig ängstlich, weil ihr Gemahl so lange schwieg. Da beugte sich Hugdietrich endlich nieder, um auch seinen jüngsten Sohn zu küssen: Der Knabe stand steif wie ein Stück Holz und blickte über die Schulter seines Vaters hinweg auf Berchtung. Und als der alte Herzog ihn aufhob, da schlang ihm Dietrich mit einem ernsthaften Lächeln die Arme um den Hals und küßte ihn auf beide Wangen.

Da wurden dem guten Berchtung die Augen feucht: denn er hatte daheim auf der Burg Lilienport zehn Söhne.
Es gab keine Siegesfeiern in der Hauptstadt, und in der Königsburg zu Kunstenopel war es sehr still. Keiner der Edlen hatte Lust, zu Hofe zu fahren, wenn es ihm nicht befohlen wurde, denn Hugdietrichs Laune war seit der unglückseligen Heerfahrt übler als je zuvor. Nur Sabene kam, saß halbe Nächte hindurch mit dem König im Saale, und sie tranken Becher um Becher von dem schweren, dunklen Wein, der im Lande gedieh.
Eines Tages ritt der König durch die Stadt, und seine Söhne begleiteten ihn. Nun war es Hugdietrich schon seit einer Weile aufgefallen, daß das Volk in den Gassen ihn wohl grüßte, wenn er vorüberkam, aber sonst kümmerten sich die Leute weder um ihn noch um seine beiden älteren Söhne sonderlich viel. Ihre Augen hingen mit einer Art furchtsamer Neugier an Dietrich, und wenn der König vorüber war, steckten sie die Köpfe zusammen. Allmählich ärgerte Hugdietrich dieses merkwürdige Gehaben, weil er nicht wußte, was er davon halten sollte. Endlich kamen sie an eine Ecke, da stand vor einem Hause ein dürres Männlein mit einem spitzen Kopf und einem roten Ziegenbart und hielt ein Stück Brot in der Hand. Und weil Dietrichs junge Stute gerne Brot fraß, langte sie im Vorübertraben danach. Da stieß das Männlein einen Schrei aus, als hätte ihn der Böse am Kragen, tat einen Satz nach rückwärts, schlug ein Kreuz und wollte schnurstracks in der Tür verschwinden. Aber jetzt war es mit der Geduld des Königs zu Ende.
»He, du!« brüllte er, daß es den Armen vor Entsetzen zurückriß, »jetzt will ich endlich wissen, was ihr alle zu gaffen und zu flüstern habt! Und wozu brauchst du dich denn zu bekreuzigen, bloß weil dir ein Pferd ein Brot wegfrißt, du närrischer Ziegenbock? Heraus damit, oder ich schüttle dir dein bißchen Gehirn aus dem Kopfe!«
Das Männlein verdrehte die Augen vor Angst, und seine küm-

merlichen Beine versagten ihm fast den Dienst, als er an den König herantrat. »O Herr«, sagte er kläglich, »verzeihe mir, es ist nicht meine Schuld. Alle sagen es, und da bin ich so fürchterlich erschrocken.«
Hugdietrich starrte ihn verständnislos an. »Was sagen alle?«
Der Dürre schrumpfte förmlich zusammen unter dem Blick des Königs. »Oh, nur wegen Junker Dietrich . . . sie glauben, daß er Unglück bringt . . . und da bin ich eben auch erschrocken . . . sie meinen, Junker Dietrich ist . . . er habe etwas mit dem Teufel zu tun . . . sie sagen, er ist ein Wechselbalg!«
Als er diese Worte hervorgestottert hatte, schien ihn erst recht das Entsetzen darüber zu befallen: und das war stärker als selbst seine Angst vor dem König. Er gurgelte noch etwas Unverständliches, dann rannte er davon, daß seine dürren Beine nur so um die Ecke flatterten.
Hugdietrich saß im Sattel wie zu Stein erstarrt. Was hatte der Bursche da gesagt? Also darum sahen die Mägde und das Volk auf den Gassen und selbst die Burgknechte Dietrich stets so sonderbar an! Langsam wandte er den Kopf nach seinen Söhnen. Ja, zwei magere, gelbgesichtige, kleine Knaben mit schwarzem Haar und hohen, schmalen Köpfen – und Dietrich. Dietrich mit den goldenen Augen, dem die hellen Locken ums Gesicht wehten und der viel größer und stärker war als seine Brüder. Ging das mit rechten Dingen zu?
Und weil der arme König Hugdietrich, seit er denken konnte, Angst vor Göttern, Geistern und Teufeln hatte, so kroch es ihm jetzt eiskalt über den Rücken hinab, und er hätte sich gerne bekreuzigt, wenn er ein Christ gewesen wäre. Da er aber ein Heide war, konnte er auch das nicht einmal tun. Und – wie es abergläubischen Leuten zu ergehen pflegt – als ihn erst einmal die Furcht in den Klauen hatte, ließ sie ihn nicht mehr los. Und dies hätte dem Knaben Dietrich binnen kurzem um ein Haar das Leben gekostet.

Schweigend ritt der König heim.
Als an diesem Abend Sabene kam, saß Hugdietrich finster vor sich hin brütend allein im Saal.
»Komm her, ich habe auf dich gewartet«, sagte er hastig, und der Herzog dachte, sein Herr müßte schon zuviel Wein getrunken haben: denn seine Augen flackerten unruhig, und die Haare hingen ihm wirr ins Gesicht. Aber der König war ganz nüchtern: Er hatte Angst. Ihm waren den ganzen Abend lang eine Menge unheimlicher Geschichten eingefallen, sie kamen auf ihn zu wie Gespenster aus der Dunkelheit, und er vermochte sie nicht zu verjagen, sosehr er sich auch dagegen wehrte. Er fluchte und stöhnte, aber es half ihm nichts, und zuletzt war er ganz wirr im Kopfe.
Sabene betrachtete ihn neugierig. »Was kann ich für dich tun, Herr?«
Der König packte ihn am Arm und zog ihn neben sich auf die Bank.
»Hör zu!« befahl er. »Ich brauche deinen Rat, und ich weiß, daß du treu bist und mich nicht im Stiche lassen wirst. Was hast du denn?« unterbrach er sich und starrte den Herzog mißtrauisch an: denn Sabene hatte mit einem heftigen Ruck seine Hand abgeschüttelt und rückte von ihm fort. Nein, es klang ihm doch zu mißtönig in den Ohren, wenn Hugdietrich von Treue redete!
»Nichts«, sagte er rauh, »nichts, mein König. Sprich weiter.«
Da erzählte Hugdietrich, was sich in der Stadt zugetragen hatte und was das Volk über seinen jüngsten Sohn redete, und zuletzt bekannte er, stockend und ungern, seine eigenen Ängste, die ihm selbst recht unköniglich und schimpflich erschienen und von denen er sich doch nicht zu befreien vermochte.
Sabene saß zusammengesunken da und hörte dem König zu, ohne sich zu rühren. Über sein schmales, dunkles Gesicht flackerte das Licht der Kerzen, manchmal glühten seine Augen

davon auf, und dann sah er mit einem Male so aus, als wäre er eben der Hölle entstiegen.
Nichts verriet, wie er im Innern frohlockte: Nein, es würde nicht schwer sein, den König dahin zu bringen, wo er ihn haben wollte.
Langsam richtete er sich auf. »Das habe ich seit langem befürchtet«, sagte er, und es klang, als wäre er ehrlich bekümmert. »Ich weiß, daß das Volk sehr beunruhigt ist. Das Gerede über Dietrich will nicht mehr verstummen. Alle sagen, er sei schuld an dem üblen Ausgang deiner Heerfahrt; denn jeder weiß, daß diese – verzeihe mir, König, aber ich spreche nur aus, was das Volk denkt –, daß diese Teufelskinder Unglück bringen. Das Volk hat Angst, Herr, und ich weiß nicht, was es in seiner Aufregung noch tun wird. Wenn sie am Fieber erkranken, schreien sie, Junker Dietrich habe es über sie gebracht. Befällt einen plötzlich Wahnwitz, so hat ihn ganz gewiß Junker Dietrich mit seinen goldenen Augen angesehen, und rührt er einen gar an, so stirbt er vor Angst, daß der Böse eines Nachts seine Seele holen werde.«
Der König fuhr in die Höhe. »Hör auf, Sabene, hör auf!« stieß er hervor und wühlte beide Hände ins Haar. »Ich will nichts mehr hören, sage ich dir! Sonst werde ich selber noch verrückt davon!« Plötzlich bekamen seine Augen einen stieren Blick, als wäre ihm etwas Entsetzliches eingefallen. »Glaubst du«, flüsterte er furchtsam, »glaubst du . . . daß er mich auch schon . . . behext hat? Ich – mir ist so sonderbar im Kopfe!«
Fast hätte Sabene laut aufgelacht: kannte er doch seinen Herrn und dessen Ängste viel zu genau! Er betrachtete den König lange, dann zuckte er wortlos die Schultern. Das brachte Hugdietrich vollends zur Verzweiflung.
»Gib mir doch einen Rat!« sagte er kläglich. »Ich kann nicht mehr glauben, daß . . . er mein Sohn ist. Sieh dir die beiden anderen an . . . und ihn. Ich habe oft gehört, daß diese . . . diese

Kinder entweder greuliche Mißgeburten oder viel schöner und klüger sind als andere ... was hältst denn du davon?« fragte er und starrte Sabene begierig an.
Der wiegte den Kopf. Oh, der schöne Herzog spielte sein häßliches Spiel gut!
»Es gibt viele merkwürdige Dinge, König Hugdietrich, du weißt es selbst. In den Nächten nach Junker Dietrichs Geburt war niemand bei der Königin als ihre alte Dienerin. Sie ist bald darauf gestorben, und nun weiß keine Seele mehr, was damals geschah. Gegen böse Geister schützen weder Mauern noch verschlossene Türen, Herr. Und das gespenstige Gesindel zwischen Himmel und Erde ist nun einmal darauf aus, den Menschen Schaden anzutun, wo es nur kann. Sie haben zuzeiten viel Gewalt, diese Dunkelgesichtigen, und sie tun nichts lieber als neugeborene Kinder stehlen, um den Eltern dafür einen ihrer Wechselbälge in die Wiege zu legen.« Sabene sprach mit düsterem Ernst. »Sie bringen alles Böse mit aus ihrem nächtigen Reich und verderben jeden, der in ihre Nähe kommt. Darum hat das Volk Angst vor Junker Dietrich, denn es glaubt, daß er von den Geistern im Dunkeln stammt.«
Hugdietrich stierte vor sich auf den Boden. »So ist es auch, ich bin sicher, daß es so ist«, murmelte er. »Siehst du, ich habe es gefühlt, als ich ihn zum erstenmal sah, daß etwas mit ihm nicht geheuer sein konnte. Er war nicht wie die andern, als ich ihn küßte: Mir schien, als hielte ich einen – einen jungen Baum in den Händen oder . . . ich weiß nicht was.« Ein krächzendes Lachen schüttelte ihn plötzlich. Sabene mißfiel dieses Lachen, und er wurde sehr aufmerksam. War der König nicht ganz richtig im Kopfe? Es war nicht das erstemal, daß es dem Herzog so schien. Aber dann hieß es auf der Hut sein!
Hugdietrich hob jäh den Kopf, eine Haarsträhne hing ihm über die Augen, ohne daß er es merkte. »Er muß fort, Sabene«, sagte er heiser, »schaffe ihn sogleich fort aus der Burg, hörst du? Ich

habe keine ruhige Stunde mehr, solange er unter meinem Dache ist. Bringe ihn außer Landes, übers Meer, wohin du willst, nur weit fort.«

Aber Sabene schüttelte den Kopf. »Es würde nichts helfen, Herr. Sie stiften Unheil, solange sie leben, diese Unholde. Erst wenn sie tot sind, können sie nicht mehr schaden«, sagte er hart.

Hugdietrich fuhr zusammen. »Tot? Nein, das nicht, das nicht«, flüsterte er furchtsam.

Sabene runzelte die Stirne. »Denke daran, daß ein Wechselbalg kein Menschenkind ist«, sagte er ungeduldig. »Aber tu, was du willst! Ich habe dir nur gesagt, was ich weiß, weil du mich um Rat gefragt hast.«

»Ja, es ist wahr«, murmelte der König hastig vor sich hin, »ein Wechselbalg ...« Plötzlich faßte er Sabene am Wams. »Nimm ihn mit dir fort ... und dann will ich nichts mehr von ihm hören!«

Jetzt erschrak Sabene. Nein, König Hugdietrich, so haben wir nicht gewettet! Hastig stieß er die Hand des Königs fort. »Ich? O nein, Herr!« sagte er voll Zorn. »Du weißt, daß ich mit ... solchen Dingen nichts zu tun haben will: Dazu tauge ich nicht. Aber ich will dir einen anderen Rat geben. Diesen Dienst leistet dir nur ein Mann, der so treu ist, daß er dich und dein Land und Volk vor dem Verderben rettet, und so verschwiegen, daß es nie eine Menschenseele von ihm erfährt. Es gibt nur einen solchen Mann in deinem Reiche: das ist Herzog Berchtung.«

Hugdietrich starrte ihn verwirrt an: »Was meinst du?«

Es war eine furchtbare Niedertracht, was sich Sabene da ausgedacht hatte. Er wußte, eines Tages würde der König aus diesem Wahnwitz aufwachen, und sein Zorn würde den treffen, der Dietrich getötet hatte. Dann war es aus mit Berchtung, und niemand mehr konnte Sabene Gunst und Macht streitig machen. Hugdietrich aber sah nicht aus, als ob er allzu lange leben

sollte, und seine beiden älteren Söhne waren Schwächlinge, die ein starker Mann leicht beiseite schieben konnte: Der Herzog zweifelte nicht an seiner eigenen Stärke.
Und Dietrich war aus dem Wege geräumt, der einzige, der ihm eines Tages gefährlich werden konnte, ahnte Sabene.
Manchmal gehen solche Ahnungen in Erfüllung.

Noch in der Nacht jagte von Sabenes Palast aus ein Bote nach Lilienport zu Berchtung, um ihn nach der Königsburg zu berufen. Der Herzog hörte die Botschaft nicht gerne, aber er machte sich sogleich auf den Weg.
Es war spät am nächsten Abend, als er nach Kunstenopel kam. Hugdietrichs alter Kämmerer empfing ihn und führte ihn nach dem Saale. »Es ist gut, daß du gekommen bist, Herr«, sagte der Alte bekümmert, während er eilig neben ihm durch den Gang schlurfte, »ich fürchte, unser Herr ist krank. Nicht etwa, daß er Fieber oder irgendein schmerzhaftes Übel im Leibe hätte«, fuhr er hastig flüsternd fort. »Aber siehst du, Herr, seit gestern nacht Herzog Sabene von ihm fortging, ist es nicht mehr richtig mit ihm. Er hat überhaupt nicht geschlafen und ist bis zum Morgen im Saal hin und her gegangen. Ich konnte ihn mit sich selbst reden hören, denn ich habe vor der Tür auf ihn gewartet. Und heute ist noch etwas Schreckliches geschehen. Unter den Mägden der Königin ist eine junge Dirne, ein halb närrisches Ding. Als die Königin ihr befahl, den Junker Dietrich zu baden, da begann sie zu heulen und kreischte, nein, den Wechselbalg rühre sie nicht an, sie hätte Angst, daß der Teufel sie bei lebendigem Leibe hole oder daß sie in eine Kröte verwandelt werde oder sonst irgendeinen Schaden nähme. Die Königin wurde totenbleich, als sie das hörte, nahm ohne ein Wort den Junker an der Hand und ging selbst mit ihm nach der Badekammer. Der König aber blieb auf seinem Stuhle sitzen und rührte sich nicht. Herr, ich schwöre dir, es war zum Fürchten. Der

Kopf hing ihm auf die Brust, und er murmelte immerfort etwas vor sich hin. Ich verstand es nicht und trat ein wenig näher. Da hörte ich es. Er sagte: ›Es ist wahr, es ist wahr, und darum muß er sterben . . .‹ Das wiederholte er immer von neuem, und er wußte ganz gewiß nicht mehr, daß ich da war. Er sah mich erst, als er endlich aufstand und fortging. ›Wenn Herzog Berchtung kommt, führe ihn sofort zu mir‹, befahl er mir noch. Seitdem sitzt er allein im Saale und wartet.«

Erschrocken hielt der Kämmerer inne: In dem Augenblick, als sie vor der Tür zum großen Saale ankamen, wurde sie aufgerissen, und Hugdietrich stand vor ihnen. Auch Berchtung erschrak. Großer Gott, wie sah der König aus! Er verbarg aber seinen Schrecken schnell und grüßte ruhig.

»Endlich bist du da«, sagte der König mürrisch, »ich warte schon seit vielen Stunden. Komm herein!«

»Herr, du weißt, wie weit der Weg von Lilienport nach Kunstenopel ist«, erwiderte der Herzog höflich und trat in den Saal. Mit einem sorgenvollen Blick auf seinen Herrn schloß der Kämmerer die Tür.

Drinnen begann Hugdietrich sogleich hastig zu reden. »Hör zu, Berchtung. Du mußt mir einen Dienst leisten. Ich weiß, daß niemand so treu und verschwiegen ist wie du. Auch Sabene hat es gesagt.«

Berchtung runzelte die Stirne. Was hatte Sabene damit zu tun, wenn der König seine Dienste brauchte?

»Ich habe niemanden, der es für mich tun wird, außer dir.« Hugdietrich sprach schnell und eintönig, wie eingelernt. »Aber du wirst mich und das Land vom Verderben retten. Und du mußt schweigen wie ein toter Mann, Berchtung.« Er brach ab und holte tief Atem. Seine verschwommenen Augen glitten unsicher über das Gesicht des Herzogs. »Ich weiß, du wirst es nicht gerne tun«, fuhr er ängstlich fort, »aber es muß sein, ich kann es dir nicht erlassen.« Der König beugte sich weit vor, und

Berchtung sah, daß ihm der Schweiß auf der Stirne stand. »Weißt du ... Dietrich ... er ist ja kein Kind wie andere ... er ist ein Unhold, den uns die bösen Geister geschickt haben ... ein ... Wechselbalg ... und er muß sterben, damit wir nicht alle zugrunde gehen ... nicht wahr, das siehst du doch ein?« schloß er fast bittend.
Langsam, stumm vor Entsetzen, wich Berchtung vor seinem Herrn zurück, als er endlich begriffen hatte, was der König von ihm forderte. Nein, das konnte doch nicht Wirklichkeit sein, das war ein höllischer Spuk oder ... oder der König hatte den Verstand verloren!
Totenbleich lehnte er an der Wand. »Herr«, sagte er nach einer Weile tonlos, »du hast das gewiß nicht gemeint ... ich habe dich nur falsch verstanden, nicht wahr? Du weißt doch, daß ich das niemals tun könnte.«
Da sprang der König mit einem Satz auf ihn zu. Jähe Wut flackerte in seinen Augen auf. »Du mußt! Ich sage dir, du mußt!« schrie er heiser. »Du bist mein Dienstmann und hast mir einen Eid geschworen!«
Berchtung hob müde die Schultern. »König Hugdietrich, du weißt, wie oft ich mein Leben für dich gewagt habe. Du magst mich töten, wenn du willst. Aber für dich zum Mörder werden kann ich nicht.«
Nein, es durfte nicht sein, daß dieses Kind um eines solchen Wahnsinns willen sterben sollte: Es mußte ihm gelingen, den König wieder zu Verstande zu bringen! Er hatte doch immer auf seinen Rat gehört!
»König Hugdietrich«, begann er, so ruhig er konnte, »du wirst doch nicht an das Geschwätz von dummen Mägden und von ein paar elenden Narren glauben und ihm deinen Sohn opfern ...« Weiter kam er nicht.
»Schweig still!« fuhr ihn Hugdietrich böse an. »Ich habe dir ja gesagt, daß er nicht mein Sohn ist. Du versuchst nur, mich zu

überreden, weil du es nicht tun willst – glaubst du, ich merke das nicht? Aber jetzt gib acht, Herzog Berchtung«, seine Stimme wurde leise und tückisch, »du hast daheim auf Lilienport zehn Söhne. Wenn du willst, daß sie am Leben bleiben, so tu, was ich von dir verlange! Es wäre schade um zehn so gut geratene Junker, Herzog!«

Berchtung taumelte zurück.

»Nein«, sagte er mühsam, »nein, Herr, das kannst du nicht...«

Aber als er in das Gesicht des Königs sah, wußte er, daß es keine Hoffnung für ihn gab. Dennoch konnte und wollte er nicht glauben, daß dies der Lohn für seine treuen Dienste sein sollte!

»Herr, ich bitte dich«, sagte er noch einmal, und seine guten alten Augen waren so voll Verzweiflung, daß es einen Stein hätte erbarmen müssen.

Aber der König schüttelte nur den Kopf. »Ja oder nein?«

Da war es Berchtung, als stürze er in einen schwarzen Abgrund, aus dem er nie mehr entkommen würde.

»Ich will es tun«, hörte er sich selber mit namenlosem Entsetzen sagen und wäre gerne auf der Stelle gestorben.

Ja, nun war Dietrichs Leben nicht mehr viel wert, und Gott mußte wohl etwas für ihn tun, wenn es noch nicht zu Ende gehen sollte.

Hugdietrich aber atmete auf wie von einem Alp befreit. »Ich habe gewußt, daß du mich nicht im Stiche lassen wirst«, sagte er befriedigt. »Nun soll es schnell geschehen, damit ich endlich wieder ruhig schlafen kann. Sabene und ich haben alles schon genau beredet.«

Berchtung horchte auf. Wieder Sabene! Was hatte der Herzog mit all diesem zu tun?

Aber schon fuhr der König fort: »Die Nacht ist noch lang, und morgen, ehe die Sonne aufgeht, muß alles vorüber sein. Du bleibst hier im Saale, bis der Mond dort im letzten Fensterbogen steht: Dann ist es zwei Stunden nach Mitternacht, und niemand in der Burg wird mehr wachen. Auch die Königin schläft gewiß fest um diese Stunde. Dann gehst du den Gang zur rechten Hand bis an die dritte Tür. Dort wartest du, bis ich ihn bringe. Ich werde den Kämmerer fortschicken und den Wächter am Tor zum Schweigen bringen. Im Hofe wirst du ein frisches Pferd finden. Reite fort, so schnell du kannst, irgendwohin in die Wildnis, denn niemand darf dich sehen.« Er wandte sich, um zu gehen. Aber er kam noch einmal zurück und legte Berchtung die Hand auf die Schulter: »Sabene hat recht: Es gibt keinen treueren Mann als dich. Du hast mich und das Land gerettet.« Fast schien es, als wäre ihm der König wieder so zugetan wie früher und hätte vergessen, was an diesem Abend geschehen war. Aber Berchtung wußte, daß es nicht so war.

Mitten in seinem Elend wurde ihm bewußt, daß Hugdietrich abermals von Sabene gesprochen hatte, und Mißtrauen wollte ihn beschleichen. Aber er wies es ab. Nein, Sabene war sein Freund und ein treuer Diener des Königs, seit er ihn kannte. Aber das Schlimme war, daß er ihn eben gar nicht kannte: sonst wäre ihm viel Böses erspart geblieben, das über ihn kommen sollte.

Als der König auf den Gang hinaustrat, sah er neben der Tür den Kämmerer stehen, der zum Umfallen müde aussah, sich jedoch sogleich anschickte, seinem Herrn nach dem Schlafgemach zu folgen, vor dem er Nachtwache halten sollte.

Hugdietrich blieb stehen. »Du kannst schlafen gehen«, sagte er so freundlich, wie es dem alten Diener schon lange nicht mehr widerfahren war. »Und wenn du heute nacht etwas hörst, so ziehe dir die Decke über die Ohren und rühre dich nicht aus deiner Kammer fort: Es könnte gefährlich für dich sein. Hast du mich verstanden?«

»Ja, Herr«, antwortete der Kämmerer verwirrt, denn er verstand gar nichts.

Aber Hugdietrichs Diener waren gewohnt zu gehorchen. So

verbeugte er sich und schlurfte den Gang zurück nach seiner Kammer.
Der König ging über die Stiege hinab ans Tor, wo der Wächter verschlafen auf seinem Steinbänklein hockte.
»Hör zu!« sagte er und schüttelte ihn, daß ihm vor Schrecken der Schlaf augenblicklich verging. »Wenn heute zwischen Mitternacht und Morgen jemand aus der Burg reitet, so hast du ihn nicht anzusehen und nicht zu kennen. Erkennst du ihn aber trotzdem, dann vergiß es sogleich wieder, wenn dir dein Leben lieb ist. Sonst drehe ich dir den Hals um und werfe dich in den Graben. Hast du mich verstanden?«
»Ja, Herr«, antwortete der Wächter entsetzt und dachte mit Schaudern an das schillernde faulige Wasser im Burggraben, wo es von allerhand eklem Getier wimmelte.
Der Pferdeknecht stürzte eilig herbei, als Hugdietrich in den Stall trat. »Sattle den roten Hengst«, befahl er, »und binde ihn am Tore an. Er wird heute nacht noch gebraucht.«
Der Knecht machte ein verwundertes Gesicht. »Aber, Herr«, wagte er zu widersprechen, »der Hengst wird krank werden, wenn er lange in der feuchten Nachtluft und im Nebel stehen muß.«
»Tu, was ich dir sage«, gebot der König barsch. »Alles andere hat dich nicht zu kümmern. Und wenn ich etwa dahinterkomme, daß du dich vor morgen früh im Hofe herumtreibst, so wird es dich reuen.«
Der Knecht warf einen zornigen Blick hinter seinem Herrn her: Er befolgte den Befehl sehr ungern, denn der rote Hengst war das edelste Tier im Stalle, und er liebte ihn mehr als alle anderen. Fürsorglich holte er eine warme Decke, Sattel und Zaumzeug und sattelte das Pferd.
Als er es in den Hof führte, kam er am Torwächter vorüber, der mit hochgezogenem Buckel und übler Laune an der Mauer lehnte.

»He!« sagte er, als er den roten Hengst erkannte, »bist du verrückt, das kostbare Vieh nachts aus dem Stall zu holen? Oder will der König ausreiten?«
»Das geht dich nichts an«, knurrte der Knecht, der keineswegs besserer Laune war: denn Angst hatten sie beide. Angst hatte man seit einiger Zeit immer am Hofe Hugdietrichs, und das Gesinde wußte nie, wessen es sich von seinem Herrn zu versehen hatte.
So band der Pferdeknecht nur schweigsam den Zügel an den eisernen Ring in der Mauer, zog die Decke zurecht und machte sich eilig davon. Am besten war es, gleich ins Stroh zu kriechen, denn er malte sich nicht gerne aus, was sein Herr mit ihm tun würde, wenn er ihn später noch im Hofe anträfe. Der Wächter spuckte giftig hinter ihm her: Er hätte gerne ein wenig mit ihm geredet, aber als ihm einfiel, daß der König ihn mit umgedrehtem Genick in den Graben werfen wollte, verging ihm alle Lust dazu.
Unterdes ging Hugdietrich zögernden Schrittes nach der Kemenate, wo die Königin und die Kinder schliefen. Er ging immer langsamer, zuletzt blieb er an einem Fenster stehen und starrte durchs Gitter eine Weile nach dem Himmel. Es mochte etwa eine Stunde nach Mitternacht sein. Der Mond stand genau über der großen Kuppel der Kirche, die die Christen gebaut hatten, der Himmel leuchtete silbern hinter Türmen und Giebeln, auf der Stadtmauer ging ein Wächter seine Runde, und irgendwo in der Tiefe einer Gasse geisterte ein gelber Lichtschein.
Hugdietrich seufzte. Es war alles so still und friedlich, als gäbe es nichts Böses auf der Welt. Er dachte an die nächste Stunde. Aber das Denken fiel ihm so merkwürdig schwer. Wie wilde Vögel flatterten die Gedanken aus seinem Kopfe davon, und nur einer blieb immer übrig: Dietrich. In einer Stunde würde Dietrich fort sein und nie mehr zurückkommen. Und das war

gut. Er würde kein Unheil mehr herbeiziehen und niemandem mehr Krankheit und Tod an den Hals hetzen. Warum gaben nur die Götter bösen Geistern so viel Macht? Und warum hatten sie gerade ihn mit diesem Unglück geschlagen?
Der arme König Hugdietrich wußte nicht, daß zu manchen Zeiten plötzlich irgendeine Angst die Menschen befällt wie eine Seuche. Zu Hugdietrichs Zeit war diese Seuche der Aberglaube, und der König war so krank daran, daß sein Verstand davon trübe wurde. Er war nicht der einzige. Christen und Heiden unterlagen ihr gleichermaßen, wenn sie nicht klug und stark genug waren, ihr zu widerstehen.
Erschrocken fuhr der König aus seinen düsteren Gedanken auf: Er sah, daß ihm nicht mehr viel Zeit blieb. Ja, nun kam das Schlimmste, das, was ihm am meisten Schrecken einjagte: Er mußte den Knaben aus dem Bette holen und zu Berchtung heraustragen. Wenn er nun dabei einem bösen Zauber verfiel? Oder wenn Dietrich erwachte, schrie und seine Mutter weckte? Was sollte er dann sagen? Hugdietrich stieg es siedendheiß zu Kopfe, während er leise die Tür öffnete und in das Schlafgemach trat.
Er sah, daß die Königin schlief, und schlich behutsam an ihrem Bett vorüber. Morgen früh würde sie weinen, wenn ihr Kind nicht mehr da war. Aber es war ja gar nicht ihr Kind! Das mußte er ihr genau erklären. Und um einen Wechselbalg brauchte sie nicht zu weinen.
In der Ecke schliefen seine beiden älteren Söhne, nein, die einzigen Söhne die er hatte, wies er sich selber eilig zurecht.
Ein Streifen Mondlicht fiel durchs Fenster just über Dietrich, und sein Gesicht war so hell, als strahle es einen blassen Schein aus, so kam es dem König in seiner Angst vor.
In diesem Augenblick hörte er vorsichtige Schritte auf dem Gang. Das war Berchtung! Nun mußte es sein! Hugdietrich fühlte, wie seine Stirne feucht und kalt wurde. Aber er biß die

Zähne zusammen, bückte sich und nahm den Knaben aus dem Bette. Die Herzschläge dröhnten ihm in den Ohren, und er wagte nicht zu atmen. Aber das Kind schlief. Es erwachte nicht, als er mit ihm durch die Kammer ging und auf den Gang hinaustrat. Nur die Königin zuckte im Schlafe zusammen und stieß einen leisen angstvollen Ruf aus, als hätte sie einen bösen Traum. Aber auch sie erwachte nicht.
Gegenüber im Fensterbogen lehnte Berchtung. Es war nicht viel von ihm zu sehen, denn er trug einen langen dunklen Mantel.
Er sagte kein Wort. Er nahm nur das Kind auf die Arme, schlug den Mantel darum und ging fort. Gleich darauf hatte ihn die Finsternis verschluckt wie ein Nachtgespenst.
Jetzt stand Hugdietrich am Fenster, wo zuvor Berchtung gestanden war. Er starrte seine leeren Hände an. Ja, nun war er fort, und man könnte also ruhig in die Kemenate gehen und schlafen, lange und gut schlafen. Ja, warum denn nicht?
Aber er tat es nicht. Er blieb stehen und spähte in den Hof hinab. Jetzt! Berchtung trat in den Mondschein heraus, eine schwarze, unförmige Gestalt mit dem Kind unterm Mantel. Hugdietrich konnte deutlich den roten Hengst sehen, und jetzt kam der Torwächter aus dem Mauerschatten und hielt das Pferd am Zügel, und Berchtung schwang sich hinauf.
Dann ging das Tor auf und wieder zu, und Berchtung war nicht mehr da. Nur leise Hufschläge kamen noch von jenseits der Mauer. Bald verstummten auch sie.
Da durchfuhr es den einsamen Lauscher am Fenster jäh, als müßte er laufen, so schnell er konnte, um den Reiter wieder einzuholen. Aber nein, dann wäre ja alles umsonst, und die alte Angst begänne wieder von vorn!
Und er wollte doch endlich Ruhe haben.
Hastig schlich er den Gang hinab zu seinem Schlafgemach.
Aber als er sich todmüde auf seinem Bett ausstreckte, da fühlte

er mit einer entsetzlichen Sicherheit, daß er nie wieder im Leben Ruhe finden würde.

Der rote Hengst jagte durch die Nacht. Er jagte über die Heide und dann eine Weile die Heerstraße entlang. Als er ein paar Meilen von der Burg und Stadt entfernt war, hielt Berchtung an und sah sich um. Dann lenkte er den Hengst waldeinwärts, ohne Weg und Steg in die Wildnis.

Lange ritt er so weiter, er kam nicht schnell vorwärts, weil das Pferd sich mühsam seinen Weg suchen mußte. Aber der Rote war stark und klug, und so befanden sie sich, als der Morgen zu grauen begann, weit fort von allen menschlichen Wohnungen, mitten in einem ungeheuren Wald.

Die Luft wurde kühl gegen den Morgen. Und plötzlich fühlte Berchtung, wie der Knabe zusammenschauerte.

»Mich friert!« murmelte er halb im Schlaf. »Decke mich zu!«

Der Herzog hielt an, wickelte ihn fester in den Mantel und ritt weiter. Der Knabe schlief wieder, zutraulich in seinen Arm geschmiegt, als wüßte er sich in treuer Hut.

Berchtung aber war so elend zumute, wie noch nie in seinem langen Leben.

Er ließ den Hengst gehen, wie er wollte, und hing seinen verzweifelten Gedanken nach, die so hoffnungslos waren wie die Hölle. Nein, es gab keinen Ausweg: Entweder mußte Dietrich sterben oder seine Söhne, er kannte seinen Herrn zu gut. Das wußte sein Kopf. Aber sein Herz wollte nichts davon hören.

Es war schon fast hell geworden, da kamen sie auf eine kleine Waldwiese. Berchtung stieg ab, und als er den Mantel auseinanderschlug, sah er, daß Dietrich wach war und ihn verwundert betrachtete. Aber da er ihn kannte, lächelte er ohne Furcht und begann ihn nach Kinderweise zu mustern. Berchtung ließ das Roß weiden, setzte sich neben den Knaben ins Gras und legte das Schwert über die Knie.

»Du hast ein schönes Schwert«, sagte Dietrich und streckte begierig die kleinen braunen Hände nach dem funkelnden Knauf aus.
Berchtung schluckte. »Ja«, antwortete er tonlos, denn er war ja ausgeschickt, um mit diesem Schwert den Knaben zu töten.
»Schneidet es sehr scharf?« fragte Dietrich weiter und suchte die Klinge aus der Scheide zu ziehen.
»Ja«, sagte Berchtung fast zornig und hielt das Schwert fest.
»Und wenn du jemanden damit schlägst – ist er dann tot?« Die goldenen Augen blickten sehr ernsthaft.
Da sprang Berchtung auf, mit einem Laut, der wie ein Schluchzen klang, nahm den Knaben auf den Arm und rannte zu seinem Pferde. »Komm, wir wollen weiterreiten!« Hastig schwang er sich in den Sattel und trieb den roten Hengst an.
Nein, es war unmöglich, er konnte es nicht tun! Und wenn sie alle noch lauter schrien, dieses Kind wäre ein Wechselbalg! Aber was sollte dann aus seinen Söhnen werden?
Als sie wieder eine lange Weile geritten waren, kamen sie an einen schmalen Wasserlauf, dem folgten sie aufwärts und hielten bald auf einer Lichtung. Da lag ein kleiner See, darauf schwammen hundert und aber hundert Wasserrosen, daß es aussah wie eine blühende Wiese. Aber unter den Blumen und den großen Blättern war das Wasser grün und tief, und die langen Stengel tauchten hinab wie Schlangen, und wer da hineinfiel, der mußte gewiß jämmerlich ertrinken.
Berchtung sah auf den blühenden See, der so wunderschön und so gefährlich war, und plötzlich wurden seine Augen starr: Ein entsetzlicher Gedanke war ihm gekommen. Wenn er nun den Knaben hier am Ufer des Sees zurückließe und fortritte, ohne sich noch einmal umzusehen, so würde Dietrich gewiß die großen weißen Blumen pflücken wollen, und dann – ja, dann brauchte er ihn nicht mehr zu töten.
So schreckliche Dinge fielen dem armen Herzog Berchtung in

seiner Verzweiflung ein, und er schickte sich auch wirklich an, danach zu handeln: aber sein Herz hatte schon nein dazu gesagt. Er ließ den Knaben auf dem schmalen Rasenstreifen, der zwischen dem See und dem Waldrand lag, zurück, nahm sein Roß am Zügel und führte es fort. Aber er ging nicht weit. Im Gebüsch zwischen den ersten Bäumen hielt er an, maß mit den Augen die Entfernung zwischen sich und dem Knaben, und als er sicher war, daß er ihn mit drei tüchtigen Sprüngen erreichen konnte, blieb er da. Und er wußte ganz genau, daß er springen würde wie ein Hirsch!

Aber es zeigte sich bald, daß er sich keine Sorge zu machen brauchte. Dietrich trat wohl an den Rand des Wassers, betrachtete lange und ernsthaft die riesigen Blüten, hockte sich nieder und blickte aufmerksam in die grüne Tiefe. Dann wandte er sich um und begann für sich selbst auf dem Rasen zu spielen, wie es kleine Knaben zu allen Zeiten getan haben. Er ließ sich niederfallen, um sogleich wieder aufzuspringen, lief im Kreise, kroch auf allen vieren und wälzte sich wie ein Hündlein.

Das Spiel gefiel ihm, und er schien Berchtung ganz vergessen zu haben. Aber der Herzog sah mit Besorgnis, daß die Sonne schon hinter den Bergen verschwunden war. Bald würde die Nacht anbrechen, und er befand sich mit dem Kinde allein in der Öde, hatte nichts zu essen und wußte immer noch genausowenig Rat und Hilfe wie am Morgen. In seiner Not kniete er nieder und begann zu beten, Gott möge ihm doch einen Ausweg zeigen. »Du hast verboten zu töten, Herr«, sagte er eindringlich, »und du weißt wohl, ich will es auch nicht tun. Aber du kannst nicht zulassen, daß meine zehn Söhne darum sterben müssen. Ich glaube es nicht, Herr, und ich bitte dich, hilf uns allen. Amen«, schloß er vertrauensvoll und erhob sich.

Es war nur ein einfaches Gebet, und Herr Berchtung wagte nicht zu hoffen, daß es sogleich erhört würde: aber es geschah so schnell etwas, daß er darüber nicht wenig erschrak.

Im Gehölz begann es zu krachen und zu rauschen, die Büsche bewegten sich, etwas kam immer näher an den Waldrand . . . »Großer Gott!« flüsterte Berchtung, und seine Hand fuhr nach dem Schwerte, denn gar nicht weit von ihm waren zwei riesige Bären auf die Lichtung herausgetreten, und hinter ihnen stolperte auf schwankenden Beinen eine kleine braune Wollkugel. Ja, daran hatte Herzog Berchtung freilich nicht gedacht, und nun wurde es wohl gefährlich. Dies war die Stunde, zu der das Wild des Abends zur Tränke zu gehen pflegte. Gott mochte wissen, was da noch alles kommen würde!
Aber einstweilen blieb es recht friedlich. Die Bären mußten wohl satt sein und zogen geradenwegs zum Wasser. Nur das Junge trollte sich auf eigene Faust davon in die Wiese hinein, wo Dietrich saß, vor Staunen zu einer regungslosen kleinen Statue erstarrt. Und plötzlich mußte die winzige schwarze Nase, die vorn aus der braunen Wollkugel lugte, die merkwürdige Witterung dieser kleinen Figur aufgefangen haben, und das Fellbündel steuerte eilig darauf los.
Dietrich sah dem täppischen kleinen Burschen neugierig entgegen, und es wurde ihm doch ein wenig wunderlich, als er ganz nahe vor ihm stand und seine Kohlenäuglein ihn anfunkelten. Hastig griff er mit beiden Händen nach einem Büschel von Stengeln und Gräsern und hielt sich daran fest, weil er sonst nichts hatte: So war es doch ein wenig sicherer. Indes schien das Bärenjunge genauso erstaunt wie er selbst, und begann, wie es ihm angeboren war, seine Nase zu Rate zu ziehen, um herauszufinden, was es da vor sich hatte. Es fing drunten bei den Zehen an, fuhr langsam und sorgfältig an Dietrichs Beinen herauf, beroch lange und genau die Hände, schnupperte an Ohr und Haar, und schließlich gelangte die schwarze Nase ins Gesicht. Dietrich hatte es mit angehaltenem Atem und großer Spannung über sich ergehen lassen. Aber jetzt verlor er die Geduld. Er wurde rot vor Zorn. Nein, im Gesicht gefiel ihm die

zudringliche Schnauze gar nicht, und außerdem roch sie nicht gut! Und als sie sich jetzt öffnete und sanft, aber eindringlich an seiner Nase zu ziehen begann, da hatte Dietrich das Spiel gründlich satt. Er ließ die Grasbüschel los, stieß einen Wutschrei aus, bei dem das Bärlein vor Schrecken die Nase fahrenließ, und versetzte seinem Plagegeist eine heftige Maulschelle: Oh, er war sehr stark und zornig, und das Fellbündelchen kollerte mit einem entsetzten Quieken zur Seite, rollte auf den Rücken und zappelte mit den Beinen in der Luft.
Als Berchtung sah, wie die Bärin den Kopf wandte und herübertrottete, lockerte er sein Schwert. Sie sah nicht drohend aus, sie brummte nicht einmal, sie schien nur verwundert, was etwa ihrem Sprößling zugestoßen sein mochte. Berchtung hatte so oft in den Wäldern Bären gejagt, daß er ihr Gehabe genau kannte: Nein, sie war in diesem Augenblick nicht gefährlich. Sie beachtete den regungslos dasitzenden Knaben kaum, witterte nur einmal nach ihm hin und begann fürsorglich mit den Tatzen das Kleine herumzuwälzen, bis es wieder auf den Beinen stand. Dann stieß sie es sanft mit der Nase vor sich her nach dem Wasser; als es ein wenig getrunken hatte, machten sie alle drei kehrt und waren bald wieder im Wald verschwunden.
Indessen begann es zu dämmern, von allen Seiten kam Wild auf die Lichtung heraus. Hirsche, Rehe, ein Wildschwein mit einem Dutzend gestreifter Frischlinge, die sich sogleich mit schrillem Quietschen in den Uferschlamm stürzten, um ihm nach einer Weile schwarz und triefend wieder zu entsteigen. Vor lauter Vergnügen toll geworden, rasten sie in die Wiese hinein, ohne viel darauf zu achten, wohin, rannten den gänzlich überraschten Dietrich über den Haufen, daß er auf dem Rücken lag, und sausten mit flatternden Ohren zwischen den Bäumen davon.
Da flog zum erstenmal an diesem schrecklichen Tage ein

Lächeln über Berchtungs bekümmertes Gesicht, während er zusah, wie Dietrich sich verdutzt wieder aufrichtete und den Schlamm aus seinem schwarzgefleckten Gesicht wischte. Plötzlich gewahrte er, daß der erste Stern am Himmel stand. Wir müssen fort, dachte er erschrocken, aber wohin? Er erinnerte sich, irgendwo in dieser endlosen Wildnis lag die Hütte eines Waldmannes, der darin mit seinem Weibe hauste. Und wenn die Jäger sich verspäteten und nicht mehr heimreiten konnten, pflegten sie in der Hütte einzukehren und zu schlafen. Aber es war noch sehr weit bis dorthin. Dietrich hatte den ganzen Tag nichts gegessen, und auch er selber war hungrig. Und, ja – einen Ausweg hatte er immer noch nicht gefunden, und er wußte nicht, was aus ihm und seinen Söhnen und dem jungen Dietrich werden sollte.
In diesem Augenblick sah er etwas, das ihn selbst diese furchtbare Sorge vergessen ließ. Gerade gegenüber, jenseits des Sees, bewegte sich etwas zwischen den Bäumen: schwarze Schatten, ein wenig dunkler als die Dunkelheit im Walde. Sie schoben sich langsam vor, von Stamm zu Stamm schleichend. Da und dort glühte es auf, grünlich wie Irrlichter. Aber seltsame Irrlichter, weiß Gott: immer zwei und zwei nebeneinander. An Berchtungs Körper spannte sich jede Sehne, während er scharf hinüberspähte. Dann schüttelte er leise, mit zusammengebissenen Zähnen, den Kopf; nein, das waren keine Irrlichter. Es waren Wölfe.
Und als er das erkannt hatte, da durchfuhr es ihn wie der Blitz: Er brauchte jetzt nur auf sein Pferd zu springen und davonzujagen, so schnell der Rote laufen konnte. Die Wölfe würden ihn nicht gleich wittern, denn der Wind kam von jenseits des Sees, und so mochte er wohl entkommen. Und Dietrich – früher oder später mußten ihn die Wölfe finden, und niemand würde ihn je wiedersehen. Er aber konnte heimreiten nach Lilienport und sich an seinen Söhnen freuen.

Berchtung lächelte traurig im Dunkeln: Nein, eben das konnte er nicht. Wenn die Wölfe kamen, würde er hinausrennen und für den Knaben kämpfen, den er doch töten sollte. Ja, so war es, das wußte er ganz genau.
Aber vielleicht kamen sie nicht. Vielleicht tranken sie drüben am anderen Ufer und verzogen sich wieder.
Es war eine eitle Hoffnung. Einer nach dem anderen lösten sich die schwarzen Schatten vom Walde los und glitten lautlos in die Wiese herein. Einer, zwei, drei . . . zehn . . . vierzehn. Eine kurze Weile standen sie sichernd still, dann begannen sie zu traben: ein Rudel von geschmeidigen mageren Leibern, die Hälse gestreckt, mit schillernden Augen. So liefen sie das Ufer entlang.
Berchtung ließ sie nicht aus den Augen. Darum merkte er nicht, daß Dietrich aufgestanden war und suchend um sich blickte: Es mußte ihm wohl eingefallen sein, daß er nicht allein hergekommen war. Vielleicht begann er sich auch zu fürchten.
Plötzlich hörte Berchtung mit Schrecken seine helle Stimme: »Wo bist du?«
Die Wölfe stutzten im selben Augenblick und standen wie an den Boden genagelt, die Köpfe witternd erhoben.
»Komm und hole mich!« rief Dietrich wieder, und es klang schon ein wenig ängstlich.
Zugleich aber hatte der Hengst die feindliche Witterung aufgefangen. Er stieg mit einem wilden Schnauben hoch auf, die Nüstern weit geöffnet, und seine großen Augen blinkten vor Angst. Mit einem schnellen Griff bekam Berchtung den Zügel zu fassen, just ehe sich der Rote herumwarf, um davonzurasen. Gottlob, ohne Roß wären sie ganz gewiß verloren! Er legte dem zitternden Tier die Hand über das Maul und redete leise und beruhigend zu ihm, während er den Zügel um einen Ast schlang.
Er fuhr herum, als er Dietrichs Stimme wieder hörte: »Viele Hunde!« schrie der Knabe laut vor Überraschung.

Und fast hätte Berchtung selbst aufgeschrien: Die Wölfe hatten sich wieder in Bewegung gesetzt. Aber sie trabten nicht mehr, sie jagten in langen Sätzen über den Rasen heran, geradewegs auf Dietrich zu.
Ja, nun mochte ihm Gott beistehen, es war wohl sehr gefährlich geworden. Das Schwert flog aus der Scheide, während Berchtung schon durch das Unterholz rannte. Aber ehe er noch auf die Wiese hinauskam, geschah etwas sehr Seltsames.
Die Wölfe waren schon so nahe, daß er ihren keuchenden Atem deutlich hören konnte. Da warf sich der Leitwolf plötzlich in die Höhe, daß er sich beinahe nach hinten überschlug, und zugleich prallte das ganze Rudel zurück wie vor einem unsichtbaren Hindernis.
Berchtung hielt hinter einem Baum an, bereit, sogleich wieder hinauszustürzen. Aber – was war denn nur in die Wölfe gefahren? Voll Verwunderung sah er, wie das riesige alte Leittier sich wieder langsam vorwärtsbewegte. Es schlich auf eine merkwürdige Art geduckt durch das Gras, schien zum Sprung anzusetzen, sank aber sogleich wieder zusammen, als wären seine Läufe lahm, stieß ein zorniges Knurren aus, das in ein sonderbares heulendes Winseln überging. Und hinter ihm kroch das ganze Rudel und gebärdete sich um kein Haar anders.
Sie haben Angst, dachte Berchtung verblüfft, ganz gewiß, sie haben Angst. Aber wovor?
Ja, wovor: Da stand ein kleiner Bursche mutterseelenallein in der Wiese, regungslos vor Staunen und Schrecken, ihre Nasen waren voll von der Witterung des Menschen, den sie haßten seit Urzeiten, und sie hatten Angst!
Auf einmal merkte Berchtung, daß sie gar nicht mehr auf Dietrich zusteuerten: Sie gingen im Kreise um ihn herum, reckten die Köpfe nach ihm hin, manchmal bellte einer unsicher auf und zog den Schwanz ein. Ja, und dann hockte sich der Leitwolf mit einem hungrigen Gähnen auf seine Hinterläufe,

gerade Dietrich gegenüber. Die anderen zögerten und drehten sich ein paarmal um sich selbst, einer nach dem anderen tat sich nieder, und zuletzt saßen vierzehn Wölfe im Kreis um einen kleinen Knaben, dem der Kopf schwindelte vor lauter Schauen. Der Mond rollte gelb und rund über die Bäume herauf, zwischen den Wasserrosen glänzte der See wie Silber, und da hockte die gespenstige Tiergesellschaft und sah so seltsam und unwirklich aus, daß sich dem tapferen Herzog Berchtung fast die Haare sträuben wollten. Ihre Augen brannten wie Kerzen im Dunkeln vor lauter Gier, die Zunge hing ihnen lang aus dem Rachen, manchmal gähnte einer vor Unbehagen, oder einer versuchte verstohlen, näher an Dietrich heranzuschleichen, kehrte aber nach ein paar ungewissen Schritten eilig wieder zu den anderen zurück.

Indessen mochte sich Dietrich von seinem Schrecken erholt haben, und sie schienen ihm wohl nicht mehr gefährlich, weil sie so still da um ihn saßen mit ihren wunderlichen, brennenden Augen und den langen Zungen. Er betrachtete sie mit äußerster Neugier.

Sie sahen ganz ähnlich aus wie die Hunde daheim im Zwinger. . . .

Und plötzlich sah Berchtung mit stockendem Atem, wie Dietrich flinken Schrittes gerade auf den alten Wolf zuging, der vor ihm saß. Und dann streckte er den Arm aus und den kleinen Zeigefinger und zielte genau auf eins der glühenden Augen. Es war alles so schnell gegangen, daß Berchtung ihn nicht hindern und ihn auch nicht mehr hätte retten können.

Aber der Wolf zuckte nur mit einem heulenden Laut zurück und duckte sich, als der Finger sein Auge traf.

Im nächsten Augenblick fuhr freilich der offene Rachen auf Dietrich los, aber zugleich fuhr auch die harte kleine Faust empor und prallte mit aller Kraft, die sie besaß, dem Wolf auf die Nase.

Berchtung schnappte nach Luft. Großer Gott, selbst der mutigste Mann hätte kaum gewagt, das zu tun, was dieses Kind tat, weil es keine Ahnung hatte von der entsetzlichen Gefahr, in der es sich befand: denn nun mußte einfach das Unglück geschehen!

Mit einem Satz sprang er hinter dem Baum hervor.

Aber ehe er noch zu rennen begann, geschah etwas ganz anderes: Die Wölfe rannten. Wer konnte sagen, wie es zuging? Vielleicht hatten sie noch nie einen Menschen gesehen, ganz gewiß aber hatte noch niemand den Leitwolf auf die Nase geschlagen und ins Auge gestochen. Und wer konnte wissen, was für eine uralte Angst vor dem Menschen in diesen Raubtieren schlummerte?

Der alte Wolf kroch ein paar Schritte nach rückwärts, fast mit dem Bauch am Boden, und seine Augen blinzelten unsicher. Plötzlich warf er sich herum und lief. Und dann lief das ganze Rudel. Sie jagten davon, wie sie gekommen waren: Mit federnden Sprüngen, unter denen der sumpfige Boden leise zitterte, bogen sie um die hohe Schilfwand am Ufer und verschwanden wie ein nächtlicher Spuk.

Berchtung ließ das Schwert sinken und wischte sich den Schweiß von der Stirne: ja, wahrhaftig, er schwitzte, als hätte er schwer gekämpft, und dabei hatte er nichts getan, nichts als zugesehen.

Er lehnte sich an den Baumstamm und blickte sehr nachdenklich zu Dietrich hinüber, der dastand und an seiner Hand leckte. Berchtung dachte recht sonderbare Dinge. Nein, niemand konnte begreifen, daß die Wölfe den Knaben nicht einfach gefressen hatten! Gott wollte ihn gewiß am Leben erhalten, weil er ihn so sichtbar beschützte! Aber ganz heimlich daneben dachte der tapfere Herzog noch etwas anderes, dessen er sich zwar schämte, weil er es für dummen, sündhaften Aberglauben hielt: dennoch war er nicht ganz sicher, ob es Gott war, der sich

Dietrichs angenommen hatte. Vielleicht war doch etwas Wahres an dem, was sie alle über Hugdietrichs jüngsten Sohn schwatzten. Wie, wenn ihn die bösen Geister beschützten, weil er einer der Ihrigen war? Berchtung hatte manchmal gehört, daß sie zum Schutz um jemanden einen Zauberkreis zogen, den weder Mensch noch Tier überschreiten konnten. Er dachte daran, wie die Wölfe im Kreise um den Knaben gesessen waren mit allen Zeichen der Furcht in ihrem Gehaben, als bannte eine geheime Macht sie auf ihren Plätzen fest.
Als der Herzog mit seinen Gedanken so weit gekommen war, packte ihn plötzlich der Zorn über sich selber: Er war ja auf dem besten Wege, der gleiche Narr zu werden wie der König! Und als er das erkannt hatte, beschloß er, das Übel sogleich an der Wurzel auszurotten. Oh, er würde sehr bald wissen, ob Dietrich Gott oder dem Teufel angehörte!
Flink hieb er mit dem Schwerte einen Ast vom Baume, schnitzte die Zweige daran so zurecht, daß er aussah wie ein Kreuzlein, und ging damit zu Dietrich hinüber. Der Knabe lächelte, als er ihn erblickte.
»Warum bist du fortgegangen?« fragte er und fügte hinzu: »Er wollte mich beißen, und da habe ich ihn geschlagen. Aber die Hand tut mir weh.«
Berchtung antwortete nicht. Er steckte das Kreuzlein dicht vor Dietrich in den Boden und beobachtete ihn gespannt: Jedermann wußte ja, daß die Unholde eine entsetzliche Angst vor diesem Zeichen hatten und es zu zerstören suchten oder schleunigst die Flucht ergriffen.
Aber Dietrich tat keines von beiden: Er betrachtete das Kreuzlein ein wenig verwundert, dann zog er es aus der Erde und sagte nur ernsthaft: »Ich will es mitnehmen.«
Und als Berchtung den Knaben vor sich stehen sah, nichts anderes am Leibe als ein Hemdlein und ein kleines Kreuz aus Baumzweigen in der Hand, da schossen dem guten Alten

plötzlich die Tränen in die Augen, und es fiel wie ein Alp von ihm ab. Nein, dieser Wahnwitz sollte nun ein Ende haben! Er würde sich um Hugdietrichs Befehl nicht mehr kümmern und tun, was er für recht hielt: Er wußte noch nicht, was, aber Dietrich mußte am Leben bleiben, das wußte er.
Als er dies beschlossen hatte, kniete er neben Dietrich nieder, schlug fürsorglich seinen Mantel um ihn und redete ihn ernst an. »Junker Dietrich, ich habe deinem Vater viele Jahre treu gedient. Aber wer mich zum Mörder machen will, der kann nicht länger mein Herr sein. Darum will ich von heute an dein Dienstmann sein, und niemand soll dir etwas zuleide tun, solange ich lebe. Das schwöre ich. Und Gott wird meine Söhne behüten.«
Dietrich verstand gewiß nicht viel von dieser Rede. Er sah nur starr in Berchtungs Gesicht, und als dem guten alten Herzog eine Träne die Wange hinabrollte, da wischte er sie hastig mit der kleinen schmutzigen Faust fort und dann schnell noch eine. »Du sollst nicht weinen«, sagte er mit unsicherer Stimme, »denn sonst . . . sonst weine ich auch, weil . . . weil ich so hungrig bin!« stieß er plötzlich hervor, weil er nicht recht wußte, warum ihm nach Weinen zumute war.
Da drückte ihn Berchtung fest an sich, trug ihn zu seinem Pferde hinüber und stieg hinauf.
Sie ritten durch die Nacht und durch den wilden Wald, viele Stunden lang. Manchmal schien der Mond hell zu ihnen herab, und manchmal standen die Bäume so dicht, daß die Dunkelheit darunter fast schwarz war. Dietrich murmelte noch einmal, daß er sehr hungrig sei, dann wurde er still und schlief ein.
Berchtung wußte nicht, wo sie waren, noch nach welcher Richtung sie ritten. Es war auch gleich, sie mußten nur weit fort von Kunstenopel. Der rote Hengst suchte unverdrossen seinen Weg, und über eine Weile kamen sie an einen kleinen Bach, den trabte er entlang. Da erschien die Gegend dem Herzog plötzlich bekannt, und als sie wieder eine Strecke geritten

waren, lag im Mondschein eine Hütte vor ihnen, roh aus Baumstämmen gezimmert, mit einem Dach aus Moos und Schilf, und Berchtung erkannte die Behausung des Waldmannes, bei dem er einmal übernachtet hatte.
Er hielt den Hengst an. Und weil es ihn ein solches Glück dünkte, daß er diesen Ort gefunden hatte, nahm er den Helm vom Kopfe, blickte zum Himmel hinauf und sagte laut und inbrünstig: »Herr, ich danke dir, daß du uns hierhergeführt hast! Ich hätte mich aber auch sehr gewundert, wenn du uns zuerst vor den Wölfen gerettet hättest, um uns nachher elend in der Wildnis umkommen zu lassen!« fügte er ehrlich hinzu.
Aber im nächsten Augenblick schien es fast, als sollte Herr Berchtung dennoch hier in der Wildnis umkommen: Mit einem Krach flog neben ihm die Tür der Hütte auf, und eine riesige Gestalt, die keineswegs gastfreundlich aussah, stürzte heraus, mit einer Keule in der Hand.
»He!« schrie der Mann mit so gewaltiger Stimme, daß der rote Hengst vor Schrecken beide Hinterfüße in die Luft feuerte. »Wer weckt mich denn um diese Stunde aus dem Schlafe? Ich mag das Menschengesindel bei Tage nicht einmal sehen, geschweige denn bei Nacht!«
»Trotzdem hast du mir schon einmal Obdach gegeben«, sagte Berchtung sanft. »Es ist freilich viele Jahre her, und du wirst mich vergessen haben.« Er schmunzelte und warf einen Blick in die Höhe. »Außerdem wird es schon Morgen, und du warst gewiß bereits wach. Jäger stehen früh auf.«
Der Waldmann war mit schnellen Schritten an das Pferd herangetreten, und seine kleinen Äuglein musterten Berchtung sehr genau, während er nachdenklich mit den Fingern durch das Gestrüpp seines Bartes zu dringen versuchte.
»Du bist es, Herr?« brummte er endlich, aber es klang freundlich. »Wie kommst du denn hierher in meine Einöde – und noch dazu mit einem Kinde?«

Indessen war unter der Tür der Hütte eine Frau erschienen. Nicht, daß sie gerade lieblich aussah: Das graue Haar hing ihr in wirren Strähnen auf die Schultern, und ihr Gesicht schien in der Dämmerung so dunkel und zerfurcht wie Baumrinde. Das wunderliche Gewand, das sie am Leibe hatte, mußte wohl aus ein paar Tierhäuten gemacht sein, die mit einem hänfenen Seil um die Mitte zusammengehalten wurden. Nein, schön war sie nicht, aber Berchtung wußte, daß sie eine gute Frau war, denn sie hatte ihn freundlich gepflegt, als er damals todmüde zu ihrer Hütte kam. Es war eine schreckliche Nacht gewesen: Er hatte allein einen Wildeber verfolgt und sich so weit von seinem Gefolge entfernt, daß er nicht mehr zurückfand. Lange war er in die Irre geritten, zuletzt trat sein Pferd in ein Sumpfloch und brach ein Bein, so daß er es töten mußte. Dann stolperte er weiter, ohne Weg und Steg, er wußte nicht, wohin und wie lange. Bis er endlich, schwankend und halb blind vor Müdigkeit, die Hütte fand, wo der Waldmann, der zwar ein rauhes Wesen, aber ein gutmütiges Herz besaß, ihn freundlich aufnahm. Und sein Weib war, wie gute Frauen sind, froh, daß sie jemanden hatte, für den sie sorgen konnte.
Als Berchtung dies alles wieder einfiel und als er die beiden so vor sich stehen sah, ein wenig gebückt und schwerfällig und einander merkwürdig ähnlich mit ihren häßlichen, rechtschaffenen Gesichtern, da wußte er plötzlich, daß seine Not ein Ende hatte.
»Ich werde Dietrich hier bei ihnen lassen«, dachte er, und das Herz wurde ihm ganz leicht dabei. »Kein Mensch wird ihn hier in der Wildnis finden. Und gewiß kommt wieder einmal die Zeit, da ich ihn holen und seiner Mutter zurückgeben kann. Es ist viel sicherer, als ihn übers Meer zu bringen: denn früher oder später käme es doch ans Licht, daß ich in irgendeinem Hafen mit ihm zu Schiffe gegangen bin. Auch wäre es nicht gut, wenn er in einem fremden Lande unter Menschen wohnen müßte,

denn sie würden ihn sogleich nach seiner Herkunft fragen, und der König würde es schnell genug erfahren. Hierher aber verirrt sich jahrelang keine Seele.«
Ja, so war es gut, Dietrich blieb am Leben, und auch seinen Söhnen würde nichts geschehen. Das dünkte Herrn Berchtung in seiner Freude schon gewiß. Aber Menschen können nicht in die Zukunft blicken. –
Indessen war der Knabe erwacht und befreite sich entschlossen aus dem Mantel. Als sein zerzauster Kopf zum Vorschein kam, schrie die Frau vor Überraschung laut auf und lief flink herüber.
»Was für ein schönes Kind, Herr!« sagte sie und betrachtete ihn voll Entzücken. »Ich habe seit vielen Jahren kein Kind mehr gesehen!« fügte sie wehmütig hinzu und strich ihm behutsam das Haar aus der Stirne. Dietrich sah sie abweisend an, denn er war noch verschlafen und entsetzlich hungrig. Aber nach einer Weile gefiel ihm etwas an ihr, und er faßte Zutrauen.
»Gibst du mir zu essen?« fragte er, weil ihm dies sehr dringlich erschien.
»Hast du Hunger, du Armer?« Sie war ganz erschrocken. »So komm nur gleich mit mir, du sollst Milch und Bärenschinken und Brot bekommen – und du auch, Herr«, lud sie Berchtung ein und streckte die Arme aus, um ihm den Knaben abzunehmen. »Und nackt bist du auch«, jammerte sie, »du mußt ja frieren in deinem Hemdlein! Warte nur, ich habe ein dickes, weiches Bärenfell, darin wirst du schon warm werden.« Damit trug sie ihn eilig in die Hütte, und gleich darauf hockte Dietrich, in das Bärenfell gehüllt, neben der Feuerstelle, während die Alte flink Glut aus der Asche grub und Holz darauf warf.
Eine Weile später saß er auf ihren Knien und trank Milch aus einem seltsamen knöchernen Becher, der einmal der Schädel eines Tieres gewesen sein mußte. Er aß Brot und Bärenfleisch, es war vergnüglich, die Hände und Füße in das weiche Fell zu wühlen, das Feuer brannte mit einem freundlichen roten

Schein, und es roch ein wenig nach Rauch in der Hütte. Wieder nach einer Weile wußte Dietrich nichts mehr von allem, sein Kopf lehnte an dem alten ledernen Gewand der Frau, und er schlief fest und unbekümmert, während über sein Schicksal entschieden wurde.

Die beiden Waldleute horchten verwundert auf, als Berchtung ernst sagte: »Ich will euch um etwas bitten. Und wenn ihr es tut, so soll es euch nicht reuen. Ich werde euch reich belohnen, denn es ist für mich so wichtig wie mein Leben.«

Der Alte schüttelte zweifelnd den Kopf. »Was könnten wir für dich tun? Du bist ein reicher, mächtiger Herr, und wir sind arme Leute.«

Berchtung lächelte trübe.

»Manchmal nützen alle Reichtümer nichts, und nur gute Menschen können einem helfen.«

»Und was verlangst du von uns?« erkundigte sich der Alte bedächtig.

»Behaltet den Knaben eine Weile hier bei euch. Ich weiß nicht, wie lange, aber wenn ihr es tut, rettet ihr sein Leben und meines und das meiner zehn Söhne. Fragt mich nicht, warum. Ich kann euch nicht mehr erzählen. Aber ich bitte euch: Helft mir!«

Es blieb dem Waldmann gar nicht Zeit zu antworten. Denn sein Weib drückte das Bärenfell, in dem Dietrich gänzlich verschwunden war, mit einem leisen Jubelruf an sich. »O Herr«, flüsterte sie, und alle ihre Runzeln und Fältchen schienen vor Freude zu tanzen. »Freilich behalten wir das Kind! Und ich will es pflegen, als wenn es der Sohn eines Königs wäre!« Berchtung konnte nicht hindern, daß er vor Schrecken ein wenig in die Höhe fuhr. Aber nein, sie konnte ja nichts wissen, und sie redete auch schon wieder eifrig weiter: »Einen warmen Fellkittel werde ich ihm nähen und saftiges Fleisch soll er essen, und die Milch unserer Hirschkuh wird ihn groß und stark machen.«

»Ja, und du wirst einen Narren aus ihm machen vor lauter Liebe«, fügte ihr struppiger Gebieter hinzu und grinste gutmütig. »Aber sie hat recht: Der kleine Bursche mag bei uns bleiben, bis du ihn wieder holst oder meinetwegen, solange wir leben.«
Da stand der vornehme Herzog Berchtung auf, streckte dem armen, struppigen Waldmann die Hand hin und sagte: »Gott vergelte es euch beiden! Und ich will euch einen Meierhof in meinem Lande schenken mit allem, was dazugehört. Warum lachst du denn?«
»Herr«, meinte der graue Riese fröhlich, »du wirst den Meierhof behalten müssen, denn was sollte ich damit? Ich will hier im Walde bleiben. Ich tauge nur zum Jäger, und von den Menschen halte ich nicht viel. Aber nun sollst du ein wenig schlafen, ehe du heimreitest, denn du bist gewiß müde.«
Berchtung schüttelte den Kopf: »Nein, ich will fort, ehe der Knabe aufwacht: Es wird leichter für ihn sein. Lebe wohl und habe Dank!«
Aber als er die rauhe und recht schwärzliche Hand zum Abschied drückte, sagte die Frau drüben an der Feuerstelle ganz bescheiden: »Herr, du hat uns nicht gesagt, wie der Knabe heißt.«
Berchtung fuhr herum und starrte sie verdutzt an. Ja, das – das hatte er freilich ganz vergessen! Aber nun war guter Rat teuer. Es war besser, wenn sie den wahren Namen nicht erfuhren, denn eines Tages konnte die Geschichte von dem verschwundenen Königssohn doch bis in ihre Einöde dringen. Aber wie sollte er ihn sonst nennen? Vor Ratlosigkeit stieg ihm die Hitze in die Ohren, denn, nicht wahr, er mußte doch antworten – aber es fielen ihm hundert Dinge zugleich ein, nur kein Name. Und als es ihm just durch den Kopf schoß, wie Dietrich mitten unter den Wölfen gesessen war, da sagte er hastig in seiner Verzweiflung: »Sein Name ist Wolfdietrich.«
Er ahnte nicht, als er dies aussprach, daß es einmal, viele Jahre

später, der Name eines berühmten Helden und großen Königs sein würde. –
Als er aus der Hütte trat, schien draußen längst die Sonne. Er holte den roten Hengst, der sich auf dem kleinen Acker des Waldmannes gütlich tat, weil ihn niemand daran gehindert hatte, stieg auf und ritt den Bach entlang davon. Nun werde ich bald daheim sein, dachte er zufrieden, und Kunstenopel und König Hugdietrich sollen mich so schnell nicht wiedersehen.
Aber es sollte wieder einmal anders kommen, als er meinte. –
Der kluge Hengst fand den Rückweg leicht, und Herr Berchtung brauchte nicht viel auf ihn zu achten. So hatte er Zeit zum Nachdenken auf dem langen Ritt nach Lilienport. Und je mehr er nachdachte, desto sonderbarer erschien ihm eines: Was hatte Herzog Sabene mit all dem zu tun, was geschehen war? Er begriff es nicht und war sehr beunruhigt darüber.
Zu Lilienport fand er viele Gäste vor. Sein Schwager, Fürst Baltram, war gekommen mit einem großen Gefolge von Rittern und Knechten, und in den Höfen und Sälen der Burg herrschte fröhliches Leben. Berchtungs Söhne, von denen die ältesten schon junge Recken waren und die jüngeren es gerne sein wollten, hatten kaum Zeit, ihren Vater zu begrüßen, so toll ging es zu.
Aber die Herzogin betrachtete ihn aufmerksam, als sie ihn geküßt hatte. »Du siehst aus, als ob etwas Schlimmes geschehen wäre?« sagte sie.
Berchtung lächelte ernst. »Nein, aber es hätte leicht etwas geschehen können.« Da fragte sie nicht weiter: Nur geringe Frauen waren neugierig.
Am Abend aber, als Berchtung ein wenig schweigsam neben seinem Schwager mitten in dem lauten weinfrohen Getriebe des Rittersaales saß, sah ihn Baltram forschend an: »Du gefällst mir nicht. Du siehst aus, als hättest du dem Tod ins Gesicht geschaut. Ist etwas nicht in Ordnung?«

Berchtung zögerte. Baltram war treu und verschwiegen. Sollte er ihm alles erzählen? Nein, es war wohl besser, wenn niemand davon wußte.
»Vieles ist nicht in Ordnung«, sagte er darum nur kurz, »aber es wird nicht besser, wenn man davon spricht.« Baltram nickte: Er hatte lange genug an Fürstenhöfen gelebt, um zu wissen, daß es Dinge gab, über die Männer schweigen mußten.
»Aber sage mir ehrlich«, fuhr Berchtung fort, »was hältst du von unserem Freund Sabene?«
Baltram lachte rauh auf. »Freund? Sabene ist niemandes Freund. Er ist der schlaueste Fuchs unter der Sonne, und der größte Schurke. Eine Weile gelingt es ihm überall, wo er erscheint, jedermann zu täuschen. Aber eines Tages wird er doch immer durchschaut und muß sich aus dem Staube machen, damit es ihm nicht ans Leben geht. Erinnerst du dich, wie er mit uns an Botelungs Hof war, als du für Hugdietrich um die Königin warbst?«
Berchtung erinnerte sich wohl. Die Königin war Fürst Botelungs Schwester, dessen Land drüben im Nordosten zum großen Hunnenreich gehörte. Und an seinem Hofe war Berchtung dem schönen Herzog begegnet.
»Ja«, sagte er nachdenklich. »Er verschwand damals ganz plötzlich, kein Mensch wußte, warum.«
Baltram lachte grimmig. »Ich wußte es. Sabene verschwand, weil verschiedene Hunnenfürsten ihm den Tod geschworen hatten, als sie ihm auf die Schliche kamen. Eine Weile später tauchte er, glaube ich, in Kunstenopel auf, und ihr habt den Wolf im Schafspelz mit offenen Armen aufgenommen, Hugdietrich und du. Nun gebt acht, daß er euch nicht eines Tages unversehens überfällt.«
Weder Berchtung noch sein Schwager ahnten aber, daß dieser Tag schon sehr nahe war.

II

Drei Tage lang suchte alles, was in der Burg zu Kunstenopel Beine und Augen hatte, nach dem verschwundenen Königssohn. Drei Tage lang wurde jeder Winkel und jedes Gewölbe in der Stadt durchstöbert. Ritter und Knechte durchjagten die ganze Umgebung viele Meilen weit nach allen Richtungen, drangen tief in die Wälder ein, forschten jedem Wasserlauf nach: aber der Knabe blieb verschwunden.
Einer nach dem anderen kehrten sie unverrichteter Dinge heim. Am Tore empfing sie der Wächter: »Die Königin wünscht dich zu sehen!«
Und das war das Schlimmste von allem: vor der Königin zu stehen und sagen zu müssen: »Nein, Herrin, wir haben nichts gefunden.«
Denn die arme Königin sah so zum Erbarmen aus, daß einem das Herz im Leibe weh tat. Drei Tage lang wartete sie, immer blasser und hoffnungsloser, sie aß nicht und schlief nicht, ihre goldenen Augen waren trübe vom Weinen, und selbst ihr glänzendes Haar schien stumpf geworden.
Wo war Dietrich? Lebte er noch, oder –? Nein, alles war leichter zu ertragen, als diese entsetzliche Ungewißheit!
Und dann – da war noch etwas anderes, etwas sehr Merkwürdiges: Sooft sie Hugdietrich ansah, sein graues, zerfurchtes Gesicht und seine verstörten Augen, die ihr scheu auswichen, da durchfuhr es sie jedesmal wie der Blitz: Der König weiß etwas! Ich bin sicher, daß er die Hand im Spiele hat! Aber wie soll ich es erfahren? Wenn ich ihn frage, wird er es leugnen!
Aber am dritten Tage hielt sie es nicht mehr aus. Sie ging

hinüber in den Saal, wo Hugdietrich allein saß. Ein großer Krug stand neben ihm, der war halb leer, und den Mundschenk hatte der König fortgeschickt. Er erschrak so, als sie eintrat, daß er den Becher voll Wein, den er in der Hand hielt, verschüttete. »Du bist es?« sagte er mit unsicherer Stimme. »Was willst du denn?«

Sie trat schnell an ihn heran. »Ich will wissen, was du mit Dietrich getan hast!«

Hugdietrich prallte zurück und sein Blick wurde stier. »Was sagst du da?« brachte er mühsam hervor. »Ich? Warum ich?« Plötzlich richtete er sich auf. »Hör zu!« begann er beschwörend, denn er wünschte sehr, daß sie ihm die Lügen, die er sich zurechtgelegt hatte, glauben solle. »Ich habe nichts damit zu schaffen. Aber ich will dir sagen, wo Dietrich ist! Er ist dahin zurückgekehrt, woher er gekommen ist: zu den bösen Geistern. Auch Sabene sagt es, und er ist sehr klug. Glaube mir, es ist gut so. Er war nicht unser Kind, er war ein Wechselbalg, das ganze Volk hatte Angst vor ihm, und er hätte uns nur Unheil gebracht. Frage Sabene, er weiß es!«

Das Gesicht der Königin war schneeweiß geworden, und einen Augenblick schwankte sie. »Sabene«, flüsterte sie atemlos und wehrte sich gegen die schwarze Nacht, die sich auf sie herabsenken wollte. »Das ist seine Rache, weil ich ihn abgewiesen und einen Verräter genannt habe! Nein, ich werde Dietrich nie wieder sehen.«

Von da an hatte die Königin keine Hoffnung mehr: Sabene war schlimmer als alle bösen Geister, vor denen Hugdietrich Angst hatte! Armer König, er merkte es nicht und vertraute ihm!

Hugdietrich starrte ihr nach, als sie ohne ein Wort aus dem Saale ging. Dann ließ er sich schwer auf die Bank niederfallen und griff nach dem Becher. Aber er stellte ihn wieder hin: Nein, er mochte nicht mehr trinken. Ihm war so elend, so entsetzlich elend. Dietrich war fort. Er hatte ihn in den Tod geschickt.

Dietrich hatte goldene Augen, und er war so schön und stark und fröhlich. Vielleicht hatte Berchtung es doch nicht über sich gebracht, ihn zu töten. Aber er mußte wohl, er hatte zehn Söhne. Und wenn nun . . . wenn nun Dietrich doch kein Wechselbalg war . . . was dann?
Es fror den König bis ins Mark. Und während er da allein am Tische hockte, den Kopf auf dem Arm, indes der verschüttete Wein neben ihm auf den Boden tropfte, sehnte er sich danach, Dietrich wiederzusehen, sein Lachen zu hören und seinen festen, kleinen Körper in den Händen zu fühlen. Oh, ihr Götter, was hatte er nur getan? Stöhnend grub er die Hände ins Haar.
Als ihm der Kopf vor lauter Denken zum Zerspringen schmerzte, rief er den Kämmerer und ließ Sabene holen.
Der Herzog pfiff leise durch die Zähne, als er die Botschaft erhielt. Ja, nun hieß es auf der Hut sein! Ohne Hast ließ er sich von seinem Diener ankleiden, und unterdessen dachte er nach.
»Es reut ihn schon. Er ist aus seinem Wahnwitz aufgewacht. Ich habe es vorausgesehen. Nun wird er mir Vorwürfe machen und verlangen, daß ich ihm Dietrich wieder herbeischaffe. Ach, der Narr! Aber es ist gefährlich für mich. Wenn er in Wut gerät, ist er imstande, mich zu töten.« Er beobachtete aufmerksam, wie der Diener ihm das Haar mit duftendem Öle salbte, daß es wie ein glänzender schwarzer Helm um seinen Kopf lag. Plötzlich lächelte er: ein böses Lächeln, das leicht für jemanden den Tod bedeuten konnte.
Der Diener verbeugte sich: »Ich bin fertig, Herr.«
Sabene verließ die Kemenate. Er ging leichtfüßig und mit der lässigen Anmut, die der Tiger hat.
Als er zu Hugdietrich in den Saal trat, war er so kühl und ruhig, als käme er zu einem Gastmahl. Aber seine Augen wurden schmal vor Überraschung, als er den König sah: Nein, du wirst mir nicht mehr lange im Wege sein, König Hugdietrich, du bist ja nur noch ein armseliges Gespenst!

Sabene verstand es meisterhaft, seine Gedanken zu verbergen. »Du hast mich rufen lassen, Herr!« Niemand konnte ehrfurchtsvoller grüßen.
Hugdietrich wandte ihm langsam das Gesicht zu. »Ja. Ich muß mit dir sprechen.« Seine Stimme klang hoch und dünn wie die eines Knaben. »Hast du – hast du Botschaft von Berchtung?«
Sabene runzelte die Brauen. »Nein, Herr. Er wird wohl deinen Befehl befolgt haben und dann heimgeritten sein nach Lilienport. Was ist dir, Herr?«
Hugdietrich sprang mit einem Satz auf ihn zu, packte ihn am Wams und schüttelte ihn mit den kraftlosen, dürren Fingern. »Aber ich will es nicht, hörst du?« schrie er mit seiner schrecklichen dünnen Stimme. »Ich muß Dietrich wiederhaben, Sabene. Ich muß ja wahnsinnig gewesen sein! Schicke sofort einen Boten auf dem schnellsten Pferd nach Lilienport! Oder nein, reite selbst und sage Berchtung, daß ich alles widerrufe! Aber geh schnell, hörst du?« Er versuchte, ihn nach der Tür zu drängen.
Aber Sabene blickte ihn nur mit kühler Verwunderung an und streifte lässig die zitternden Hände von sich ab.
»Es wird zu spät sein, fürchte ich!«
»Ich glaube es nicht! Berchtung ist viel zu gut dazu, er kann es nicht getan haben!«
Wieder glitt ein hämisches Lächeln über Sabenes Gesicht. »Glaubst du?« fragte er sehr langsam. »Mir scheint, du irrst dich, König Hugdietrich. Ich weiß mehr über Berchtung als du. Du hältst ihn für deinen Freund: er aber trachtet nach deiner Krone. Ja, du brauchst mich nicht so ungläubig anzusehen, Herr, ich bin gewiß, daß es so ist. Sein Anhang ist groß im Lande, beim Volke und bei der Ritterschaft. Du weißt, daß sie ihn alle den getreuen Berchtung nennen, als gäbe es keinen besseren Mann als ihn. Oh, er ist schlau, sage ich dir, und versteht es, sich Freunde zu machen!«

Der König starrte ihn an. »Du lügst, Sabene!« sagte er heiser. »Du mußt lügen! Denn das – das kann nicht sein!«
Sabene trat einen Schritt zurück. Sein Gesicht sah sehr zornig aus. »So will ich gehen, Herr«, sagte er hochmütig. »Da du Berchtung mehr vertraust als mir –«
Er brauchte nicht weiterzureden.
»Nein, bleib!« widersprach der König schnell. »Und wenn du . . . wenn du dennoch die Wahrheit gesagt hast . . .« Er sah grübelnd vor sich hin. Plötzlich fuhr er auf, und ein Rest gesunden Verstandes schien ihm zurückzukehren. Sein Blick heftete sich scharf und mißtrauisch auf den Herzog. »Nein, es ist unmöglich! Du mußt dich irren! Ich konnte ihn ja kaum überreden! Erst als ich ihm drohte, daß es seinen Söhnen das Leben kosten würde, gab er nach! Aber er sagte, er wollte lieber sterben!«
Sabene lachte wütend auf. »Du tust mir leid, Herr, wenn du jedem Heuchler glaubst. Freilich mußte Berchtung sich den Anschein geben, als fiele es ihm schwer. Indessen paßte es nur allzu gut in seine Pläne: denn Dietrich mochte ihm wohl am meisten im Wege sein, so stark und klug, wie er war.«
Der König schwieg eine Weile. »Ich weiß nicht mehr, was wahr ist«, murmelte er endlich verzweifelt. Reue, Schmerz und Zorn peinigten ihn. Und da tat er das, was Menschen tun, die nichts von Gerechtigkeit wissen: Er schob die Schuld an allem, was geschehen war, Berchtung zu.
»Ich will ihn sofort sehen!« schrie er. »Und wehe ihm, wenn Dietrich tot ist! Er wird es mir büßen! Er hätte es nicht tun dürfen, auch wenn ich es befohlen habe!«
Ja, Undank ist nun einmal der Welt Lohn, das sollte auch der arme Herzog Berchtung erfahren.
In Sabenes Augen zuckte eine wilde Freude auf: Nun hatte er den König da, wo er ihn haben wollte, und er brauchte nur noch ein wenig in das Feuerlein zu blasen, das er angezündet hatte!

Oh, der König war für einen klugen Mann nicht schwer zu lenken.
Jetzt aber hörte ihm Hugdietrich gar nicht mehr zu. Er lief zur Tür mit kleinen, merkwürdig ziellosen Schritten.
»Ich werde einen Boten nach Lilienport senden und Berchtung zu Hofe befehlen«, murmelte er eilfertig.
Aber Sabene vertrat ihm hastig den Weg. »Warte, Herr«, sagte er. »Wenn Berchtung zu Hofe fährt, wird er gewaffnet und mit einem großen Gefolge von Rittern und Knechten kommen. Aber das darf nicht sein: denn, forderst du dann von ihm Rechenschaft, so wird er vielleicht zornig, und es könnte zum Kampfe kommen. Dabei möchten wir leicht Schaden an Leib und Leben nehmen.«
So war der schöne Herzog Sabene: ein Schurke und ein Feigling.
Der König aber hatte keine Zeit, darüber nachzudenken. »Was rätst du mir also?« fragte er ungeduldig.
»Lade Berchtung mit den anderen Herren des Landes zu einem Gastmahl«, sagte Sabene schlau, »so wird er ohne Waffen und nur mit wenigen seiner Männer kommen. Laß ihn bei Tische neben dir sitzen und wenn die Gäste im Saale versammelt sind, stehst du auf und klagst ihn laut vor aller Ritterschaft an, deinen Sohn getötet zu haben. Das gleiche soll auch die Königin tun.«
Hugdietrich schüttelte den Kopf. »Die Königin wird Berchtung niemals anklagen. Sie liebt ihn wie ihren Vater.«
»Sie muß«, sagte Sabene hart. »Und sie wird es tun, verlaß dich darauf. Du brauchst ihr nur zu sagen, er habe ihren Sohn getötet.«
»Ja, vielleicht«, murmelte der König ungewiß. »Und was soll dann geschehen?«
Sabene wandte sich ab und seine schwarzen Samtaugen verschwanden unter den langen Wimpern.
»Was dann geschehen soll«, sagte er langsam, »das kannst du

ruhig mir überlassen. Du wirst mit mir zufrieden sein, König Hugdietrich.«
Aber der König sah keineswegs zufrieden, sondern nur ratlos aus, und als er verstohlen Sabene von der Seite anblickte, kam Furcht in sein Gesicht. »Ja . . . ja«, stieß er hervor und drückte die Hände an die Stirne, hinter der ein bohrender Schmerz saß, »tu, was du willst, Sabene. Nur – Dietrich kommt dennoch nicht wieder.«
Sabene fuhr herum wie gestochen. Einen Augenblick sah es aus, als wollte er sich auf den König stürzen. Sein Gesicht war verzerrt vor Wut. »Elender Narr!« zischte er zwischen den Zähnen. Hugdietrich hörte es nicht. In seinen Ohren brauste es wie Meeresbrandung, und der Saal schwankte ein wenig um ihn.
Sabene hatte sich sofort wieder in der Gewalt. »Du weißt, warum Dietrich sterben mußte«, sagte er so sanft und überredend, als spräche er zu einem unvernünftigen Kinde. »Aber du hast recht: Seinen Mörder muß trotzdem die Strafe treffen, insbesondere, da er dazu noch ein Verräter ist, der nach der Krone trachtet.«
Hugdietrich nickte verwirrt. »Ja, ich hatte es beinahe vergessen. Ich übergebe dir Berchtung, du magst mit ihm tun, was dich gut dünkt. Nun will ich zur Königin gehen und ihr sagen, daß er Dietrich getötet hat.«
Er beachtete Sabenes tiefen Gruß nicht mehr und hastete unsicheren Schrittes nach der Tür.
Als der schöne Herzog wenig später durchs Tor hinausritt, war er so zufrieden, daß er dem erstaunten Wächter ein Goldstück zuwarf.
Eine Stunde darauf waren schon die Boten unterwegs, die Edlen aus der ganzen Umgebung zum Gastmahl des Königs zu laden. Und stets fügten sie ihrer Einladung gewissenhaft hinzu: »Der König wünscht, daß niemand in Waffen erscheine.« Denn

dies hatte ihnen Sabene streng aufgetragen. Er dachte nämlich: Berchtung hat zu viele Freunde. Ist er auch selbst waffenlos, so würden sie ihm doch mit den Schwertern zu Hilfe kommen, wenn ich ihn überwältigen lasse. Und ich mag nun einmal kein Blut sehen. Man kämpft viel besser und gefahrloser auf andere Weise!

Als Berchtung die Einladung erhielt, war er sehr beunruhigt. Etwas daran gefiel ihm nicht. Er hätte nicht sagen können, warum. Aber je mehr er darüber nachgrübelte, desto mehr mißfiel es ihm. Wenn er wenigstens mit Schwert und Harnisch nach Kunstenopel reiten könnte! Aber da war der Befehl des Königs.

»Ich bin sicher, daß etwas nicht in Ordnung ist«, überlegte er sorgenvoll. »Aber was?« Er dachte an Dietrich. Konnte der König erfahren haben, daß er lebte? Das schien ihm unmöglich. Oder hatte ihn dieser Irrsinn verlassen und es reute Hugdietrich, daß er seinen Sohn geopfert hatte? Das konnte sein. Zuletzt beschäftigten sich Berchtungs Gedanken lange mit Sabene. Spielte der schöne Herzog wirklich ein böses Spiel, wie Baltram meinte? Er fand keinen Ausweg und befahl endlich unlustig und üblen Mutes seinem Gefolge, sich bereitzumachen. Er selbst aber ging nach der Turmkammer, wo der Kapellan hauste.

»Du sollst etwas für mich aufschreiben«, sagte er sehr ernst. »Aber versprich mir, daß kein Wort davon über deine Lippen kommt.«

Das kluge, schmale Gesicht lächelte ein wenig. »Es gehört zu meinem Stande, verschwiegen zu sein, Herr.«

Da erzählte Berchtung, wie der König ihm befohlen hatte, Dietrich zu töten, und was danach geschehen war, und beschrieb ihm zuletzt, so gut er konnte, den Weg nach der Behausung der Waldleute.

»Schreibe alles genau auf«, schloß er, »und wenn ich nach Kunstenopel reite, will ich das Pergament mit mir nehmen. Ich habe eine Ahnung, als sollte ich es brauchen.«

Nein, so ungern war er wahrhaftig noch nie zu Hofe gefahren! Düsteren Gesichts und schweigsam ritt Berchtung mit einem Dutzend Ritter und ein paar Knechten, in seinem vornehmen Wams aus schwarzem Samt und dem goldgesäumten Mantel, und er wäre doch viel lieber im ältesten rostigen Harnisch und zerbeulten Helm geritten. Auf der Brust knisterte unter dem Gewand das Pergament. Gott allein wußte, was ihn zu Kunstenopel erwartete!

Aber als er vor dem König stand, vergaß er seine eigenen Sorgen. Er sieht aus wie der leibhaftige Tod, dachte er entsetzt und horchte mit Grausen auf die dünne, hohe Stimme, die ihn begrüßte.

Aber Hugdietrich schien sehr gnädig. »Du sollst zwischen der Königin und mir sitzen«, sprach er und führte ihn in den Saal, der schon voll von Gästen war. Es wurde Berchtung ein wenig leichter ums Herz, als er in die bekannten Gesichter sah und freundliche Zurufe ihn empfingen. Er wußte, daß sie seine Freunde waren. Aber während er mit ihnen redete, durchforschten seine Augen unruhig den Saal. Einer fehlte, und dieser eine war Sabene. Wo war er?

Endlich fragte er den König. Hugdietrich zuckte zusammen, seine Augen wichen Berchtung aus. »Sabene? Ich weiß nicht . . . er ist nicht hier . . . nicht in Kunstenopel«, sagte er hastig, und Berchtung wußte sogleich, daß er log. Aber warum? Im nächsten Augenblick hatte ihm Hugdietrich den Rücken zugedreht. »Ich will nun die Königin holen«, murmelte er und war fort.

Die Königin kniete in ihrer Kemenate vor einer offenen Truhe, und es war ihr so traurig zumute, wie immer, seit Dietrich verschwunden war. In der Truhe lagen, sauber und ordentlich

aufgeschichtet, Dietrichs Gewänder neben denen seiner Brüder.
Die Königin nahm eins nach dem andern heraus, strich es glatt und legte es zur Seite: denn sie wollte die Sachen den Armen schenken. Dietrich würde sie ja doch nie mehr tragen. Nein, nie wieder. Schnell drückte sie den kleinen Linnenkittel an die Augen: Es war so schwer, nicht zu weinen. Und doch durfte sie es nicht, denn gleich mußte sie hinübergehen in den Saal, die Edlen zu begrüßen.
Das grüne Samtwämslein da – es hatte so gut zu seinen goldenen Augen und seinen hellen Locken gepaßt. Und der Mantel aus rotem Tuch mit der goldenen Spange auf der Schulter. Die Hemden mit dem gestickten Saum.
Ja – und da, ganz unten auf dem Boden der Truhe lag noch ein Hemd aus schneeweißer Seide. Palmatseide aus dem Morgenland. Die Königin hielt es in der Hand und starrte wie verzaubert darauf nieder. Dieses Hemdlein – lieber Gott, wic hatte sie es vergessen können! Und plötzlich hörte sie ganz deutlich die Stimme des alten Klausners wieder, der Dietrich getauft hatte: »Eines Tages wird er sich ein Reich und eine Königin erkämpfen. Und dies wird sein seltsamster Kampf sein.«
Da sprang sie auf, mit einem leisen Ruf, der wie ein Lachen oder wie ein Schluchzen klang. Mit beiden Händen drückte sie das kleine Gewand an sich: Oh, wenn der fromme Mann die Wahrheit gesagt hatte, dann mußte ja Dietrich noch am Leben sein! Und er hatte ganz gewiß die Wahrheit gesagt: Wer so aussah, konnte nicht lügen! Oh, nun wollte sie gerne warten, bis ihr Knabe wiederkam! Berchtung würde ihr sagen, wo sich Dietrich befand: Nachher, beim Gastmahl, mußte sie versuchen, allein mit ihm zu reden. Freilich – der König hatte ihr etwas befohlen, aber das würde sie nicht tun, nie und nimmer!
Sie horchte auf und warf das Hemdlein hastig in die Truhe zurück: Draußen näherten sich Schritte. Im nächsten Augen-

blick stand der König in der Tür. Er trug ein prächtiges Wams aus scharlachrotem Tuch mit goldenen Borten, aber sein Gesicht war fahl, als wäre er just dem Grabe entstiegen.
»Es ist Zeit, in den Saal zu gehen«, sagte die entsetzliche hohe Stimme, die ihr immer einen Schauder über den Rücken jagte.
Die große Freude war plötzlich wieder fort: denn die Königin wußte, was nun kam. Aber sie wollte nicht! Nein, sie würde nicht Anklage erheben gegen Berchtung! Sie hatte keinen Augenblick geglaubt, daß er Dietrichs Mörder war. Und jetzt, da es ihr so gewiß schien, daß ihr Sohn lebte, sollte sie ihn anklagen? Dies alles war Sabenes Werk! Und einmal würden seine Ränke an den Tag kommen. Aber für Berchtung würde es dann vielleicht zu spät sein. Sie mußte schnell versuchen, ihm zu helfen. Denn hatte ihn Sabene erst in den Klauen, so vermochte sie ihn gewiß nicht mehr zu retten.
»König Hugdietrich«, begann sie hastig. »Ich weiß, daß Berchtung unschuldig ist, glaube mir! Du darfst ihn nicht anklagen! Hast du seine treuen Dienste ganz vergessen? Hast du vergessen, wie er für dich bei Botelung, meinem Bruder, um mich warb? Und wie er hundertmal sein Leben für dich wagte? Du traust nur Sabene. Laß dich warnen, mein Gemahl! Er ist schlau und böse und –«
»Schweig still!« unterbrach sie der König zornig. »Du redest umsonst. Ich weiß, daß du Sabene von Anfang an gehaßt hast. Aber ich brauche ihn: Er ist der einzige, der immer Rat weiß, und er ist mir treu. Berchtung aber hat nicht nur Dietrich getötet, sondern streckt auch schon die Hand nach meiner Krone aus.«
Er beugte sich vor und sein Blick wurde stechend. »Gib gut acht! Wenn du dich weigerst, ihn anzuklagen, wirst du Berchtung nicht nützen, sondern schaden: denn dann wird er sofort sterben müssen! Nun tu, was du willst!«
Ja, für den, der viel Macht und kein Gewissen hat, ist es nicht schwer, andere zu zwingen.

Die Königin erschrak. Nein, nun half es nichts, sie mußte sich wohl fügen, wenn sie Berchtungs Leben retten wollte.
So geschah alles genau, wie Sabene es bestimmt hatte. Der König erhob sich, als die Gäste alle um den Tisch saßen und die Mundschenken die Becher gefüllt hatten. Ein wenig verwundert brachen die Männer ihre Reden ab: Was mochte der König ihnen zu sagen haben?
»Ich klage Herzog Berchtung von Meranien an, meinen Sohn getötet zu haben!«
Es war ganz still im Saal, eine fürchterliche, eisige Stille. Sie saßen da, eine versteinerte Versammlung von Rittern in kostbaren Gewändern, mit schreckerstarrten Gesichtern. Hatte die brüchige Stimme es wirklich gesagt, oder war dies ein Alptraum, aus dem man gleich wieder aufwachen mußte?
Dann wandte Berchtung langsam, mit einer hölzernen Bewegung den Kopf. Er war totenbleich. Aber er wandte sich nicht zu Hugdietrich hinüber, sondern zur Königin: denn nun stand die Königin auf, müde wie eine alte Frau, ihre Hände umklammerten die Tischkante. Ich darf Berchtung nicht ansehen, dachte sie angstvoll, sonst kann ich es niemals sagen – und dann sah sie ihn dennoch an. Und als sie seine Augen sah, so ungläubig und voll Gram, daß ihm dies geschehen konnte, da hätte sie ihm am liebsten beide Arme um den Hals gelegt und ihn geküßt und dann – dann hätte er sterben müssen.
»Ich klage Herzog Berchtung an ...«, nein, sie vermochte nicht weiterzusprechen.
Aber es war auch nicht mehr notwendig. Im gleichen Augenblick flog die Saaltür auf. Die Tür befand sich genau hinter Berchtungs Sitz: Sabene hatte alles sehr sorgfältig ausgedacht. Ehe noch jemand wußte, was geschah, klirrten Waffen, eine Schar Knechte stürmte in den Saal, sie stellten sich zu beiden Seiten der Tür auf und bildeten eine Gasse bis zu Berchtungs Platz. Sie ergriffen den Herzog und schleppten ihn hinaus: Er

hatte keine Zeit und keine Waffen, sich zu wehren. Die Tür fiel zu und alles war verschwunden wie ein Spuk.
Jetzt fuhren die Männer von ihren Sitzen auf. Zornige Rufe flogen hin und her. Dann sprang ein junger Ritter, der mit Herzog Berchtung gekommen war, über den Tisch. »Was bedeutet das, Herr?« fragte er und sah Hugdietrich gerade in die Augen.
Der König hob beschwichtigend die Hand: »Ihr könnt ruhig sein, Berchtung ist ein Mörder und ein Verräter. Aber wir werden ordentlich Gericht über ihn halten, wenn es Zeit ist. Jetzt sollt ihr essen und trinken, wie es euch gelüstet!«
Aber es gelüstete niemanden nach Essen und Trinken, soviel auch die Mundschenken und Truchsessen die Gäste ermunterten, und bald stahl sich einer nach dem andern davon.
An Berchtungs Schuld glaubte keiner.
Das half ihm freilich wenig. Halb betäubt, als hätte er einen Schlag auf den Kopf erhalten, ging er zwischen den Knechten über Stiegen und Gänge, ohne viel darauf zu achten, wohin. Er wußte, daß es keinen Sinn hatte, Widerstand zu leisten. Ein bitteres Lächeln glitt über sein Gesicht: Darum also hatte der König befohlen, ohne Waffen zu erscheinen!
Eine große Verwunderung erfüllte ihn über Hugdietrichs Falschheit und Undankbarkeit, ohne daß er sich sonderlich darüber kränkte. Aber als er an die Königin dachte, wurde er sehr traurig. Auch sie hatte ihn angeklagt. Und sie mußte doch wissen, daß er unschuldig war. Aber Frauen waren wohl wankelmütig und leicht zu überreden, meinte er bekümmert bei sich, während er durch einen dunklen Gang stolperte. Der Boden war sehr uneben, manchmal stieß er an einen Stein, und dann spürte er wieder, wie seine Füße in Wasser traten. Allmählich war es so finster geworden, daß er nur zuweilen, wenn sie an einem der winzigen Fenster vorüberkamen, das Gewölbe über sich erblicken konnte, das vor Feuchtigkeit glänzte, und

hie und da huschte ein Tier mit zornigem Pfeifen vor ihnen über den Boden. Ratten, dachte Berchtung. Vor Ratten ekelte ihn. Als er sich besorgt zu fragen begann, wohin man ihn wohl bringen mochte, sah er in einiger Entfernung einen schwachen rötlichen Lichtschein. Gleich darauf erkannte er, daß der Gang zu Ende war und daß dort vorn eine Tür offenstand. Daneben lehnten zwei Männer an der Mauer. Der eine schien klein und bucklig, aber seine Schultern waren breit und die Arme hingen ihm lang herab. In der Hand hielt er eine rauchende Fackel. Aber der andere – Berchtung stutzte. Irgend etwas an den geschmeidigen Umrissen der schlanken Gestalt, die sich da ins Dunkel drückte, erschien ihm sonderbar vertraut. Plötzlich wußte er es. »Du bist es, Sabene?« Er erhielt keine Antwort. Ein Stoß in den Rücken ließ ihn durch die offene Tür taumeln. Im nächsten Augenblick fiel sie hinter ihm zu, der Riegel knirschte und er war allein.

So begann Berchtungs Gefangenschaft. Er erkannte bald, daß er sich in einem der Türme befinden mußte, denn die kleine Kammer war rund, und hoch droben waren viele schmale Öffnungen in der gewaltigen schwarzen Mauer, durch die ein wenig Tageslicht zu ihm herabkam und an denen nachts der Mond vorüberwanderte und auf sein Strohlager schielte.

Zweimal des Tages erschien der bucklige Wächter und brachte ihm zu essen. Berchtung wunderte sich, daß in den alten irdenen Schüsseln stets so gute Dinge waren, und einmal fragte er den Wächter danach.

»Die Königin hat mir befohlen, dir die gleichen Speisen zu bringen, die auf den Tisch des Königs kommen«, sagte der Bucklige mürrisch. »Und wenn es Herzog Sabene erfährt, ist mein Kopf keinen Kieselstein mehr wert!«

Sabene würde mich also gerne hungern lassen, dachte Berchtung grimmig. Ja, jetzt wußte er freilich, daß Baltram recht hatte und daß Sabene ein Schurke war. Aber jetzt saß er im Turm,

und dieses Wissen nützte ihm ganz und gar nichts. Und die Königin? Sie hätte ihn lieber nicht anklagen sollen, anstatt ihn nachher im Gefängnis mit Essen zu versorgen.
Er hatte keine große Sorge um sein Schicksal und fragte sich nur mit einer Art trotziger Neugier, wie weit sie es wohl treiben würden, der König und Sabene. Eines Tages mußten sie ihn ja herauslassen und Gericht über ihn halten, dafür würde schon die Ritterschaft des Reiches sorgen. Man warf selbst in Hugdietrichs Land niemanden so einfach ins Gefängnis.
Herr Berchtung wartete.
Aber es vergingen viele Tage und Nächte, und er sah den Mond zweimal rund und wieder schmal werden, ohne daß etwas geschah. Langsam verlor er die Geduld und wanderte stundenlang in der Kammer hin und her, ruhelos wie ein gefangener Wolf. Aber etwa den König oder Sabene um Erbarmen bitten – nein, das würde er ganz gewiß nicht tun!
Endlich eines Nachts fuhr er aus dem Schlafe auf. Irgendein Geräusch hatte ihn geweckt. Hastig richtete er sich in die Höhe. Jetzt hörte er deutlich, wie draußen der schwere Riegel zurückgeschoben wurde. Er wartete, mit dem Rücken gegen die Mauer gelehnt. Es war kein gutes Gefühl, waffenlos zu sein und nicht zu wissen, wer da kam! Mit äußerster Spannung sah er, wie sich die Tür öffnete.
Mit Mühe unterdrückte er einen verwunderten Ausruf: Vor ihm stand die Königin! Sie trug eine Kerze, und er sah, daß ihre Hand zitterte. »Gottes Gruß, Herzog Berchtung«, sagte sie leise und schüchtern.
Er blickte ihr trotzig entgegen und antwortete nicht.
Da kam sie langsam näher und zog behutsam die Tür hinter sich zu.
»Willst du mir nicht danken für meinen Gruß?«
Er lachte bitter.
»Mir scheint, ich habe nicht viel Ursache dazu.«

Sie stellte die Kerze neben sich auf die Steinbank, die aus der Mauer ragte. Er beobachtete sie finsteren Blickes, aber sie sah so kummervoll aus, daß er Mitleid empfand.
»Ich weiß, daß du mir zürnst«, sagte sie traurig. »Aber du solltest es nicht tun, Herzog Berchtung. Hätte ich dich nicht angeklagt, so wärest du wohl schon längst tot.« Sie legte die Hand auf seinen Arm, bittend und ein wenig zögernd, als hätte sie Angst, er könnte sie zurückweisen.
Berchtung sah nachdenklich auf sie hinab: Er fühlte, daß sie die Wahrheit sprach. Weiß Gott, was Sabene und Hugdietrich ihm zugedacht hatten! Allmählich lernte er begreifen, daß ihnen das Schlimmste zuzutrauen war.
»Ich konnte nicht früher kommen«, fuhr die Königin hastig fort und lauschte ängstlich nach der Tür, »der König verbot es mir sehr böse, als ich ihn bat. Dennoch versuchte ich es eines Nachts heimlich. Aber als ich hierher kam, lag der Wächter vor deiner Tür und schlief. Ich weckte ihn und bat ihn, mich einzulassen. Er weigerte sich und sagte, es würde ihn seinen Kopf kosten, den ihm Sabene eigenhändig abschneiden wolle.« Ein blasses Lächeln huschte über ihr Gesicht. »Heute aber hat er mir seinen Kopf für einen großen Beutel Goldes verkauft. Gottlob, niemand hat mich gesehen, als ich mich aus der Kemenate fortschlich: denn der König sitzt mit Sabene schon die halbe Nacht im Saale und sie beraten miteinander.« Sie hielt inne und blickte ihn besorgt an. Nein, sie brachte ihm die Nachricht nicht gerne, aber es war besser, wenn er darauf vorbereitet war. »Ich habe gehört, daß morgen über dich Gericht gehalten werden soll«, sagte sie bedrückt.
Aber zu ihrer Verwunderung atmete Berchtung auf. »Endlich!« knurrte er und reckte die Schultern, als wäre er von einer Last befreit. »Sie haben mich lange genug warten lassen, dünkt mich. Mir kann nichts Besseres widerfahren als ein öffentliches Gericht, da wird meine Unschuld sehr schnell an den Tag

kommen – und vielleicht noch ein paar andere Dinge«, fügte er grimmig hinzu und dachte an Sabene.
Mit einem schnellen Schritt stand die Königin dicht vor ihm. Ihre Hand umklammerte seinen Arm. Er merkte, daß sie sich kaum aufrecht hielt vor lauter Unruhe.
»Ja«, flüsterte sie tonlos, »ich habe immer gewußt, daß du unschuldig bist! Aber dann, Herzog Berchtung – dann muß Dietrich am Leben sein! Oh, ich bitte dich, sage mir, daß er lebt, und ich will es dir bis an meinen Tod danken! Ich habe seinetwegen so viel Kummer gelitten.«
Er starrte sie an. Und als er ihre Augen sah, voll Angst und Hoffnung nach all dem ausgestandenen Herzeleid, da begriff Berchtung plötzlich, daß er etwas sehr Böses getan hatte. Er war schuld an diesem Herzeleid, er war schuld, daß die Königin so blaß und schmal und abgehärmt vor ihm stand: denn er hatte sie glauben lassen, ihr Kind sei tot, anstatt schnurstracks zu ihr zu gehen und ihr die Wahrheit zu erzählen. In seiner eigenen Angst und der Sorge um seine Kinder hatte er sie und ihren Kummer vergessen. Großer Gott, wie konnte er nur so eigensüchtig sein! Nein, das würde er sich nie verzeihen! Und es war nur recht und billig, daß er im Kerker saß! Noch viel härtere Strafe verdiente er!
»Herrin«, sagte er ganz gebrochen und faßte ihre Hände. »Dietrich lebt, Herrin, und es geht ihm gut. Aber ich – du kannst es mir gewiß nicht verzeihen, daß ich es dir nicht schon längst gesagt habe! Ich vermag es nie wiedergutzumachen, was ich dir zugefügt habe.« Er beugte den grauen Kopf und legte die Stirne in ihre Hände, so bekümmert war er.
Sie blieb ganz still. Als er endlich in ihr Gesicht zu schauen wagte, da liefen ihr die hellen Tränen über die Wangen, aber Berchtung meinte verwundert, daß er dennoch nie ein so glückliches Antlitz gesehen habe.
Und dann legte sie ihm die Arme um den Hals und küßte ihn,

und darüber wollte er just von Herzen froh werden: aber in diesem Augenblick knarrte die Tür und der dicke, struppige Kopf des Wächters erschien.
»He!« stieß er verdutzt hervor und wischte sich mit dem Handrücken die rote Knollennase, die immer tropfte, seit er da Nacht für Nacht auf dem feuchten Boden schlafen mußte. Dann nahm er sich zusammen. »Frau Königin«, sagte er entschlossen, »einem Mann ohne Kopf nützt der größte Beutel voll Gold nichts mehr. Du hast mir versprochen, gleich wieder zu gehen. Herzog Sabene wird mir . . .«
Da kam Berchtung mit ein paar schnellen Schritten zu ihm herüber. »Herzog Sabene wird dir gar nichts tun, du Tropf, das verspreche ich dir«, sagte er freundlich, schob ganz einfach den eingedrungenen Kopf durch den Spalt hinaus und schloß die Tür. Und der Wächter stand draußen, und es schien ihm merkwürdigerweise ganz in Ordnung, obwohl er nicht wußte, warum das, was Herzog Berchtung tat, immer richtig war. Bei manchen anderen Herren schien es ihm nicht so. Zufrieden hockte er sich wieder vor die Tür, drückte den Geldbeutel zärtlich an seinen Bauch und wartete. Freilich, wenn jetzt Sabene käme . . . aber er fürchtete sich gar nicht mehr, so viel Vertrauen hatte er zu Herzog Berchtung, obgleich er zu dieser Zeit nur ein armer Gefangener war.
»Hör zu, Herrin«, sagte indessen drinnen Berchtung hastig und zog das Pergament hervor, das er in seinem Gewand verborgen hatte, »ich weiß nicht, was morgen geschehen wird. Darum übergebe ich dir diese Schrift, sie wird bei dir sicherer sein als bei mir. Es ist alles genau darin aufgezeichnet, was sich mit Dietrich zugetragen hat. Sie wird meine Unschuld bezeugen, oder, wenn mir etwas zustößt, wirst du mit ihrer Hilfe deinen Sohn finden. Nun bitte ich dich noch um eins: Nimm morgen zum Gericht einen schriftkundigen Mann mit dir. Und wenn ich es dir sage, so befiehl ihm, dieses

Pergament laut zu lesen. Nun mußt du gehen, Herrin, der Morgen ist nicht mehr weit!«
Als sie fort war, wanderte er in seiner Kammer hin und her, bis der helle Tag durch die Fensteröffnungen schien. Bald hörte er die Hörner, die zum öffentlichen Gerichte riefen.
Aber dieses Gericht heute – nein, das war nicht wie sonst. Wohl strömten seit dem frühen Morgen die Bürger aus der Stadt auf die Heide hinaus und umstanden in einem riesigen Kreis den Platz vor der Königsburg, wo nach uraltem Brauch Recht gesprochen wurde. Aber das Volk schien bedrückt und schweigsam und nicht einmal sonderlich neugierig, die Ankunft der Landherren zu sehen, die zum Königs-Teiding berufen waren.
Auch dies war anders: Die Ritter erschienen nicht wie sonst in schimmernder Rüstung mit Schild und Schwert und begleitet von einem großen, gewaffneten Gefolge. Sie jagten nicht heran, daß der Sand unter den Rosseshufen stäubte. Im seidenen Wams kamen sie, den Mantel aus Samt oder feinem Tuch über der Schulter, Goldborten an der Schabracke unterm Sattel. Sie ließen die Pferde langsam gehen, als hätten sie nicht die geringste Lust, zu diesem Teiding zu kommen. Und so war es auch.
Hugdietrichs Ritter waren beleidigt und zornig und sehr besorgt. Die Boten hatten ihnen gesagt: »Befehl des Königs, niemand darf zum Gericht in Waffen erscheinen!«
Sie waren wohl aufgefahren und hatten trotzig geschworen, so würden sie dem Teiding fernbleiben! Aber zuletzt, wie es eben meist zu gehen pflegt, hatten sie doch ihre prächtigen Gewänder angelegt und waren nach Kunstenopel geritten, mißmutig und in ihrer Ehre gekränkt. Sich zu weigern aber wagte keiner, denn es herrschte viel Willkür und Gewalt und wenig Recht in Hugdietrichs Reich, und man konnte, ehe man sich's versah, einen Dolch im Rücken oder den roten Hahn auf dem Dache haben.

Einer nach dem andern kamen sie, musterten einander verstohlen mit grimmigen Gesichtern, und einer knurrte: »Wir sehen aus wie eine Versammlung von Kaufleuten und nicht wie Ritter, die Gericht halten sollen!«
Es war ihnen allen sehr übel, wenn sie an dieses Gericht dachten. Wäre es nur nicht gerade Berchtung gewesen, den sie alle schätzten! Der König mußte wohl nicht recht bei Verstande sein, ihn des Mordes an seinem Sohne anzuklagen! Es war kein einziger unter ihnen, der es glaubte. Aber sie beredeten sorgenvoll untereinander, wie es ihm wohl gelingen mochte, sich von der Anklage freizumachen, da Dietrich spurlos verschwunden war und der König selbst ihn beschuldigte.
»Der König wird ihm nach Rechtsbrauch erlauben müssen, sich unter uns einen Fürsprecher zu wählen«, meinte ein alter Ritter, »und jeder von uns wird alles tun, Berchtung freizusprechen.«
»Zuerst muß ein Richter gewählt werden«, sagte ein anderer, »denn da der König Ankläger ist, kann er nicht selber Richter sein.«
Und sie überlegten hin und her, wen Hugdietrich wohl bestimmen würde, zu seiner Rechten zu sitzen, mit der Königskrone auf dem Haupte, um Gericht zu halten: denn so verlangte es der Rechtsbrauch des Reiches.
Aber dieser Sorge waren sie sehr schnell ledig. Von der Mauer erschollen Posaunentöne, und zugleich öffnete sich das Burgtor. Niemand fehlte als der König und die Königin und – ja, Herzog Sabene.
Sie flüsterten es sich zu, und es gefiel ihnen nicht: denn daß Sabene nicht da war, das hatte etwas zu bedeuten, und sie ahnten, daß es nichts Gutes war.
Im nächsten Augenblick wußten sie es. Im Tor erschien Hugdietrich. Er führte die Königin an der Hand. Zu seiner Rechten aber schritt im langen Purpurmantel Sabene, mit der Krone auf dem Haupte.

Es wurde so still unter den Rittern und unter der Volksmenge, daß man die Schritte deutlich hörte, als die drei auf ihre Sitze in der Mitte des Kreises zugingen. Aber niemand sah Hugdietrich oder die Königin an! Aller Augen hingen an Sabene. Er schritt daher in seiner dunklen Schönheit mit einem lässigen Gleichmut, als wäre er mit der Krone auf dem Kopfe geboren. Hugdietrich schwand neben ihm zu einem blassen Schatten, das konnte sich niemand verhehlen.
Die Gesichter der Ritter waren noch düsterer als zuvor. »Dieser Satan!« zischte einer dem andern ins Ohr. Der nickte. »Er wird Berchtung verderben, wenn er kann!« flüsterte er sorgenvoll. Sie wußten alle längst, was für einen bösen Einfluß Sabene auf den König übte und daß Hugdietrich ihm immer mehr erlag.
Indessen hatten der König und die Königin ihre Plätze eingenommen, nur Sabene stand hoch aufgerichtet.
»Es ist Gericht!« verkündete er, und seine Stimme war tief und voll, selbst hier unter dem freien Himmel.
Er wandte sich dem König zu. »Laß den Gefangenen vorführen!« sagte er laut. Dann beugte er sich nieder und fügte leise hinzu: »Befiehl, daß man ihm die Hände binde. Er ist sehr stark und kann im Zorne leicht gefährlich werden. Ich fürchte für dein Leben, Herr, nicht für meines«, beteuerte er mit heuchlerischer Eindringlichkeit.
Hugdietrich winkte dem Hauptmann der Burgwache, der hinter seinem Stuhle stand, und wiederholte leise Sabenes Befehl. Er zog mit den Knechten ab: Sie waren die einzigen, die Waffen trugen.
Es schien, als hielte jeder auf dem Platze den Atem an. Nur Sabene nicht. Seine Augen glitten schnell und verstohlen im Kreis. Nichts als finstere Gesichter! Freilich, es ging ja um ihren getreuen Berchtung! Wie schnell würden sie ihn unschuldig sprechen, wenn – ja, wenn man es ihnen erlaubte! Aber es wäre zum Lachen, wenn man es nicht verhindern könnte. Wieder

beugte er sich zu Hugdietrich. »Sieh dir die Ritter an, Herr! Sie warten nur darauf, Berchtung herauszuhelfen! Du mußt ihnen verbieten, seine Fürsprecher zu sein.« Hugdietrich sah sich unbehaglich um: Es war gegen alles Recht, was er da tat, das wußte er wohl. Aber er hatte sich schon so daran gewöhnt, nach Sabenes Rat zu handeln, daß er auch jetzt widerstandslos gehorchte.

Er rief den alten Ritter, der ihm zunächst stand, zu sich. »Hör zu!« Seine Stimme sank zu einem heiseren Flüstern. »Bei meiner Ungnade, keiner von euch soll für Berchtung sprechen. Er mag sein eigener Fürsprecher sein: denn er verdient es nicht besser. Sage es insgeheim den andern!«

Der Ritter fuhr auf, feuerrot im Gesicht: »Herr, das ist gegen das Recht!«

Auf Hugdietrichs fahlen Wangen glühten zwei dunkle Flecken. »Wagst du es –« Er brach ab. Ein Gemurmel lief durch die Menge: Unter dem Tore war Berchtung erschienen.

Er stand einen Augenblick still im strahlenden Sonnenschein. Sein schwarzes Samtwams war grau vom Kerkerstaub und sein Gesicht bleich geworden in den Wochen der Gefangenschaft. Man hatte ihm die Hände auf den Rücken gefesselt, aber er sah dennoch nicht aus wie ein Gefangener. Nein, niemals würde Herzog Berchtung so aussehen: Was immer man ihm antun mochte, stets blieb diese unzerstörbare Würde an ihm, die vornehmen Menschen angeboren ist und die andere nie lernen können.

Seine ruhigen grauen Augen glitten über den Platz, über die schweigende Menge und dann mit leiser Verwunderung über die Prunkgewänder seiner Freunde und ihre düsteren Gesichter. Ein flüchtiges Lächeln huschte um seine Lippen: Er erriet, was geschehen war. Wie schwer mochte es ihnen gefallen sein, waffenlos zum Teiding zu kommen!

Zuletzt blieb sein Blick in der Mitte des Kreises haften, wo auf

den niedrigen Stufen aus schwarzen Marmorblöcken die drei geschnitzten Stühle mit den hohen schmalen Lehnen standen. Berchtung fuhr kaum merkbar auf, als er erkannte, wer da drüben saß.
Da war die Königin. Sie sah nicht herüber zu ihm. Regungslos wie eine schöne Statue saß sie da, die Wimpern lagen wie schwarze Schatten auf ihren Wangen und ihre Haut schimmerte wie Elfenbein.
Neben ihr saß Hugdietrich, mager und gelb, ein Gespenst seiner selbst. Nein, er hatte keine Ursache mehr, seinen Herrn zu lieben, nach allem, was er über ihn gebracht hatte: Er konnte ihn nur noch bemitleiden. Aber wehe dem Lande, das einen solchen König hatte, dachte Berchtung bekümmert.
Ja, und nun – dieser Mann in Purpurmantel und Krone, der wahrhaftig herrlich aussah – der Mann war kein anderer als Sabene! Sabene, der Ränkeschmied, der ihn ins Gefängnis gebracht hatte. Sabene, der sich unterstand, über ihn richten zu wollen. Sabene, der böse Geist, der verborgen hinter allem stand und die Drähte zog, an denen sie alle tanzen mußten! Aber nicht mehr lange, Herzog Sabene, nicht mehr lange!
Berchtungs gefesselte Hände ballten sich zu Fäusten: Er merkte es gar nicht. Ihm war heiß vor Zorn, und vielleicht hätte er jetzt etwas Unbesonnenes getan, wenn er frei gewesen wäre.
»Du mußt gehen, Herr«, mahnte hinter ihm der Hauptmann ehrerbietigen Tones: Ihm war noch nie ein Befehl so zuwider gewesen, wie der, Herzog Berchtung vor Gericht zu führen.
Berchtung ging. Er ging langsam mitten in den Kreis hinein, bis er vor den schwarzen Marmorstufen stand. Er verbeugte sich tief vor der Königin und neigte den Kopf vor Hugdietrich, ohne ihn eines Blickes zu würdigen.
Dann blieb er vor Sabene stehen. Lange und gründlich betrachtete er ihn vom Kopf bis zu den Füßen und blickte ihm abwartend geradeaus in die Augen, offenen Spott im Gesicht.

Sabene runzelte streng die Stirne. Es war ihm doch recht unbehaglich unter Berchtungs spöttischem Blick, und er wollte es beileibe nicht merken lassen.
So begann er hastig, hochfahrenden Tones: »Du weißt, welches Verbrechens du angeklagt bist, Herzog Berchtung von Meranien! Leugnest du oder gestehst du?«
Aber Berchtung gab keine Antwort. Gemächlich stieg er die drei Stufen hinauf bis dicht vor Sabenes Stuhl und blickte auf ihn herunter.
»Du bist es also wirklich, Geselle Sabene?« sagte er grimmig. »Ich hätte dich beinahe nicht wiedererkannt: denn als ich dich das letztemal sah, trugst du noch keine Krone auf dem Kopfe und auch keinen Purpurmantel. Da standest du im Dunkeln neben der Tür zu meinem Kerker und stießest mich hinterrücks hinein – weißt du es noch? Du hast es weit gebracht, während ich gefangensaß, das muß ich sagen. Und nun sollte ich mich wohl deiner Gnade empfehlen, da du ja mein Richter bist! Aber ich fürchte, darauf wirst du lange warten müssen. Ich habe keine Lust, mit deinesgleichen viel zu reden. So will ich mir unter meinen Freunden einen Fürsprecher wählen, der mag es für mich tun.«
»So wähle!« entgegnete Sabene voll Hohn. Er hatte wohl bemerkt, daß das Verbot des Königs wie ein Lauffeuer unter den Rittern die Runde machte, wie sie einander betreten ansahen und unschlüssig darüber berieten. Es hatte sie wie ein Schlag vor den Kopf getroffen, und nun blieb ihnen keine Zeit mehr, mit sich ins reine zu kommen.
Berchtung wandte sich um. Er war ganz ohne Sorge: Gleich würde ein Dutzend oder mehr von ihnen vortreten und sich anbieten, sein Friedeschild zu sein.
Aber – was war das? Warum rührte sich keiner? Sie standen da, verbargen ihre beschämten Gesichter und schlugen die Augen zu Boden. Berchtung starrte ungläubig hinab. Großer

Gott, das war doch nicht möglich? Sie waren alle seine Freunde, er wußte es. Und sie konnten ihn doch nicht für einen Mörder halten! Er begriff es nicht, und da überkam ihn plötzlich eine so namenlose Traurigkeit und eine so bittere Enttäuschung, weil ihn alle, auf die er so sicher gebaut hatte, im Stiche ließen, daß er am liebsten wieder zurückgekehrt wäre in seinen Kerker, um keinen mehr von ihnen zu sehen.

Sabene musterte ihn aus höhnisch zusammengekniffenen Augen. »Nun, Herzog Berchtung, wo ist dein Friedeschild?«

Ja, dies war ein sehr böser Augenblick für den armen Berchtung. Aber gottlob, nur ein Augenblick.

Denn draußen am Rande der Heide, dort, wo die Heerstraße im Walde verschwand, war eine kleine Staubwolke aufgetaucht. Sie wurde schnell größer, da und dort blitzte es silbern darin auf, ein dumpfes, gleichmäßiges Dröhnen kam herüber, wie Trommelwirbel . . . oder wie der Hufschlag vieler Pferde.

Und plötzlich sauste aus der Wolke ein einzelner Reiter hervor, seine Brünne flimmerte in der Sonne, sein Pferd jagte über den Sandboden, als wäre es toll geworden, und jetzt – jetzt riß der Reiter sein Schwert heraus und zog die Zügel an. Und dann stand die Königin auf und lächelte.

»Herzog Berchtung, da ist dein Friedeschild!« sagte sie.

Berchtung erkannte seinen Schwager Baltram. Weiß Gott, er war gewiß in seinem ganzen Leben noch nie so froh gewesen, einen Menschen zu sehen!

Baltram reckte sich im Sattel auf, und als er über die Köpfe der Menge hinweg erkannt hatte, was sich da zutrug, spornte er sein Roß. Kaum daß die Leute Zeit hatten, auseinanderzuspringen: da flog schon der tolle Hengst mit einem einzigen Satz mitten in den Kreis und prallte dicht vor Berchtung auf die Beine, indes draußen aus der Staubwolke an die hundert Ritter und Knechte zum Vorschein kamen, die im Handumdrehen von allen Seiten den Platz umgaben.

Baltram grüßte niemanden. Er sprang vom Pferde, ließ es stehen, wo es stand, und trat auf Berchtung zu. Er warf einen Blick auf die gebundenen Hände und sein Gesicht wurde furchtbar zornig.

»Hat man dich gefesselt wie einen Dieb?« fragte er, als ob außer ihnen beiden niemand da wäre. »Was hast du denn gestohlen?« fuhr er fort und schnitt unbekümmert mit dem Schwerte den Strick an Berchtungs Händen entzwei.

»Ich bin des Mordes an Junker Dietrich angeklagt«, erwiderte Berchtung ernsthaft.

»So, und wo ist dein Fürsprecher?« Seine kleinen, scharfen Augen überflogen den Kreis der Ritter, und da er ein kluger Mann war, der die Menschen kannte, erriet er sogleich alles. »Ihr wollt Fürsten sein?« sagte er laut und voll Verachtung. »Ich bin gewiß, daß keiner von euch Berchtung für schuldig hält. Schmach über euch, daß dennoch keiner für ihn einzutreten wagt! Aber ich sage euch, was heute ihm geschieht, kann morgen euch geschehen. Dann seid ihr selber schuld daran, wenn ihr zugebt, daß man das Recht in diesem Lande mit Füßen tritt!« Er wandte sich zum Sitz des Königs. »So will ich Berchtungs Friedeschild sein.« Er stutzte plötzlich. Sein Blick war auf Sabene gefallen. Eine kleine Weile stand er vorgebeugt da und sah ihn nur an. Dann ging er ganz langsam auf ihn zu, das blanke Schwert in der Faust.

»Sieh da, Sabene!« sagte er leise, aber seine Stimme klang gefährlich. »Es ist lange her, seit wir uns an Botelungs Hof getroffen haben. Mir scheint, du bist indes König geworden. Mich wundert aber, wie du es angestellt hast: denn bei den Hunnen hast du es nicht einmal bis zum Grafen gebracht. Und zuletzt bist du so schnell und heimlich verschwunden, daß dich die hunnischen Fürsten nicht mehr fanden, obgleich sie alles daransetzten, dich zu bekommen. Du wirst wohl wissen, warum?«

Sabenes dunkles Gesicht wurde gelb. Er schielte nach dem Schwerte in Baltrams Hand: Waffen in den Händen zorniger Männer waren ihm ein Greuel. Viel zu leicht konnte ein Unglück geschehen. Unter seinem Purpurmantel wurde ihm eng um die Brust vor ohnmächtiger Wut. Er hätte diesen elenden Schwätzer gerne zum Schweigen gebracht, ehe er noch mehr erzählte, was besser ungesagt blieb: denn solcher Dinge gab es viele in Sabenes Vergangenheit. Aber er mußte ihn reden lassen, da er Berchtungs Fürsprecher war, und außerdem war da das Schwert und ringsum bewaffnete Männer, deren Mienen nicht viel Gutes verhießen. Und der König – er warf einen raschen Blick hinüber und zuckte die Achseln: Nein, von ihm war nichts zu erwarten, so ratlos, wie er dasaß.

Indessen redete Baltram weiter, gelassen und bestimmt, wie jemand, der weiß, daß das Recht auf seiner Seite ist. »Herzog Berchtung, ich frage dich: Hast du Junker Dietrich getötet?«

»Nein«, sagte Berchtung ebenso gelassen. »Ich habe es nicht getan.«

»Der König aber hat dich dessen angeklagt. Und Herzog Sabene will über dich richten. Gibt es jemand im Ring, der Herzog Berchtungs Schuld oder Unschuld bezeugen kann?«

Alles blieb still.

»So mag der Zweikampf entscheiden!« sprach Baltram ernst. Denn zu jener Zeit herrschte allenthalben der Glaube, ein Zweikampf brächte die Wahrheit an den Tag und dem Unschuldigen fiele der Sieg zu. Es war freilich ein Aberglaube wie viele andere, aber jede Zeit hat ihre üblen Sitten, und nach einer freilich manchmal recht langen Weile kommen die Menschen meist wieder zu Verstande – wenn sie genug Unheil angerichtet haben.

»Berchtung wird also mit einem von euch beiden kämpfen«, fuhr Baltram fort. »Entweder mit dir, König Hugdietrich, oder mit Sabene. Du magst es selbst bestimmen.« Er hielt verdutzt

inne. Sabene war so zusammengefahren, daß ihm die Krone in die Stirne herabrutschte, und der König zog die Schultern über den Kopf hinauf, als hätte er Angst um seinen Hals. Was war denn mit den beiden los?
Hugdietrichs Augen hatten einen glasigen Blick. Er beugte sich ganz nahe zu Sabenes Ohr. »Kämpfe du mit ihm!« flüsterte er ängstlich. »Ich kann es nicht tun, weil sonst . . .«
»Ich? Nein! Bist du wahnsinnig?« unterbrach ihn Sabene entsetzt, aber ebenso leise. »Du weißt, daß ich nie kämpfe! Und es ist dein Kind, nicht meines! Also mußt du kämpfen!«
»Ja, aber«, sagte Hugdietrich jämmerlich, »verstehst du nicht? Die Götter werden mich verderben, weil ich es doch Berchtung befohlen habe.«
»Die Götter!« zischte Sabene wütend. »Es geht um uns, nicht um deine Götter! Aber wenn du schon nicht kämpfen willst, so gib es auf! Mir ist es gleich! Tu, was du willst! Sage Berchtung meinetwegen, daß du ihn freiläßt, bitte ihn um Verzeihung und gib ihm dein halbes Reich zu Lehen! Ich will nichts mehr damit zu tun haben!«
Oh, der schöne Herzog war so zornig wie noch nie in seinem Leben. Nun war das ganze kunstvolle Netz, das er ausgespannt hatte, zerrissen, und er mußte neu beginnen! Was fiel diesem elenden Baltram ein? Zweikampf! Ihn grauste, wenn er nur daran dachte!
Da stand Hugdietrich hastig auf. Nein, kämpfen durfte er um keinen Preis: Das würde ganz gewiß sein Ende sein! Aber dann mußte er Berchtung freigeben, und zwar sogleich, ehe der Herzog noch vor allem Volke erzählte, wie sich die Dinge in Wahrheit zugetragen hatten.
»Herzog Berchtung«, begann er unsicher, denn es war nicht mehr leicht für ihn, sich in dem ganzen Lügengewebe zurechtzufinden, »ich weiß nicht, ob du schuldig bist oder nicht. Aber Junker Dietrich wird nicht wieder lebendig, wenn einer von uns

beiden im Zweikampf stirbt. Darum will ich dich freilassen und daran denken, daß du mir doch viele Jahre treu gedient hast!«
Berchtung horchte verwundert auf. Was wurde da für ein neues Spiel gespielt? Freilich, es war nicht schwer zu erraten, warum Hugdietrich nicht kämpfen wollte. Aber ihm konnte es recht sein; denn auch ihm lag nichts an einem Kampfe mit seinem Herrn oder mit seinem einstigen Gesellen Sabene. Nein, er konnte seine Unschuld leicht genug beweisen!
»Du hättest gut daran getan, es früher zu bedenken«, sagte er leise und zornig und wandte sich in den Ring zurück. Mit grimmigem Lächeln betrachtete er die erleichterten Mienen der Ritter. »Ja, nun hat sich mein Schicksal zum Besseren gewendet, ohne daß einer von euch einen Finger gerührt hat«, redete er sie an, und es klang ein wenig bitter. »Aber ihr sollt gleich erfahren, daß ich wirklich unschuldig bin. Königin, ich bitte dich, laß meinen Brief lesen!«
Jetzt wurde es mit einem Schlage lebendig unter den Zuschauern. Die Köpfe drehten und reckten sich, ein aufgeregtes Geflüster und Geraune hub an, als wäre die ganze Gesellschaft plötzlich aus ihrer Erstarrung aufgewacht. Jeder fühlte, gleich würde etwas geschehen.
Die Königin blickte sich suchend um. Als sie den Mann im schwarzen Wams gewahrte, der ganz in ihrer Nähe in der vordersten Reihe der Zuschauer stand, winkte sie. Er schoß nach vorn, wie von der Sehne geschnellt. Mit wichtiger Miene drängte er sich durch den Ring der Ritter und stelzte gravitätisch auf die Königin zu: Er ähnelte auf erstaunliche Weise einem alten Raben mit seinen steifen, dürren Beinen und dem schwarzen Gewand. Früher einmal war er Schreiber an Hugdietrichs Hof gewesen. Aber das schien ihm allmählich ein lebensgefährliches Amt, und so hatte er den Dienst des Königs verlassen und mit dem friedlicheren beim Bischof vertauscht. Nun war er stolz, daß die Königin seine Kunst in Anspruch nahm.

Mit umständlicher Würde entfaltete er das Pergament, das ihm die Königin reichte: Kein Zweifel, er war augenblicklich der bedeutendste Mann in der ganzen Versammlung.
Aber als er, zuerst leise für sich, zu lesen begann, ging eine merkwürdige Veränderung mit ihm vor. Seine Bedeutung schrumpfte gewissermaßen im Handumdrehen, und seine gravitätische Figur sank zusammen, als hätte er die größte Lust, sich unsichtbar zu machen. Mund und Augen wurden immer runder vor peinlicher Überraschung. Und zuletzt, als er schon längst zu Ende war, starrte er noch eine Weile auf den Brief nieder, in dem so fürchterliche Dinge standen, daß er förmlich fühlte, wie sich seine spärlichen Haare langsam in die Höhe richteten. Himmel, o Himmel, da war er ja in des Teufels Küche geraten! Er schüttelte heftig mit verzweifelter Entschlossenheit den Kopf und steckte das Pergament mit gespreizten Fingern weit von sich.
»Frau Königin«, stotterte er, »nein, diesen Brief lese ich nicht! Tu, was du willst – mich wirst du nicht dazu bringen. Mag ihn ein anderer lesen!« Und in seiner Not drückte er ganz einfach der Königin das Pergament in die Hand und verschwand eilig, ohne Gruß, in der Menge.
Erzürnt und ein wenig ratlos blickte die Königin auf den Brief nieder. Aber im nächsten Augenblick stand ein anderer Mann vor ihr. Er war hoch gewachsen, blickte sehr erhaben drein, und der riesige schwarze Bart verlieh ihm eine Art düsterer Würde. Auf seinen langen dunkelblauen Mantel waren goldene Sterne gestickt.
»Frau Königin«, sagte er und ließ seine gewaltige Stimme tönen wie eine Posaune, »ich verstehe in den Gestirnen zu lesen, so werde ich wohl auch einen einfachen Brief lesen können.« Er streckte mit einem eitlen Lächeln die Hand aus.
Die Königin zögerte ein wenig. Sie kannte den Mann wohl: Er pflegte Leuten, die es ihm glaubten, nach dem Lauf der Sterne

ihr Schicksal vorauszusagen. Auch Hugdietrich befragte ihn manchmal. Aber sie mochte ihn nicht, denn sie hielt ihn für einen Betrüger, der das Volk zum Aberglauben verführte, und der war, weiß Gott, schon weit genug verbreitet.
Aber, dachte sie, den Brief mochte er ruhig lesen, da konnte er wohl kein Unheil anrichten.
Der Sterndeuter begann denn auch sogleich, ohne erst noch einen Blick auf das Blatt zu werfen, mit kunstvoller Betonung wie ein Schauspieler, vorzulesen: »Ich, der Kapellan auf Lilienport, schreibe diesen Brief, wie es mir der Herzog von Meranien befohlen hat. Es ist alles darin aufgezeichnet, was sich mit Junker Dietrich, dem jüngsten Sohn König Hugdietrichs, und Herzog Berchtung seit der Nacht des letzten Vollmondes zugetragen hat. In jener Nacht befahl der König . . .«, da brach der Sterndeuter mit einem erschrockenen Laut ab. Die Augen quollen ihm aus den Höhlen, und das Pergament begann heftig zu flattern. Er schluckte und nahm noch einmal einen Anlauf . . . »befahl der König dem Herzog von Meranien . . .«, da erstarb seine Stimme zu einem unverständlichen Murmeln und dann verstummte er gänzlich. Was da stand, war zu ungeheuerlich, ob es nun wahr sein mochte oder nicht! Er schielte zu Hugdietrich hinüber. Da sah er in den Augen des Königs eine so deutliche Drohung, daß er ein für allemal darauf verzichtete, noch ein Wort dieses verwünschten Briefes zu lesen. Nein, es lag ihm durchaus nichts daran, eines frühzeitigen und gewaltsamen Todes zu sterben!
»Ich glaube, dieser Brief ist nicht für jedermann bestimmt«, sagte er darum schlau, denn sein Handwerk hatte ihn gelehrt, niemals um eine Ausflucht verlegen zu sein. Er faltete das Pergament zusammen und reichte es der Königin zurück.
Da sprang Sabene auf. Er sah kaum sanfter aus als ein hungriger Wolf. Sabene hatte Angst: Diesen Brief mußte er in die Hände bekommen, um jeden Preis, sonst war es aus mit ihm.

»Mir scheint, diese Narren können alle nicht lesen!« schrie er.
»Ich bitte dich, mir den Brief zu geben, Königin –«
»Du kannst auch nicht lesen, Herzog Sabene«, unterbrach sie ihn kühl.
»Aber ich werde einen vernünftigen Menschen finden, der uns sagen kann, was darin steht«, knirschte er.
»Ich kann es euch sagen«, erscholl plötzlich dicht hinter ihm eine ruhige Stimme. Sie fuhren alle herum. Da stand ein junger Ritter, ein schmales, ernsthaftes Gesicht blickte ihnen unter dem Helm entgegen, und Berchtung erkannte mit Verwunderung seinen Burgkapellan. Er mußte wohl mit Baltram gekommen sein.
»So nimm den Brief und lies ihn mit lauter Stimme, damit alle es hören können«, befahl die Königin und reichte ihm das Pergament. Der Kapellan trat neben ihren Stuhl.
Auf dem Platze wurde es abermals still. Niemand achtete darauf, daß sich Hugdietrich totenbleich zurücklehnte und Sabenes Augen verzweifelt umherirrten, als suche er einen Ausweg: aber sie wußten beide, daß es keinen mehr gab. Die klare Stimme des Kapellans begann zu lesen.
Lange ehe er zu Ende war, hatte sich die Stille ringsum in ein dumpfes Brausen verwandelt, in ein Gewirr von vielen hundert Stimmen, aus dem laute, zornige Rufe aufstiegen.
Sabene schnitt eine bleiche Grimasse. Ja, so war dieses wankelmütige Volk: Zuerst hatte es nicht genug Böses gegen Dietrich vorbringen können und nun schrie es wehe! über den König, der ihn aus dem Wege schaffen wollte. Heimlich wagte Sabene ein wenig aufzuatmen: In dem Briefe stand nicht ein einziges Wort über ihn. Den König aber konnte nach den Gesetzen des Landes niemand bestrafen.
Vielleicht ging alles noch einmal besser, als er befürchtet hatte! Freilich war auch seine ganze Mühe umsonst, da Dietrich lebte und niemand mehr Berchtung beschuldigen konnte.

Aber Sabene irrte sich, wenn er so leichten Kaufes davonzukommen gedachte.
Der Kapellan las just den letzten Satz: ». . . Herzog Berchtung nannte den Knaben Wolfdietrich!«
Da sprang der König auf.
»Ja«, schrie er mit seiner fürchterlichen Stimme, »es ist alles wahr, was in dem Briefe steht! Ich habe Berchtung befohlen, Dietrich zu töten. Ich hatte immer Angst vor ihm. Er schien mir nicht geheuer, denn er war anders als gewöhnliche Kinder, ihr wißt es alle. Habt ihr nicht alle geflüstert, er sei ein Wechselbalg und brächte Unheil über das ganze Land, he? Ich wollte ihn fortschaffen, weit übers Meer, damit er uns nicht mehr schaden könne. Aber Sabene – Sabene sagte, man müßte ihn töten.« Nur ganz kurz hatte Hugdietrich gezögert, ehe er seinen Ratgeber verriet. Nur ein einziger Blick streifte Sabene: Der saß da, grau im Gesicht, und unter der Krone hervor rann ihm der Schweiß über die Stirne. Seine Zähne begannen vor Entsetzen zu klappern, als das jähe Wutgebrüll der Menge losbrach. War das dasselbe Volk, das ihm zugejubelt hatte, sooft er durch die Straßen ritt?
Der König hob die Hand und gebot Schweigen. »Sabene wollte es nicht selber tun«, fuhr er erbarmungslos fort. »Er sagte, Berchtung wäre der rechte Mann dazu.« Wieder gingen seine Worte in einem tausendstimmigen Geschrei unter.
Zum dritten Male begann Hugdietrich: »Zuletzt schwur mir Sabene, Berchtung trachte nach meiner Krone, und riet mir, ihn des Mordes und Verrates anzuklagen.«
Diesmal waren die vornehmen Ritter und Lehensfürsten die ersten, die vor Zorn und Empörung aufbrüllten.
Zögernd wandte sich der König Berchtung zu. Er wagte ihn nicht anzusehen, aber er sagte: »Herzog Berchtung, es tut mir leid, daß dies alles geschehen ist. Ich habe Sabene vertraut und er hat mich betrogen. Du hast darum viel Übles erdulden

müssen. So ist es nur gerecht, wenn ich ihn dir übergebe, damit du ihn bestrafst.«
Sabene stieß einen Laut aus, der fast wie ein irres Lachen klang. Wie lange war es her, da hatte Hugdietrich zu ihm gesagt: »Ich übergebe dir Berchtung. Tu mit ihm, was du willst . . .« Und nun? Nun war er ein verlorener Mann.
Fürst Baltram schob ohne viel Federlesens den schwarzen Sterndeuter beiseite, dessen neugierig funkelnde Augen ihm mißfielen. »Es scheint mir auch an der Zeit, daß endlich einer es übernimmt, diesen Schurken für alle seine Untaten zu bestrafen«, sagte er barsch. »Und da ich nun einmal Berchtungs Fürsprecher bin und sonst niemand bei diesem merkwürdigen Teiding in Waffen ist, erlaubt ihr mir wohl, edle Herren, meinem Schwager auch weiter beizustehen.«
Er wartete nicht auf ihre Einwilligung, und sie hätten auch nicht viel zu sagen gewußt, ein wenig beschämt, wie sie waren.
»Steh auf!« herrschte er Sabene an. »Und nimm die Krone vom Kopf, sie wird dir sonst herunterfallen, wenn du am Galgen hängst.«
Sabene schoß in die Höhe. Er schlotterte am ganzen Leibe, und seine Hände vermochten kaum die Krone auf den Stuhl zu legen. »Nein!« ächzte er, »nein, nicht . . . ich will alles büßen, nur laßt mir das Leben!«
Aber Baltrams Miene verhieß kein Erbarmen. Er winkte seinen Knechten und gab ihnen einen kurzen, leisen Befehl. Darauf ergriffen sie Sabene an den Armen und führten ihn fort.
»Ja«, sagte Baltram, während er zu seinem Pferde ging, »einmal kommt für alles der Tag der Vergeltung. Bei dir hat es lange genug gedauert, dünkt mich. Aber nun mußt du selbst in die Grube hinein, die du für Berchtung und Junker Dietrich und Gott weiß, für wen noch, gegraben hast.«
Dann ritt er schweigend und langsam hinter Sabene und den Knechten her, und alle, die mit ihm gekommen waren, folgten

ihm. Die Sonne glänzte auf ihren Rüstungen, und die Pferde tänzelten ungeduldig und warfen die Köpfe auf und nieder, daß es recht fröhlich aussah. Aber dennoch schien es Berchtung ein düsterer Zug, als er ihnen nachblickte. Und plötzlich begriff er, wohin sie ritten. Drüben auf einem niedrigen Hügel vor der Stadtmauer erhob sich ein dunkles Gerüst gegen den Himmel: Das war der Galgen.

Er erschrak. Einen Augenblick stand er wie erstarrt. Dann folgte er eilig den Reitern. Aber er kam nicht weit.

»Warte, Herzog Berchtung«, sagte die Stimme der Königin hinter ihm.

Er kehrte um. Sie legte die Hand auf seinen Arm und sah freundlich zu ihm auf. »Sie nennen dich den guten Berchtung, und sie haben recht. Ich weiß, was du jetzt tun willst, und es macht dir Ehre. Aber vergiß nicht, daß Sabene gefährlich ist, solange er lebt. Schenkst du ihm das Leben, so sorge dafür, daß wir ihn nie wiedersehen.«

»Ja, Herrin«, sprach Berchtung und ging. Als er zum Galgenhügel kam, stand Sabene an die Mauer gelehnt, wie zu allen Zeiten arme Sünder dort gestanden sein mochten. Niemand hätte den schönen Herzog wiedererkannt, so sah er aus. Seine Augen flackerten vor Todesangst. Er tat ein paar schwankende Schritte, als er Berchtung erblickte.

»Herzog Berchtung«, sagte er flehentlich, »habe Erbarmen! Nimm alles, was mir gehört, meine Lehen, mein Fürstenamt und meinen Palast mit allen Schätzen. Aber schenke mir das Leben.«

Berchtung schüttelte traurig den Kopf. »Was nützt mir dein ganzer Reichtum? Ich habe dir nie etwas zuleide getan, und dennoch hast du so viel Elend über mich gebracht. Eines Tages wirst du es wieder tun, wenn du kannst. Denn du bist nun einmal ein Bösewicht.«

»Ich schwöre dir, mich zu bessern«, beteuerte Sabene verzwei-

felt. »Wenn du willst, so verlasse ich heute noch die Stadt und das Land und bleibe in der Fremde bis an mein Ende! Nur nicht . . . nur nicht . . .«, er schielte in die Höhe, wo der schwarze Holzbalken über ihm in die Luft stach.
Ja, nun lag sein Leben in Berchtungs Hand!
»Gib acht, Sabene!« Berchtung war sehr ernst. »Wenn du mir schwörst, niemandem in diesem Lande je wieder unter die Augen zu kommen, so will ich dich gehen lassen. Brichst du aber deinen Schwur, so wird es dein Tod sein.«
»Ich schwöre, ich schwöre«, schrie Sabene heiser. »Bei den Göttern oder bei deinem Christengott, wenn dir das lieber ist.«
»Ich weiß, daß dir an einem Eid nichts liegt«, unterbrach ihn Berchtung kalt, »dafür aber sehr viel an deinem Leben.« Er warf einen Blick nach dem Himmel. »Du mußt die Stadt verlassen haben, ehe die Sonne untergeht! Geh nach deinem Hause und hole dir ein Pferd: Etwas anderes darfst du nicht mitnehmen. Und dann reite, wohin du willst.«
Das ließ sich Sabene nicht zweimal sagen. Die Sonne stand tief und er wußte, daß er sich beeilen mußte. Hastig wandte er sich der Mauer zu, um durch das nächste Tor in die Stadt zu kommen. Da riß ihn Baltrams spöttische Stimme zurück: »Nimm dir auch einen Mantel mit, denn du wirst ja nicht im Königspurpur in die Fremde fahren wollen!«
Sabene schleuderte den Purpurmantel mit einem Fluch von sich, als brenne er. Dann begann er zu laufen. Zwei Knechte folgten ihm.
Baltram sah nachdenklich zu Berchtung hinab. »Gott gebe, daß dich deine Güte nicht eines Tages reut«, sagte er. Plötzlich beugte er sich weit aus dem Sattel nieder. »Du bist zwar ein Narr, Berchtung, aber vielleicht würde ich am Ende meines Lebens wünschen, ein ebensolcher Narr gewesen zu sein!«
Allmählich hatte sich viel neugieriges Volk zum Galgenhügel

herübergezogen. Vielleicht, meinten sie und hielten den Atem an, vielleicht hängten sie Sabene sogleich! Da kehrten manche auf halbem Wege um und gingen heim. Das war der bessere Teil. Die anderen aber liefen schneller, um ja nichts zu versäumen. Das war der mindere Teil.

Auf dem Gerichtsplatz war es still geworden. Nur der König und die Königin standen noch vor ihren Sitzen, hinter ihnen die Burgwache und drunten vor den schwarzen Marmorstufen der Ring der Edlen, unschlüssig, ob sie bleiben oder gehen sollten. Ein wenig entfernt hielten die Knechte mit den Pferden.

Hugdietrich schien alles um sich vergessen zu haben. Er stand da und starrte ins Leere. Als sich die Königin zu seinem Ohr beugte, fuhr er auf, als erwache er.

»Das Teiding ist aus!« verkündete er hastig, ergriff die Hand der Königin und begann die Stufen hinabzusteigen. Ja, gottlob, endlich war dieses elende Teiding aus, dachten die Ritter erleichtert, verbeugten sich und hatten es eilig, zu ihren Pferden zu kommen.

Bald standen nur noch drei leere Stühle auf dem Platze, und auf einem lag eine vergessene Königskrone. Sie glänzte noch eine kleine Weile, dann ging die Sonne unter, und auch die Krone löschte aus.

Zur selben Zeit ritt aus dem Nordtore von Kunstenopel ein Reiter auf einem schwarzen Hengst. Er trug einen dunklen Mantel und verbarg sein Gesicht. Als er draußen auf der Heide war, gab er dem Pferde die Sporen und jagte dem Walde zu, aus dem schon die Schatten der Dämmerung grau wie Spinnennetze krochen. Dann verschwand er.

Von da an blieb Sabene viele Jahre verschollen. –

»Ich muß mit dir und Berchtung sprechen, König Hugdietrich«, sagte die Königin, während sie den Gang hinab nach der großen Halle gingen. Ihre Stimme sang, so glücklich war sie. Dietrich

lebte und Sabene war fort. Nun war alles gut. Alles? Nein, alles nicht.
Sie blickte verstohlen zu Hugdietrich hinüber. Seine Hand war kalt und feucht, fühlte sie, und manchmal zuckten die Finger wie in einem Krampf. Der König war krank. Sie ahnte es schon, seit er von dieser letzten unglückseligen Heerfahrt zurückgekehrt war. Ein paarmal hatte sie die Ärzte befragt, aber sie wußten nicht zu sagen, was ihm fehlte. Nur einer meinte zögernd, das Übel müsse wohl im Kopfe sitzen.
Die Königin hatte Angst vor dieser geheimnisvollen Krankheit: denn sie machte Hugdietrich gefährlich. Von dieser Krankheit kam es her, daß er Dietrich für einen Wechselbalg hielt und eine so aberwitzige Angst vor ihm hatte, davon war die Königin überzeugt.
Ein zärtliches Lächeln stahl sich in ihr Gesicht. »Wolfdietrich!« sagte sie unhörbar vor sich hin. Mochte er ruhig so heißen, ihr jüngster Knabe mit den goldenen Augen, den sie so sehr liebte!
Und weil sie ihn so liebte, hatte sie einen Entschluß gefaßt: Wolfdietrich mußte fort. Er durfte nicht mehr heimkommen nach Kunstenopel, denn hier würde er immer in Gefahr sein. Der Vater fürchtete ihn, die Brüder liebten ihn nicht. Gott weiß, warum.
So hatte sie beschlossen, Wolfdietrich zu Herzog Berchtung nach Lilienport zu schicken. Dort mochte er in Frieden und Sicherheit groß werden, und die Herzogin hatte gewiß neben ihren zehn eigenen Söhnen in ihrem warmen Herzen noch einen Platz für den kleinen Fremdling. Sie aber würde glücklich sein, zu wissen, daß es ihm gutging und daß er im Christenglauben und in ritterlicher Zucht und Sitte heranwuchs.
Als Berchtung kam, war alles ganz leicht. Der Herzog versprach, den Knaben aus dem Walde zu holen und ihn sogleich mit sich nach Lilienport zu nehmen. Hugdietrich schien aufzu-

atmen, als er hörte, daß Wolfdietrich nicht wiederkommen sollte.
»Ich bin froh, daß er lebt«, beteuerte er, »und ich hätte sonst gewiß keine ruhige Stunde mehr gehabt. Aber ich könnte es nicht ertragen, ihn immer zu sehen. Denn niemand kann mir jemals Gewißheit geben, wie es mit ihm steht – nein, niemand«, wiederholte er halsstarrig, und wieder erschien der Ausdruck abergläubischer Furcht in seinen Augen.
Sie versuchten nicht mehr, ihn zu überzeugen: Sie wußten, es wäre umsonst gewesen.
So kam Wolfdietrich nach Lilienport, und alle, die es wußten, bewahrten strengstes Stillschweigen darüber. Das Volk redete wohl noch eine Weile darüber, was etwa aus dem Knaben geworden sein mochte. Aber da in jener Zeit Fürstensöhne oft an fremden Höfen erzogen wurden, schien es nicht sonderlich merkwürdig, daß Wolfdietrich nicht mehr nach Kunstenopel zurückkehrte. Seine Brüder waren froh darüber, und mit der Zeit vergaßen sie ihn.

III

Die Zeit verrann. Jahr um Jahr ging herum, auf Lilienport wuchsen elf Junker heran und wurden zu jungen Recken. Jahr um Jahr sahen Berchtung und die Herzogin voll Verwunderung mit an, wie der elfte immer größer und kräftiger wurde, wie er zuerst den zehnten überragte, ehe man sich's versah, dem neunten über den Kopf gewachsen war und gleich darauf wieder einem, bis endlich auch der älteste zu ihm hinaufsehen mußte: und Berchtungs Söhne waren wahrhaftig keine Zwerge! Sie betrugen sich wie alle Knaben, rauften und balgten sich, bis sie allmählich in ein vernünftiges Alter kamen und es wieder sein ließen: nicht zuletzt deshalb, weil gegen Wolfdietrichs Stärke keiner mehr aufkam. Aber sie waren ihm nicht gram darum, denn er war gutherzig und freundlich, wenn man ihn nicht gerade sehr erzürnte, und irgend etwas an ihm zwang jedermann, ihn gern zu haben.
Herzog Berchtung beobachtete ihn insgeheim sehr genau und war stolz auf seinen jungen Herrn. Er erzog ihn so streng wie seine eigenen Söhne und lehrte ihn alle ritterlichen Künste. Freilich, was höfische Zucht und Sitte anging, so dünkte es den Knaben stets viel leichter, den Speer über den ganzen Hof zu schleudern, über einen Pferderücken zu springen oder den kunstvollen blitzschnellen Doppelsprung zu üben, mit dem man einem geschleuderten Messer auswich. Niemand im ganzen Reich kannte diesen Sprung, den Berchtung im Morgenlande gelernt hatte. Und keiner von seinen Söhnen erlernte ihn, außer Wolfdietrich.
So wurde der Knabe achtzehn Jahre alt. Er ahnte nichts von

seiner Abkunft und hielt Berchtung und die Herzogin für seine Eltern. Manchmal wurden sie zu Hofe geladen, und dann ging Wolfdietrich stets durch die weiträumige Burg mit einem sonderbar gespannten Gefühl, als hätte er dies alles schon vor langer Zeit einmal gesehen. Man empfing sie zu Kunstenopel mit den Ehren, die dem Herzog von Meranien zukamen. Feste wurden gefeiert und Kampfspiele abgehalten, und die Königin vermochte die Augen kaum von Wolfdietrich abzuwenden, indes ihre älteren Söhne ihn mißgünstig betrachteten, denn er pflegte sie beide stets ohne Mühe aus dem Sattel zu werfen.

»Er ist ein überheblicher Bursche«, sagte der eine mürrisch, »und ich kann ihn nicht leiden. Erinnerst du dich noch an unseren Bruder Dietrich?« fuhr er grüblerisch fort. »Immer, wenn ich Wolfdietrich ansehe, muß ich an diesen Bruder denken, den ich auch nie mochte, ich weiß nicht, warum.«

Überrascht sah ihn der andere an. »Mir geht es genauso. Und wenn ich nicht wüßte, daß dieser Wolfdietrich Berchtungs Sohn ist, würde ich sagen, er muß unser Bruder sein, der damals so spurlos verschwunden ist.«

Wenn die Königin solche Reden hörte, wurde sie stets traurig und dachte, wie gut sie daran getan hatte, Wolfdietrich fortzuschicken.

Auch Hugdietrichs wegen: denn der König war mit den Jahren noch wunderlicher und kränker geworden und von tausend Ängsten besessen.

Und eines Tages legte er sich zum Sterben hin. Er fühlte wohl, daß sein Ende nahe war, und sprach zur Königin: »Ich will mein Reich unseren beiden Söhnen vererben. Wolfdietrich aber soll nichts davon erhalten.«

Sie erschrak.

»Das ist ein Unrecht«, sagte sie, »und ich habe Angst, daß er sich selber Recht schaffen wird, wenn er es erfährt. Einmal aber

muß er es erfahren. Und dann werden unsere Söhne gegeneinander kämpfen.«
Hugdietrich dachte eine Weile nach. Dann zog ein böses Grinsen über sein ausgemergeltes Gesicht. »So will ich ihm etwas hinterlassen, damit niemand sagen kann, er sei leer ausgegangen. Er soll mein Pferd, meine Rüstung und mein Schwert haben. Und da er so groß und stark ist, mag er ausziehen und sich selbst ein Land erstreiten.«
»Ich werde es nicht leiden«, sprach die Königin heftig, und die Tränen schossen ihr in die Augen. »Warum soll er sich hart erkämpfen, was seinen Brüdern umsonst zufällt? Warum soll er arm in die Fremde fahren, während sie daheim im Reichtum leben?«
Da fuhr der König in die Höhe, daß es aussah, als wollte er vor Wut aus dem Bette springen. Aber er hatte keine Kraft mehr. »Weil ich es so haben will!« schrie er mit kreischender Stimme. »Rufe mir meine Söhne und die Edlen, die in der Stadt sind, ich will es ihnen sogleich sagen. Aber schnell, hörst du, ich habe nicht mehr viel Zeit ...« Er sank ächzend zurück.
Da sie wußte, daß er sterben würde, blieb ihr nichts übrig, als zu gehorchen.
In den letzten Tagen waren viele von den Landherren nach Kunstenopel gekommen, weil sie Botschaft erhalten hatten, der König sei dem Tode nahe. So waren sie alsbald um sein Lager versammelt, und er tat ihnen seinen Willen kund, daß seine beiden Söhne nach ihm die Herrschaft teilen sollten.
Bald darauf starb Hugdietrich. Niemand trauerte sonderlich um ihn, aber die Königin betete viel für seine Seele, daß Gott barmherzig mit ihm sein möge, obgleich er als Heide gestorben war. –
Der König war noch nicht lange tot, da pochte es eines Nachts ans Burgtor. Der Wächter öffnete das Guckloch. Er sah einen Mann draußen stehen.

»Was willst du denn?« fragte er barsch, denn der Mann gefiel ihm durchaus nicht. Er sah eher einem Landstreicher ähnlich als einem Ritter, obgleich er einen Helm und eine Brünne trug und ein Schwert an der Seite. Aber, du lieber Gott, man konnte selbst jetzt sehen, wie armselig seine ganze Rüstung war!
»Ich will mit den Königen sprechen!« Das brachte den Knecht vollends in Harnisch. Der verlotterte Bursche da draußen redete mit ihm, als hätte er ihm etwas zu befehlen!
»Bist du närrisch?« fuhr er ihn durchs Guckloch an. »Glaubst du, ich kann meine Herren deinetwegen aus dem Schlafe wecken? Warte du nur ruhig, bis es Tag wird: dann will ich dich erst einmal ein wenig genauer ansehen, ehe ich dich einlasse. Wer bist du denn überhaupt?«
»Das geht dich nichts an!« Lieber Himmel, war das eine messerscharfe Stimme! »Aber gib acht, was ich dir sage, Wächter«, fuhr sie langsam und böse fort, »morgen um diese Zeit wirst du es schon bereuen, daß du mich da vor dem Tore stehen läßt, elender Dummkopf.«
Der Wächter fluchte leise. Fast könnte ihn der Bursche da draußen ins Bockshorn jagen mit seiner Drohung. Aber nun sollte er erst recht nicht hereinkommen, da er ihn einen Dummkopf gescholten hatte!
»Laß dir die Zeit nicht lang werden bis zum Morgen!« schrie er wütend und warf das Guckloch zu. Aber der Schlaf war ihm vergangen, und er ertappte sich immer wieder dabei, wie er nach den Schritten des Fremden hörte, die gleichmäßig draußen am Tore hin und her gingen und ihn in eine merkwürdige Unruhe versetzten. Seufzend blickte er nach den Sternen und wünschte sich, daß es Tag würde, damit dieser Nachtmahr endlich verschwände.
Aber als es Tag wurde, kam es nur noch schlimmer für den armen Wächter.
In der Burg wurde es allmählich lebendig, Knechte und Mägde

liefen hin und her, und über eine Weile sah er die beiden Könige über den Söller gehen. Hastig packte er seinen Spieß und rannte die Stiege hinauf.
»Edle Herren, vor dem Tore steht ein Mann, der mit euch zu sprechen begehrt.«
Die Brüder schienen nicht eben guter Laune zu sein, aber das kam nicht selten vor, denn sie waren von mürrischer Art, und seit sie die Herrschaft übernommen hatten, wurde es nicht besser damit. Es zeigte sich bald, daß sie keine Erfahrung besaßen, nicht sonderlich klug waren und daß weder die Landherren noch das Volk viel von ihnen hielten.
Nun hatten sie keine Lust, am frühen Morgen einen Fremden zu empfangen: denn sie wollten zur Jagd reiten.
»Hast du ihn nach seinem Namen gefragt?«
»Ja, aber er sagte, es ginge mich nichts an.«
»So geh und frage ihn noch einmal. Und wenn er ihn nicht nennen will, so mag er draußen bleiben.«
Der Wächter lief. Er war sehr kleinlaut, als er zurückkam. »Edle Herren, er lachte nur und meinte, es wäre euer eigener Schaden, wenn er wieder ginge. Das sollte ich euch ausrichten.«
»Komm, den Burschen wollen wir uns ansehen!«
Aber als der Fremde dann vor ihnen stand, bereuten sie es sogleich, ihre Zeit an diesen heruntergekommenen Gast zu vergeuden. Unter dem zerbeulten Helm war sein Haar grau und wirr, die Brünne von schlechter Arbeit und zerrissen, und er schien nicht einmal ein Pferd zu besitzen.
Sie musterten ihn hochmütig. »Nun?« fragte der Ältere endlich eisigen Tones. »Du mußt wohl nie an einem Fürstenhofe gewesen sein, da du nicht weißt, daß Fürsten einen namenlosen Fremdling nicht zu empfangen pflegen?«
Da ging mit einem Schlag eine merkwürdige Veränderung mit dem Fremden vor. Er richtete sich auf, seine Haltung wurde auf eine erstaunliche Weise höfisch und sicher, und als er jetzt

lächelte, zeigte selbst sein Lächeln eine lässige Höflichkeit, als wäre er gewohnt, sich vor Königen zu verbeugen, aber nicht allzu tief.
Das tat er jetzt auch. »Verzeiht mir«, sagte er beinahe nachsichtig, »ich dachte, daß ich an diesem Hofe, wo ich so lange gelebt habe, meinen Namen nicht erst zu nennen brauchte: aber ich sehe ein, daß zuviel Zeit seither verflossen ist. Darum kann ich wohl nicht erwarten, daß sich jemand an mich erinnert.«
Die Brüder starrten den sonderbaren Gast an: Irgend etwas an ihm erschien ihnen bekannt, aber das paßte ganz und gar nicht zu seinem armseligen Aufzug. Sie mußten ihn einmal in ihrer Kindheit ganz anders gesehen haben . . . im Gewande eines vornehmen Herrn, der in der Burg aus und ein ging und auf einem schwarzen Hengst durch die Stadt ritt . . .
»Bei den Göttern, du mußt Herzog Sabene sein!« stieß der Ältere plötzlich hervor.
»Du hast es erraten!« lächelte Sabene strahlend.
Fast hätte der Wächter vor Schrecken ihm das Tor vor der Nase zugeworfen, als er das hörte. Ja, da hatte er sich nun eine schöne Suppe eingebrockt! Unwillkürlich fuhr er mit der Hand an die Backe. Wie hatte er nur Herzog Sabene vergessen können, der so freigebig mit Maulschellen umging wie kein anderer Herr zu der Zeit, als er noch nicht Torwächter, sondern ein kleiner Troßbub in den Pferdeställen war!
Eine Maulschelle erhielt er diesmal freilich nicht, aber er wurde drei Tage in den Turm gesteckt, nur weil Sabene, als er zwischen den beiden Königen an ihm vorüber nach der Burg ging, einen halben Blick auf ihn warf und sagte: »Ah, das ist der Tölpel, der mich die ganze Nacht vor dem Tore stehen ließ!«
So kam Sabene wieder ins Land.
Und alsbald begann er sein altes Spiel. Es war nicht schwer für ihn, die beiden Brüder zu umgarnen. Sie hatten schon längst begriffen, daß das Amt eines Königs eine Bürde war,

mit der sie schlecht zurechtkamen. Der Adel des Landes aber zeigte nicht viel Lust, den neuen Herren mehr als die unvermeidlichen Dienste zu leisten. Und Herzog Berchtung gar hatte alles, was er von Hugdietrich zu Lehen besaß, zurückgegeben, nur seine eigenen Burgen und Meierhöfe und das dazugehörige Land behalten und saß nun als freier Fürst zu Lilienport ohne die geringste Pflicht gegen die beiden Brüder. So kam es, daß sie zuweilen recht ratlos dastanden und der Dinge nicht Herr wurden, und es traf sich darum ausnehmend gut, daß nun auf einmal Sabene da war und für alles Rat wußte. Es dauerte nicht viele Tage, da hatte er sich so unentbehrlich gemacht, daß die Könige sich wunderten, wie sie jemals ohne ihn ausgekommen waren. Es dauerte auch nicht viele Tage, da war Sabene wieder in seinen prächtigen Palast eingezogen mit einer Schar von Dienern, Tänzerinnen, Flötenspielern und anderem Gesinde, das zum Hofstaat eines großen Herrn gehörte. Die Kleidermacher saßen Tag und Nacht zwischen Bergen von Samt und Seide, denn Sabene gedachte schnell und gründlich die Zeit zu vergessen, die hinter ihm lag. Er allein wußte, warum, und keine Seele erfuhr je von ihm, wo er in diesen Jahren gewesen war. Nur seine grauen Haare redeten davon, aber eines Tages waren auch diese wieder verschwunden: denn die Haarkünstler in der Hauptstadt verstanden ihr Handwerk.
Die Königin erfuhr eine Weile nichts von Sabenes Rückkehr. Sie lebte seit Hugdietrichs Tod sehr zurückgezogen mit ihren Frauen in einem abseitigen Teil der Burg und ging nur selten hinüber in die große Halle. Sie hatte wohl gehört, daß ein fremder Herr gekommen sei, der Sabenes Palast bewohne und viel bei ihren Söhnen aus und ein gehe. Aber sie ahnte nicht, wer es war, und es kümmerte sie auch wenig, denn sie hatte andere Sorgen.
Es durfte ihr jüngster Sohn nicht um sein Erbe betrogen werden!

Sie mußte Wolfdietrich zu seinem Rechte verhelfen. Aber da sie ihre älteren Söhne kannte, wußte sie, daß es nicht leicht sein werde. Dennoch mußte sie alles versuchen.
So ging sie eines Tages, nachdem sie viel darüber nachgedacht hatte, hinüber in den Königssaal. Sie ging zögernd, denn sie hatte Angst davor, ihnen zu sagen: »Wolfdietrich ist euer Bruder und ihr sollt das Reich mit ihm teilen!«
Aber sie kam gar nicht dazu. Als der Kämmerer ihr die Tür zum Saale öffnete, erhob sich drinnen neben ihren Söhnen ein Mann . . . ein fremder Fürst, schien es, so prächtig war sein Gewand. Aber als die Königin sein Gesicht sah, griff ihre Hand nach der Säule neben der Tür, als brauche sie Halt. Nein, dachte sie, nein, es muß ein Spuk sein, ein Traum, ein böser Zauber, ich weiß nicht was, aber es kann nicht wahr sein!
»Es ist lange her, Königin, seit wir uns zuletzt gesehen haben!« Ein teuflischer Spott lag in der glatten Stimme und in den schmalen Samtaugen, aber Sabenes Gruß war ohne Tadel.
Die Königin antwortete ihm nicht. Sie hätte auch kein Wort hervorgebracht. Sie wandte sich um, verließ den Saal und lief durch die vielen langen Gänge, ohne es zu merken, bis sie endlich in ihrer Kemenate stand, atemlos und wirr im Kopfe. Alles beginnt wieder von vorn, dachte sie verzweifelt.
Die Brüder betrachteten Sabene ein wenig verwundert.
»Unsere Mutter schien nicht sonderlich erfreut, dich zu sehen«, meinte der Jüngere unsicher.
Sabene lächelte schief. »Ja, sie liebte mich niemals sehr – sie nicht und ihr jüngster Sohn ebensowenig.«
»Ich möchte wohl wissen, was aus Dietrich geworden ist«, sagte der Ältere nachdenklich. »Jeder, der es wissen könnte, zuckt die Achseln, wenn man ihn fragt.«
Sabene begann gemächlich durch den Saal zu schlendern. Er freute sich auf das, was nun kam. Denn er war beileibe nicht müßig gewesen, seit er sich wieder im Lande befand. Und da

er seine Kundschafter gut bezahlte, erfuhr er alles, was er zu erfahren wünschte.
Er schüttelte den Kopf, als wäre er sehr verwundert. »Ihr wißt es nicht? Oh, ich kann es euch genau sagen: Aus Dietrich ist Wolfdietrich geworden!«
Fast hätte er laut aufgelacht, so riß es sie herum. Wahrhaftig, oft genug hatten sie gedacht, es sei irgend etwas Bekanntes an diesem Wolfdietrich, den sie beide haßten: aber nun vermochten sie es doch nur schwer zu glauben.
»Was sagst du da?« brachte der Ältere endlich entgeistert hervor.
»Ich sage, was ich weiß«, erwiderte Sabene unbekümmert. »Als Berchtung angeklagt war, Dietrich getötet zu haben, da ließ er beim Teiding einen Brief verlesen, worin er seine Unschuld bewies. Und der letzte Satz hieß: ›Herzog Berchtung nannte den Knaben Wolfdietrich.‹ Ich erinnere mich genau daran.« Er brach plötzlich ab und bewegte unbehaglich den Kopf. »Ja, sehr genau, denn es war an dem Tage, an dem ich . . . an dem ich von hier fortging. Und seit wann hatte den Berchtung elf Söhne? Just seit demselben Tage! Seht ihn euch doch an, diesen elften Sohn: Er gleicht der Königin aufs Haar, dafür freilich eurem Vater um so weniger. König Hugdietrich hielt ihn niemals für seinen Sohn: darum hinterließ er ihm auch nichts. Die Königin freilich –«, er schwieg und hob zweifelnd die Schultern, als wüßte er nicht genau, ob er es wagen dürfte, noch mehr zu sagen.
Aber sie schienen begierig darauf zu warten. Ihre Gesichter waren sehr finster geworden.
»Sprich weiter!« befahl der Ältere barsch.
»Ich habe gehört«, fuhr Sabene vorsichtig fort, »daß sie vom König auf seinem Totenbette verlangte, Wolfdietrich den dritten Teil des Reiches zu geben. Er schlug es ab. Nun will es die Königin von euch fordern.«

Er beobachtete sie verstohlen: wie sie rot anliefen, wie zornige Hähne! Ja, es ging nichts über die menschliche Habgier!
»Er bekommt nichts«, sagten beide wie aus einem Munde.
»Denn wir haben den Willen unseres Vaters zu erfüllen«, fügte der Ältere schlau hinzu.
»Und außerdem ist Wolfdietrich ein Wechselbalg und nicht unser Bruder!« schloß der Jüngere böse. Er wußte nicht genau, ob er es glaubte oder nicht, aber es schien ihm nützlich, so zu tun.
Sabene rieb sich die Hände. »Aber die Königin wird es nicht zugeben«, warnte er heuchlerisch.
»Sie wird es zugeben müssen!« Das klang so entschlossen, daß er zufrieden sein konnte: nein, sie würden freiwillig nichts herausgeben. Darum mußte es eines Tages zum Kampf zwischen den drei Brüdern kommen, und das würde Wolfdietrichs und Berchtungs Ende sein: denn was vermochten die beiden gegen die Streitmacht der Könige? »Dann aber wird meine Zeit anbrechen«, dachte Sabene frohlockend, »und es sollte mich wundern, wenn ich dieser beiden traurigen Königlein nicht bald ledig wäre.«
Die Brüder gingen am selben Abend noch zur Königin und warfen ihr mit bösen Worten vor, sie wollte sie um ihr Erbteil betrügen zugunsten Wolfdietrichs, den sie stets mehr geliebt habe als sie beide. Es half nichts, daß sie ihnen ihre Ungerechtigkeit vor Augen hielt: Sie blieben dabei, daß der Jüngste nichts bekommen sollte. »Er mag das Streitroß und die Waffen nehmen, wenn es unser Vater so bestimmt hat«, sagten sie starrsinnig. »Und dann mag er gehen, wohin er will.«
Aber die Königin redete weiter für Wolfdietrich, und die beiden Brüder wurden immer zorniger, und zuletzt schrie der Ältere, feuerrot im Gesicht: »So geh zu Wolfdietrich! Er hat allen Grund, dich mit den höchsten Ehren aufzunehmen, da du so sehr für ihn kämpfst! Und Herzog Berchtung wird dich gerne

zu Lilienport sehen! Hier aber sind wir die Herren, und wir haben keine Lust, jeden Tag zu hören, daß wir diesem aufgeblasenen Burschen Unrecht tun, von dem wir nicht einmal wissen, ob er unser Bruder ist!«
Kaum vermochte die Königin zu glauben, daß dies ihr Sohn war, der da so böse mit ihr sprach, und sie meinte, das Herz müßte ihr brechen vor lauter Traurigkeit. Aber da fuhr schon der Jüngere fort, er schrie nicht, aber was er sagte, war hart und erbarmungslos: »Da ist es am besten, wenn du gleich nach Lilienport reitest. Nimm deine Mägde mit und alles, was dir gehört. Auch den Hengst und die Rüstung magst du deinem Sohne bringen. Er wird sich leicht ein Reich damit erstreiten, da er so stark und tapfer ist!« schloß er spottend.
Aber dann mußte er sich schnell zur Seite wenden, weil er es doch nicht ertragen konnte, daß ihn seine Mutter so traurig ansah. Er wußte nicht, daß er genau die gleichen Worte gebraucht hatte wie sein Vater, ehe er starb. Nein, es würde nie Friede zwischen den Brüdern sein, und es war wohl wirklich besser, sie ging fort von Kunstenopel, dachte die Königin müde. Armer Wolfdietrich, nun hatte sie vergebens für ihn gekämpft! Was blieb ihm übrig, als eines Tages in die Fremde zu ziehen, da er keine Heimat hatte, kein Flecklein Erde, das ihm gehörte, und kein Dach, darunter zu wohnen.
Plötzlich geschah ihr etwas Seltsames: Es war, als sinke ihr Geist blitzschnell hinab in eine längst vergangene Zeit, und dann hörte sie abermals ganz deutlich die Stimme des alten Klausners: »Eines Tages wird er sich ein Reich und eine Königin erstreiten, und dies wird sein seltsamster Kampf sein.«
Da wurde sie ganz still.
Sie wußte, es würde Wolfdietrich geschehen, was ihm bestimmt war.
Am Morgen ritt sie fort aus der Burg zu Kunstenopel, und hinter ihr ritten ihre Mägde und die Knechte mit den Saumtieren, die

ihre Habe trugen. Am Ende des Zuges aber ging der silbergraue Hengst Wildvogel, auf dessen Sattel König Hugdietrichs Rüstung festgebunden war. –

Herzog Berchtung war auf einem seiner Meierhöfe gewesen, dessen Pächter plötzlich gestorben war. Es wurde sachte Abend, als er wieder hinaufritt gegen Lilienport. Der Wind bewegte die schmalen, harten Blätter der Ölbäume mit einem leisen, schürfenden Geräusch, und von der Erde stieg der scharfe Geruch der merkwürdigen Schattengewächse auf, die erst zum Leben zu erwachen scheinen, wenn die Nacht anbricht.

Droben am äußeren Burgtor stand Wolfdietrich und wartete. Über ihm hingen die Äste des alten Feigenbaumes nieder, und er war so groß, daß sein Kopf hoch in den grünen Schatten hinaufragte.

Berchtung lächelte: Ja, heute war die Reihe an Wolfdietrich, ihm Knappendienste zu leisten. Nicht etwa, daß er ein sonderlich geschickter Knappe gewesen wäre, aber dennoch mochte ihn Berchtung gerne um sich haben.

»Er ist mir genauso lieb wie meine eigenen Söhne«, dachte er, während er sich droben in der Kammer die Rüstung abnehmen ließ. »Und es würde mich hart ankommen, wenn er eines Tages fortginge!«

Gerade als er die Brünne auszog, fiel sein Blick durchs Fenster: Im nächsten Augenblick klirrte die Brünne auf den Boden. Berchtung stand mit zwei Schritten an der Brüstung und spähte hinab. Eine steile Falte war zwischen seinen Brauen erschienen. Drunten am Fuß des Hügels tauchte just eine kleine Reiterschar aus dem Walde. An der Spitze ritt eine Frau. Und als Berchtung die Frau erkannte, wußte er, daß zu Kunstenopel etwas geschehen war.

Langsam wandte er sich um und blickte nachdenklich auf Wolfdietrich nieder, der auf dem Boden kniete und die Riemen

und Schnallen in Ordnung brachte, was ihm nicht viel Freude zu bereiten schien. Berchtung tat einen tiefen Atemzug: nein, leicht fiel es ihm nicht, aber einmal mußte es doch sein, ob heute oder morgen, das war gleich.
Er legte Wolfdietrich die Hand auf die Schulter. »Komm, wir müssen hinunter ans Tor. Deine Mutter ist gekommen!«
Wolfdietrich sah verwundert auf. Sein Gesicht war heiß, und eine ungebärdige Haarsträhne hing ihm in die Stirne.
»Meine Mutter sitzt in ihrer Kemenate«, lachte er. »Wenn da jemand gekommen ist, muß es wohl ein Gast sein.« Er sprang auf und lief neugierig ans Fenster. »Die Königin«, rief er voll Verwunderung. »Und nur von ein paar Mägden und Knechten begleitet. Was bedeutet das, Vater?«
»Das werden wir sogleich hören! Komm!« sagte Berchtung kurz und rief einem vorübergehenden Diener zu, seiner Gemahlin die Ankunft der Königin zu melden.
Sie gingen schnell den gewölbten Gang hinab und über die breiten Stiegen in den Hof. Zugleich mit den Reitern draußen langten sie beim Tore an, das der Wächter eben öffnete.
»Geh und begrüße die Königin!« befahl Berchtung leise und trat einen Schritt zurück. Wolfdietrich gehorchte nur zögernd: denn nach höfischer Sitte muß dies der Burgherr tun.
»Gottes Gruß, Herrin!« sagte er darum ein wenig unsicher, und seine Verbeugung hätte einem strengen Zuchtmeister gewiß mißfallen. Aber er nahm fürsorglich die Zügel ihres Pferdes und führte es in den Hof. Ja, und nun mußte er der Königin wohl auch aus dem Sattel helfen, dachte er seufzend und warf Berchtung einen hilfesuchenden Blick zu. Aber die Königin stützte nur leicht die Hand auf seine Schulter und glitt auf den Boden. Und als sie vor ihm stand, hob sie die Arme, zog sachte seinen Kopf zu sich herab und küßte ihn auf beide Wangen. Und plötzlich sah Wolfdietrich etwas Schreckliches: Die Königin weinte! Und weil ihn schon der höfische Dienst so

verwirrt hatte, wußte er sich nun vollends nicht mehr zu helfen. Nein, er mochte es einfach nicht sehen, wie die Tränen über ihre Wangen liefen, und da ergriff er ein Ende des langen seidenen Schleiers, den sie überm Haar trug, und begann ihr die Tränen abzuwischen. Freilich kamen immer noch mehr und mehr, aber plötzlich merkte er, daß sie lächelte. »Gottlob«, dachte er laut und schämte sich entsetzlich dafür.

Und dann küßte sie ihn noch einmal.

Indes kam die Herzogin mit ihrem Gefolge in den Hof. Niemand hätte bemerken können, wie verwundert sie über den unerwarteten vornehmen Gast war, als sie die Königin willkommen hieß und sie bat, in die Halle zu treten. Ihrem Kämmerer aber befahl sie, für das Gesinde zu sorgen.

Die Königin dankte ihr und wandte sich zu Berchtung. »Ich muß mit dir sprechen«, sagte sie sehr ernst.

Wolfdietrich sah ihr nach, wie sie zwischen dem Herzog und der Herzogin die Stiege hinaufging. »Ich bin froh, daß sie nicht mehr weint«, dachte er erleichtert und fühlte, daß er sie sehr gerne mochte.

In diesem Augenblick fiel sein Blick auf den Hengst Wildvogel. Der silbergraue Hengst stand ein wenig abseits, der Knecht hielt seinen Zügel mit eiserner Faust fest und schwitzte dabei, denn Wildvogel versuchte mit großer Beharrlichkeit, sich auf die Hinterbeine zu stellen. Schauder auf Schauder flog über sein seidiges Fell, und die kleinen Ohren tanzten vor Aufregung, während seine weit offenen Nüstern die Witterung des fremden Ortes aufnahmen.

Wolfdietrich kannte den Hengst. Er hatte ihn in der Burg zu Kunstenopel gesehen, denn Hugdietrich hatte ihn kaum ein Jahr vor seinem Tode von einem dieser stolzen, dunkelhäutigen Nomaden gekauft, die aus der Wüste jenseits des Meeres kamen und die edelsten Pferde der Welt züchteten. Freilich taten sie auch immer so, als erwiesen sie jedem, der einen dieser

Hengste bekam, eine große Gnade, obgleich der Preis, den sie dafür forderten, einen Fürsten arm machen konnte. Und wenn sie von den Pferden Abschied nahmen, weinten sie.
Langsam ging Wolfdietrich auf den Hengst zu. »Weiß Gott, ich habe nie ein schöneres Tier gesehen«, dachte er entzückt, während er den kleinen Kopf betrachtete und das silberne Fell, das auf dem Rücken und gegen die Flanken hinab dunkel gewolkt war, die steilen Hufe und die zierlichen Fesseln und den dunklen Schweif, der fast die Erde streifte.
Der Hengst warf den Kopf auf, seine Augen blickten Wolfdietrich wild entgegen, als er merkte, daß er auf ihn zukam, und er versuchte abermals, sich aufzubäumen.
Aber plötzlich ging eine Veränderung mit ihm vor; er hatte Wolfdietrichs Witterung aufgefangen. Mit einem Male erlosch die Wildheit in seinen Augen, sie wurden ruhig und aufmerksam, und ein sanftes Feuer begann darin aufzustrahlen. Die Ohren richteten sich steil nach vorn, die Hufe hörten auf zu tanzen und stellten sich schmal nebeneinander. Er hielt ganz still, als Wolfdietrich ihm die Hand über das samtweiche Maul legte und leise und freundlich zu ihm sprach. Und dann hob er den Kopf und schnaubte langsam und zärtlich über Wolfdietrichs Gesicht hin.
»Herr«, sagte der Knecht, der ihn nicht kannte, ganz betreten, »das habe ich noch nie gesehen! Wildvogel ist der Schrecken der Roßknechte, und, meiner Treu, ich dachte, der Ritt hierher mit ihm bedeute mein Ende, so setzte er mir zu. Und nun ist er sanft wie ein Lamm!«
Wolfdietrich lächelte. »Nimm ihm seine Last ab und trage die Waffen in die Rüstkammer«, befahl er.
Der Knecht zögerte. »Aber, Herr, ich darf den kostbaren Hengst keinen Augenblick allein lassen, die Königin hat es mir streng verboten. Sie sagte, er gehöre König Hugdietrichs drittem Sohn und sei sein Erbteil samt der Rüstung und dem Schwerte!«

Wolfdietrich schüttelte verwundert den Kopf.
»Du mußt noch nicht lange in Kunstenopel sein, da du nicht weißt, daß Hugdietrichs dritter Sohn als kleiner Knabe spurlos verschwand und nie wiedergekommen ist.«
Der Knecht zuckte die Achseln. »Ja, ich habe es gehört, aber seit ein paar Tagen redet jeder in der Burg und in der Hauptstadt davon, daß dieser dritte Sohn wieder zum Vorschein gekommen sei, und die Königin selbst sagte zu mir: ›Der Hengst gehört Herrn Wolfdietrich, dem jüngsten Sohn König Hugdietrichs.‹ «
»Was?« Wolfdietrich starrte den Knecht an wie ein Narr.
»Ist dir übel, Herr?« fragte der Bursche ängstlich, denn der junge Ritter sah ganz so aus.
»Mir? Nein!« Er tat einen tiefen Atemzug, und ein unsicheres Lachen flog über sein Gesicht. »Es ist nur – es kam mir nur so merkwürdig vor, weil ich auch Wolfdietrich heiße. Aber . . . mein Vater ist Herzog Berchtung.«
»So kannst du nicht König Hugdietrichs Sohn sein«, meinte der Knecht nüchtern. »Und es ist wohl ein anderer Herr, der den gleichen Namen trägt.«
»Ja . . . , das glaube ich auch«, murmelte Wolfdietrich abwesend. Plötzlich ließ er den Knecht und den Hengst Wildvogel stehen und ging fort.
Zwei Berchtungssöhne kamen die Stiege herab, an ihm vorüber. Sie lachten, weil er in so tiefen Gedanken war, daß er sie gar nicht sah. Er ging in seine Kammer, setzte sich auf das Bett und dachte lange über die Dinge nach, die ihm so unbegreiflich und beunruhigend erschienen. Endlich beschloß er, noch an diesem Abend Herrn Berchtung darüber zu befragen.
Aber es sollte nicht so schnell dazu kommen: denn der Herzog ließ seinen Söhnen sagen, er habe mit der Königin zu reden und niemand möge ihn stören. »So werde ich warten«, beschloß Wolfdietrich, »und wenn es bis zum Morgen dauern sollte.«

»Was ist geschehen, Herrin?« fragte Berchtung, als er die Königin zum Hochsitz geführt hatte.
Sie strich sich müde über die Stirne.
»Sabene ist zurückgekommen, und meine Söhne haben mich verstoßen. Sonst ist nichts geschehen.«
Einen Augenblick blieb er stumm. »Es ist gerade genug, dünkt mich«, sagte er dann grimmig. Er starrte vor sich hin. Plötzlich lachte er rauh. »Das Merkwürdigste ist, daß ich nie recht glauben konnte, wir hätten Sabene zum letzten Male gesehen, damals, als er mit knapper Not dem Galgen entrann. Nun hat er selber den Hals in die Schlinge gesteckt.«
Die Königin schüttelte den Kopf. »Ich fürchte, niemand wird ihm etwas anhaben können. Er ist bereits der vertraute Ratgeber meiner Söhne, und sie hören in allen Dingen auf ihn.«
Jetzt fuhr Berchtung freilich in die Höhe.
»Das ist schlimm für uns«, stieß er hervor.
Sie nickte. »Er wird nicht ruhen, ehe er uns alle vernichtet hat.«
»Wenn er kann, wird er es tun«, gab Berchtung zu. »Aber noch ist es nicht soweit, o nein, noch nicht!« Er dachte eine Weile nach. »Erzähle mir genau, was seit Sabenes Rückkehr geschehen ist«, bat er dann.
Sie begann. Aber die Herzogin hatte mit Sorge ihr blasses, bekümmertes Gesicht beobachtet. Jetzt verließ sie leise den Saal. Bald darauf kam sie mit einem Krug voll Wein und einer silbernen Schüssel mit Räucherfleisch, gebratenen Fischen und Wildbret zurück. »Ich bitte dich, iß und trink«, sprach sie, und in ihrer Art war nicht nur die hohe Zucht eines edlen Geschlechtes, sondern auch eine große Güte, die aus dem Herzen kam.
Die Königin sah zu ihr auf. Es tat gut, diese Wärme zu fühlen: denn sie fror vor Elend und Einsamkeit. Sie dachte an Wolfdietrich, daß er in dieser Wärme groß geworden war, und da sagte sie: »Ich danke dir. Ich werde dir niemals genug danken können.«

Der Abend verging unter langen, ernsthaften Reden.
An den Fenstern zog der Mond vorüber wie ein schmales silbernes Horn, durchwanderte den Sternenraum bis gegen Mitternacht und sank hinter den Rand der Erde hinab.
Im Saale brannten die Leuchten nieder, unter der gewölbten Decke schwebten Rauchschwaden langsam auf und ab, und es roch nach verbranntem Öl. Niemand achtete darauf.
Erst als unversehens ein grauer Schein vor den Fenstern stand, erhob sich die Königin müde.
»Nun muß ich dich also um Obdach bitten, Herzog Berchtung«, sagte sie mit einem traurigen Lächeln. »Und morgen früh, wenn ich ein wenig geschlafen habe, will ich mit Wolfdietrich reden.«
Aber als die Herzogin sie nach ihrer Kemenate geführt hatte und fortgegangen war, vermochte sie nicht zu schlafen. Sie stand am Fenster, blickte hinaus in den grauenden Morgen und dachte darüber nach, was sie Wolfdietrich sagen wollte. Oh, es war so viel, daß sie kein Ende finden würde!
Ein Geräusch in der Kammer schreckte sie auf. Als sie sich umwandte, stand Wolfdietrich in der Tür. Er sah verschlafen aus, das Haar hing ihm zerzaust um den Kopf, und sein Gesicht war sehr rot. Er lehnte am Pfosten, die Hände auf dem Rücken, und blickte mit einem sonderbar ratlosen Ausdruck zu ihr herüber. Und da schien er ihr so jung und so wenig höfisch, daß es sie rührte und sie ihn am liebsten wie einen kleinen Knaben in die Arme genommen hätte, obgleich er so groß war, daß er sich unter dem Türbalken ein wenig bücken mußte.
»Mein Vater . . .«, begann er und stockte sogleich wieder erschrocken. »Herzog Berchtung meine ich«, verbesserte er hastig, »er sagte mir, ich sollte zu dir gehen, Herrin. Du würdest mich sehen wollen . . .« Seine Stimme klang rauh vor Aufregung.
Sie erriet, daß Berchtung mit ihm gesprochen haben mußte.

Irgend etwas klopfte plötzlich laut und dumpf in der Kammer . . . nein, es war nur ihr eigenes Herz, und sie hatte gewiß nicht weniger Angst zu reden als Wolfdietrich, merkte sie verwundert.
»Weißt du . . . hat dir Herzog Berchtung gesagt . . .« Wahrhaftig, es war auf einmal schwer geworden, ein paar armselige Worte auszusprechen! Im nächsten Augenblick kam ihr Wolfdietrich zu Hilfe.
»Er hat mir erzählt, daß du meine Mutter bist«, sagte er leise.
Sie sah ihn atemlos an. »Ja . . . und du?«
Er antwortete nicht gleich. »Ich?« sagte er dann langsam, während ein Lächeln in seine goldenen Augen kam, »ich werde froh sein, wenn du mich zum Sohne haben willst!«
Als draußen längst die Sonne schien, saß Wolfdietrich noch immer in der Kemenate auf dem Boden, hatte die Hände um die Knie geschlungen und hörte zu. Manchmal war sein Gesicht hell und manchmal wurde es finster. Aber er sagte nicht viel. Nur zuletzt, als die Königin erzählte, wie die Brüder ihm sein Erbteil verweigert und sie verstoßen hatten, wurde er sehr zornig. »Ich will niemandem Unrecht tun«, sprach er, »aber ich will auch selber kein Unrecht leiden. Mein Vater wußte wohl nicht mehr, was er tat, als er mich enterbte. Aber meine Brüder wissen es genau und Sabene noch viel besser. Freiwillig werden sie mir nichts geben. Also muß ich darum kämpfen. Ich verspreche dir, daß ich meine Brüder schonen werde«, fügte er schnell hinzu, als er ihr trauriges Gesicht sah. »Aber sie haben gegen dich und mich so unritterlich getan, daß ich es nicht ungestraft lassen kann. Und noch eines: Wir müssen Sabene haben! Solange er lebt, wird er Unheil stiften. Einmal hat ihm Herzog Berchtung das Leben geschenkt. Diesmal muß es sein Ende sein, oder es ist unser Ende, glaube mir.«
Die Königin schwieg bekümmert: Sie wußte wohl, er sprach

die Wahrheit. Berchtung hatte ihr in der Nacht das gleiche gesagt.
So begann der Kampf unter den Brüdern. Es war ein ungleicher Kampf. Auf der einen Seite standen Wolfdietrich und Berchtung mit seinen zehn Söhnen, die ihm Gefolgschaft geschworen hatten, und auf der anderen die beiden Könige und Sabene, die über viele Lehensmannen und ein großes Söldnerheer geboten.
Berchtung ließ keine Zeit verstreichen. Er sandte sofort Boten zu den Rittern, die auf seinen Burgen saßen, und berief sie mit ihren Knechten, Pferden und Waffen nach Lilienport. Aus allen Meierhöfen fuhren alsbald Karren, beladen mit Vorräten, nach der Herzogsburg. Vieh füllte die Ställe, und in der Schmiede verstummte das Gehämmer Tag und Nacht nicht mehr.
Lilienport war eine große Burg mit ihren drei Höfen und den Wohngebäuden und Stallungen. Es vermochte eine Menge Kriegsleute samt dem Troß aufzunehmen. Aber dennoch war die Streitmacht, die in der Burg lag, nur ein kleines Häuflein gegen das Heer der Könige.
Denn auch Sabene war mittlerweile nicht müßig gewesen. Von dem Tage an, da die Königin Kunstenopel verließ, strichen seine Kundschafter durch Berchtungs Land. Kein Ritter und kein Knecht kam ungesehen nach Lilienport, und kein Karren fuhr durchs Tor ein, ohne daß es Sabene erfuhr.
In Kunstenopel aber lag bald ein großes Söldnerheer bereit. Die Lehensfürsten des Reiches zogen mit ihren Knechten heran, freilich recht widerwillig, aber doch eingedenk ihres Eides.
Und eines Tages sagte Sabene zu den Königen: »Nun werden wir diesen Narren zuvorkommen. Berchtung hat alles, was auf einem Pferde sitzen oder einen Speer halten kann, nach Lilienport gezogen. Die Späher sagen, vieles deute auf einen baldigen Aufbruch hin. Wahrscheinlich gedenkt der edle Herzog nach Kunstenopel zu reiten und mit dem Schwerte in der Faust Wolfdietrichs Erbe von uns zu fordern.« Er lachte tückisch.

»Vorher aber werden wir vor Lilienport sein! Ringsum werden wir sein! Und sie werden darin sitzen wie die Maus in der Falle samt ihrem ganzen Kriegsvolk. Was sagt ihr dazu?«
Ja, es war ohne Zweifel alles viel einfacher geworden, seit Sabene da war, meinten sie und rieben sich die Hände. Am selben Tag erging der Befehl zum Aufbruch an das Heer. –
Der Wächter auf dem Ostturm von Lilienport spähte angestrengt in die Dunkelheit. Er haßte diese Art Dunkelheit, wenn die Wolken so tief niederhingen, daß Himmel und Erde zu einem einzigen schwärzlichen Gewoge zusammenflossen. Es regnete. In plötzlichen, heimtückischen Stößen fuhr der Wind daher, und dann prasselte es laut auf die Dächer und gegen die Mauern. Der Wächter fluchte leise. Man konnte nichts hören, rein gar nichts außer diesem elenden Regen! Und dennoch hätte er schwören mögen, daß da noch irgendein verworrenes Geräusch war, drunten in der Ebene, die die Nacht gänzlich verschlungen hatte. Und manchmal meinte er auch, mitten in dem Nebelziehen und dem Wolkengetümmel noch eine andere Bewegung wahrzunehmen, eine dunkle Masse, die sich vorwärts schob und sogleich wieder verschwand.
Später in der Nacht beobachteten auch die Wächter auf den drei anderen Türmen das gleiche: Zu dieser Zeit war Lilienport schon von allen Seiten eingeschlossen. Niemand hätte es verhindern können.
Als es zögernd Tag wurde, lag rings um den langgestreckten Hügel, auf dem sich die Burg erhob, das königliche Heer wie ein riesiger Wall geharnischter Leiber.
Wolfdietrich stand neben Herzog Berchtung auf der Mauer. Keiner redete. Sie wußten beide, wie schlimm es um sie stand.
»Es gibt nur eines, was wir tun können«, sagte Berchtung endlich.
Wolfdietrich wandte sich hastig um. »Ja. Wir müssen sofort einen Ausfall machen.«

Berchtung nickte. »Noch sind sie nicht gerüstet, und sie werden es nicht erwarten. Helfen kann es uns ja nicht, aber sie sollen uns nicht einsperren wie eine wehrlose Schafherde! Komm!«
Es gab keinen Lärm in der Burg, als sie eilig den Überfall vorbereiteten. Kein Horn blies, die Knechte schrien nicht mit den Pferden, die Befehle machten leise die Runde. Und dann flogen in einem Augenblick die vier Außentore von Lilienport auf.
Stumm jagte es den Hang hinab nach allen vier Winden, gestreckte Pferdeleiber, Schwerter in gepanzerten Fäusten, geschlossene Helme. Keine Herausforderung, kein Schlachtruf. Stumm brach es in den Wall der überraschten Feinde ein und richtete im Handumdrehen fürchterliche Verwirrung an.
Aber eben nur im Handumdrehen. Sie hatten es ja vorher gewußt.
Die Feinde erholten sich sehr schnell von ihrer Überraschung: Wenn man zwanzig oder dreißig gegen einen zu stellen hat, so ist das leicht.
Die Hörner riefen die Männer von Lilienport zurück: Sie wußten, daß sie gehorchen mußten, wenn sie nicht alle sterben wollten.
Wolfdietrich stieß einen zornigen Ruf aus: Nein, er konnte jetzt nicht zurück, er hatte hinter den Reihen des Heeres auf einem Hügel drei Männer gesehen, zwei von ihnen trugen die gleiche silberne Rüstung wie er selbst, und er wußte, daß es seine Brüder waren. Der dritte sah neben ihnen so unscheinbar aus wie ein Knecht. Aber plötzlich hörte er neben sich Berchtung murmeln: »Ich wette meinen Kopf, daß in der elenden Brünne dort Sabene steckt. Der Feigling hofft gewiß, so könne er unerkannt entkommen, wenn es gefährlich wird!«
»Ich muß ihn haben!« sagte Wolfdietrich zornig und gab Wildvogel die Sporen. Aber Berchtungs Faust riß den Hengst blitzschnell zurück.

»Bist du toll? Glaubst du, wenn es nur einen Funken Hoffnung gäbe, ihn in die Hände zu bekommen, wäre ich nicht längst drüben? Sieh dich um: Wir wären in Stücke gehauen, ehe wir nur drei Schritte weit kämen. Zurück oder wir sind verloren!«
Wildvogel stieg kerzengerade in die Höhe, seine Hufe trommelten nieder auf die Feinde, die sie umdrängten. Was war das für ein Pferd, dachte Wolfdietrich bewundernd, während er sich mit dem Schwerte aus dem Getümmel Bahn zu brechen versuchte.
»Reite, so schnell du kannst!« schrie Berchtung, der vor ihm den Hang hinaufjagte. »Wir sind die letzten, und sie werden uns die eigenen Tore vor der Nase zuschlagen, weil sonst die Feinde noch vor uns in der Burg sind!«
Ja, so stand es. Wolfdietrich sah, wie links und rechts neben ihm immer mehr Pferdeköpfe auftauchten und Wildvogel überholten, der noch immer samt seinem Reiter in einem Knäuel von Kämpfenden eingekeilt war. Großer Gott, der ganze Hang wimmelte schon von Feinden, mit gellenden Rufen und mit den Sporen hetzten sie ihre Rosse hinauf gegen das offene Burgtor, und Wolfdietrich vermochte sich noch immer nicht zu befreien.
»Wildvogel!« sagte er verzweifelt, während er um sich hieb, »vorwärts, Wildvogel, sie dürfen nicht vor uns am Tore sein!«
Plötzlich spürte er, wie sich an dem schlanken Pferdeleib die Muskeln spannten. Die kleinen Ohren legten sich so flach zurück, daß sie fast verschwanden: dann schoß Wildvogel mit gebleckten Zähnen nach vorn. Im nächsten Augenblick wieherte der schwarze Hengst, der eben noch vor ihm gewesen war, vor Schmerz auf: Wildvogel biß nach links und biß nach rechts, prellte vor und schlug sein Gebiß in den Nacken des nächsten Pferdes, das sich wild aufbäumte und samt seinem Reiter überschlug. In die Lücke schnellte Wildvogel. So kämpfte sich

der Hengst den Hang hinauf mit Hufen und Zähnen. Wolfdietrich fing mit Schwert und Schild die Hiebe auf, die nach Wildvogels Kopf zielten, und endlich war kein fremdes Pferd mehr vor ihnen. Gleich darauf sauste der graue Hengst in den Burghof wie ein Pfeil, das Tor schlug zu, und draußen erscholl ein wildes Wutgebrüll.

Für diesmal war Lilienport gerettet. Aber die Belagerung begann erst.

»Wir haben Zeit«, sagte Sabene zu den Königen. »Viel mehr als sie. Warum sollen wir kämpfen? Ehe die Mäuse verhungern, kommen sie ganz von selbst aus ihren Löchern.« Seitdem brannten Nacht für Nacht die Feuer rings um die Burg. Daran brieten die Ochsen, die die Knechte von Berchtungs Meierhöfen holten, und manchmal leuchtete irgendwo eine Nacht lang der Himmel rot von einem Brande.

Zuweilen machten die Belagerten in der Dunkelheit einen ihrer überraschenden Ausfälle, dann gab es viele blutige Köpfe. Aber auch das hörte später auf.

Denn in der Burg ging ein Feind um, der schlimmer war als der Feind draußen: Das war der Hunger. In den Ställen gab es fast kein Vieh mehr, man hatte es allmählich schlachten müssen. Die Pferde bekamen so wenig Futter, daß sie auszusehen begannen wie Schindermähren. Die Gesichter der Männer wurden mager und immer düsterer.

Sabene rechnete nach: Er wußte, zu Lilienport nagten sie längst am Hungertuche. Und als es ihm lange genug schien, schickte er einen Boten hinauf ans Burgtor.

Herzog Berchtung ging mit Wolfdietrich auf die Mauer, ihn anzuhören. Er verkündete: »Meine Herren lassen euch dieses sagen: Wenn ihr uns Wolfdietrich herausgebt, so sollt ihr Frieden haben. Sonst aber wird keiner von euch am Leben bleiben und von der Burg kein Stein auf dem anderen.«

Verdutzt sah der Bote, wie die beiden Ritter sich wortlos

abwandten und sich anschickten, von der Mauer wieder in den Hof hinabzusteigen, ohne ihn weiter zu beachten.
»Was für eine Antwort soll ich meinen Herren bringen?« rief er hastig.
Berchtung wandte sich nicht einmal um.
»Keine«, sagte er gleichgültig.
Da zuckte der Bote die Schultern und ritt fort.
An diesem Abend saß Wolfdietrich sehr wortkarg und nachdenklich unter den Rittern im Saale. Berchtung kannte ihn genau und wußte, daß er irgendeinen Plan bei sich erwog.
Allmählich ging einer nach dem anderen zur Ruhe: denn wenn man schlief, knurrte vielleicht wohl der Magen wie ein zorniger Hund, aber man träumte dann wenigstens von allerlei guten Speisen, die man schon lange nicht mehr bekam.
Wolfdietrich wartete ungeduldig, bis sie alle fort waren, denn er wollte mit Berchtung reden. Er wußte schon seit einiger Zeit, daß etwas geschehen mußte, und heute war ihm eingefallen, was er tun würde.
»Du hast gehört, was der Bote sagte«, begann er sogleich, als sie allein waren. »Er hat ganz recht, Meister Berchtung. Und ich will es nicht länger mit ansehen, wie ihr alle hier auf Lilienport sitzt und für mich hungert und kämpft. Freilich habe ich keine Lust, der Gefangene Sabenes und meiner Brüder zu sein und eines Tages meuchlings erstochen zu werden. Ich will fort von hier. Wenn ich fort bin, werden sie euch Frieden geben. Ich aber werde in die Fremde ziehen und suchen, ob ich irgendwo im Abendlande einen tapferen Fürsten finde, der mir hilft, mein Erbe zu gewinnen.«
Berchtung erhob sich gemächlich. »So, und du meinst, das sei so leicht? Mich dünkt, du mußt zuerst von hier fortkommen, ehe du durchs Abendland reiten kannst! Wie gedenkst du denn das zu bewerkstelligen?«
Wolfdietrich schüttelte sorglos das Haar aus der Stirne. »Ich

habe Wildvogel. Und ich werde nachts zwischen ihren Wachen durchreiten, so schnell, daß sie gar keine Zeit haben, mich zu halten!«
»Mag sein, daß es dir gelingt, oder auch nicht«, meinte Berchtung trocken. »Und wenn du also draußen bist, was gedenkst du dann zu tun?«
»Dann reite ich«, sagte Wolfdietrich ein wenig trotzig, denn in Wirklichkeit hatte er eine recht ungewisse Vorstellung von allem, was dann geschehen würde.
»Ja, dann reitest du«, wiederholte Berchtung mit gutmütigem Spott. »Viele Tage wirst du reiten, mehr als dir lieb ist, das kannst du mir glauben. Du wirst durch allerlei Länder kommen. In einigen davon gibt es nichts als Wald und Sumpf und wilde Tiere, in anderen glühende Felsen ohne einen Baum, der ein wenig Schatten spendet, und ohne den kleinsten Bach, aus dem du trinken könntest. Ich sage dir, diese Dinge sind in der Welt recht ungleich ausgeteilt. Vielleicht siehst du einen Mond lang keinen einzigen Menschen, und dann gerätst du auf einmal unter einen ganzen Haufen, und sie wollen dir ans Leben. Es gibt viele Räuber und anderes Gesindel auf den Straßen und anderswo.«
»Du redest, als gäbe es nirgends Burgen und Städte oder Gehöfte, in denen ehrliche Menschen wohnen«, murrte Wolfdietrich. »Mich schrecken weder Räuber noch wilde Tiere, und ein wenig Hunger oder Durst wird mich nicht gleich töten.«
»Du hast noch nicht viel erfahren«, widersprach Berchtung bedächtig. »Und wenn es einmal gefährlich für dich wurde, so war immer jemand da, der die Dinge wieder in die rechte Ordnung brachte. Fährst du aber jetzt in die Fremde, so wird niemand mehr da sein. Freilich wirst du in jedem Land zu Burgen und Siedlungen kommen. Aber an manchen tut man besser, still vorüberzureiten, ehe einen jemand gesehen hat:

Man bleibt dann eher am Leben. Ringsum wohnen noch viele Heiden, du weißt es wohl. Ihre Sitten sind nicht sonderlich fein, und sie scheinen zu glauben, der Kopf eines christlichen Räubers sei dazu da, ihre Zinnen zu schmücken.«
Wolfdietrich lachte wider Willen. »Du kannst mich nicht das Fürchten lehren, sosehr du dich auch abmühst. Darum gib es auf und sage mir lieber, wo ich einen Fürsten finde, der mir im Kampf um mein Erbe beisteht.«
Berchtung seufzte.
»Du bist nicht recht bei Verstande, scheint mir. Du glaubst doch nicht im Ernst, Sabene und deine Brüder werden uns in Frieden lassen? Ich sage dir, es wird uns gar nichts helfen, wenn du fortgehst. Vielleicht wagen sie es nicht gerade, uns zu töten. Aber im Turm zu Kunstenopel können Gefangene sehr leicht sterben, zumal ein alter Mann wie ich.«
»Du sollst das nicht sagen!« fuhr Wolfdietrich auf, denn es betrübte ihn, daran zu denken. »Ich will wiederkommen, so schnell ich kann, und euch befreien, das schwöre ich! Aber du siehst doch ein, daß ich fort muß, weil uns allen sonst der Tod sicher ist?« schloß er fast bittenden Tones.
Berchtung schwieg bekümmert. Nein, er konnte und durfte seinen jungen Herrn nicht halten: denn Wolfdietrich würde der erste sein, den Sabene aus dem Wege räumte, wenn er ihm in die Hände fiel. Und aus Lilienport gab es für sie alle kein Entkommen mehr. Sie konnten wohl noch einmal versuchen, durch den Ring der Feinde zu brechen, aber selbst wenn es ihnen gelang, würden sie bald zu Tode gehetzt sein, kraftlos und halb verhungert, wie sie und ihre Pferde waren. Was für ein Schicksal danach auf sie wartete, das wußte Gott allein – und Sabene.
»Es ist wohl am besten, ich reite gleich morgen nacht«, fuhr Wolfdietrich indessen voll Eifer fort. »Aber du hast mir noch immer nicht gesagt, bei wem ich am ehesten Hilfe finden kann.

Du kennst viele Fürsten und weißt gewiß Rat.« Berchtung dachte eine Weile nach.
»Das ist leichter gesagt als getan«, meinte er sorgenvoll. »Die meisten Fürsten des Abendlandes haben alle Hände voll zu tun, um mit ihren eigenen Nöten fertig zu werden. Und nicht jeder hat Lust oder Geld, mit einem Heere ins Griechische Reich zu ziehen, nur um einem fremden Königssohn zu seinem Rechte zu verhelfen. So uneigennützig sind die Herren der Erde nun einmal nicht. Ich weiß nur einen einzigen, der vielleicht dazu bereit wäre: das ist König Ortnit von Lamparten. Sein Reich liegt weit im Westen, und die Reise dorthin –«, er zuckte seufzend die Schultern. »Es hat keinen Sinn, dir viel davon zu erzählen: aber es ist heller Wahnwitz, allein nach Lamparten reiten zu wollen.«
Aber Wolfdietrich schüttelte heftig den Kopf. »Nein«, sagte er und seine Augen glitzerten vor Abenteuerlust, »es ist kein Wahnwitz, und ich weiß ganz gewiß, daß ich hinkommen werde, Meister Berchtung. Ich fühle es, du kannst es mir glauben!« Er packte Berchtung am Arm. »Erzähle mir alles, was du über König Ortnit weißt!«
»Er ist zu dieser Zeit der mächtigste Herrscher im Abendlande. Und er ist schon einmal übers Meer nach dem Osten gefahren, um die schöne Prinzessin Sidrath zu befreien, die ihr Vater Machorel zu Muntabur in Syrien gefangenhielt. Sie ist Königin von Lamparten geworden, und an allen Höfen haben die Sänger die Märe von Ortnits Brautfahrt ins Morgenland erzählt.«
»Das gefällt mir!« sagte Wolfdietrich entzückt. »Ich sage dir, morgen reite ich aus gegen Lampartenland, und dann wird Ortnit mit mir nach Kunstenopel ziehen, Sabene wird am Galgen baumeln, wie er es längst verdient, und meine Brüder werden ihr Erbteil von mir zu Lehen nehmen müssen, wenn sie es behalten wollen!«
»Sachte!« mahnte Berchtung kühl. »Noch bist du nicht fort,

geschweige denn wieder hier. Aber ich glaube selbst, daß König Ortnit deine einzige Hoffnung ist. So magst du in Gottes Namen reiten, ich weiß keinen besseren Rat!«

Am Morgen gab es finstere Gesichter bei den Söhnen Berchtungs, als sie erfuhren, daß Wolfdietrich fort wollte.

»Wir haben dir Treue geschworen, so mußt du uns auch mitnehmen in die Fremde!« forderten sie sogleich einmütig. Aber sie mußten bald einsehen, daß wohl einer allein, wenn er Glück hatte, ungesehen durch das Lager der Feinde schlüpften konnte, niemals aber ein Dutzend bewaffneter Männer. Den halben Tag berieten sie hin und her, aber endlich fügten sie sich zornig und traurig. Und nur der Jüngste, der eine Binde um den übel zugerichteten Kopf trug, schrie zuletzt noch wütend: »Sei doch still und versprich nicht so viel! Eines Tages wirst du in Lamparten oder woanders eine Frau finden und vergessen, daß deine elf Dienstmannen zu Kunstenopel im Turm sitzen und auf dich warten!«

Wolfdietrich sah ihn an. Sie waren einander am meisten zugetan, er und dieser jüngste Berchtungssohn, und er wußte genau, wie hart es gerade diesen ankam, ihn ziehen zu lassen. Da ging er hinüber, setzte sich neben ihn und sagte ernsthaft: »Ich schwöre euch, daß ich keine Frau nehmen werde, ehe ich meine elf Dienstmannen befreit habe!«

Er ahnte nicht, daß ihm schon in naher Zukunft allerlei merkwürdige Dinge begegnen sollten, die es ihm recht schwer machten, diesen Schwur zu halten.

Die Königin hatte nur still zugehört. Wohl schnürte ihr die Angst das Herz zusammen, aber sie wußte, Wolfdietrich begann nun den Weg zu gehen, der ihm vorgezeichnet war, und sie mußte ihn gehen lassen.

Nur eines blieb noch zu tun.

Er war ein wenig verwundert, als sie ihn zu sich rief und ihn bat, in ihre Kemenate zu kommen, aber er folgte ihr sogleich.

Sie öffnete die schwere Truhe aus Zypressenholz, die an der Mauer stand, nahm etwas heraus, was Wolfdietrich für das Gewand eines Kindes hielt, legte es auf ihr Bett und wandte sich zu ihm zurück.
»Nimm die Brünne und dein Gewand ab«, befahl sie und begann selbst, ihm die Riemen aufzulösen. »Du sollst dieses Hemd aus Palmatseide anlegen, wenn du jetzt in die Fremde fährst. Du hast es bei deiner Taufe bekommen, und es schützt gegen Feuer, Stahl und Drachenzahn, und –«
Wolfdietrich starrte das winzige Gewand an und lachte laut auf. »Aber, Mutter, wie willst du mich denn in dieses kleine Ding hineinbringen?«
Im nächsten Augenblick verging ihm freilich das Lachen. Die Königin hatte das Gewändlein ergriffen und begann es ihm mit einiger Mühe über den Kopf zu ziehen. Aber als es erst einmal auf seinen Schultern lag, merkte er verdutzt, wie es sich zu dehnen anfing, immer weiter wurde und immer länger, wie es seine breite Brust geschmeidig umspannte und sich um die Arme legte, ohne sie einzuengen, als wäre es für ihn gemacht. Er blickte an sich herab und hielt vor Staunen den Atem an. Ja, da saß es wahrhaftig an seinem Leibe wie eine zweite Haut, dieses sonderbare Gewebe, von dem er nicht wußte, was es war, und das ihm ein wenig unheimlich erschien. Er warf einen unsicheren Blick in das Gesicht seiner Mutter und sah, daß sie zufrieden lächelte. »Nun magst du dein Gewand darüberziehen«, sagte sie. »Und dann will ich dich ohne große Sorge nach Lamparten ziehen lassen: denn ich sehe, daß der Klausner die Wahrheit gesagt hat.«
Er verstand nicht, was sie meinte, aber er fragte nicht danach, weil er an viele andere Dinge zu denken hatte.
Es machte ihm das Herz schwer, daß seine Mutter und die Herzogin allein und schutzlos zurückbleiben sollten, wenn er selbst in der Fremde war – und Berchtung samt seinen Söhnen

gefangen: denn daß es so kommen würde, das schien ihm gewiß.
Aber als er bekümmert davon zu reden anfing, schüttelte sie den Kopf. »Meinetwegen sollst du ruhig reiten. Selbst in diesem Lande kämpft man nicht gegen Frauen. Deine Brüder haben mich wohl vom Hofe verbannt. Aber niemand wird wagen, die Hand gegen mich zu erheben: nicht einmal Sabene.«
Wolfdietrich dachte nach. »Ja«, sagte er erleichtert, »das ist wahr. Sie werden es nicht wagen, so gegen alle Ritterehre zu handeln.« Er küßte die Königin und ging fort. Rasch durchquerte er die Höfe und stieg auf die äußerste Mauer, wo er langsam rings um die Burg zu gehen begann. Aufmerksam glitten seine Augen über den flachen Hang und über das Lager der Feinde drunten in der Ebene. Er konnte alles deutlich unterscheiden. Ein paar Ritter tummelten sorglos ihre Pferde, eine Reihe Karren fuhr gemächlich auf der Straße heran, vom Walde herüber schleppten die Knechte dürre Äste für die Feuer, die jede Nacht um Lilienport brannten.
Als Wolfdietrich beim Westtore angekommen war, blieb er stehen. Zu seiner Rechten zog sich ein kleines Gehölz den Hang hinab bis fast in die Ebene. Das war gut. Danach freilich kam ein Streifen freies Land, den man überqueren mußte, und dann – ja, dann war man erst im feindlichen Lager und sonst nirgends! Da konnte einen nur die Dunkelheit retten – und Wildvogel. War der Hengst schnell genug, so kam man durch und erreichte die Heerstraße, die dicht hinter dem Lager gegen Westen lief. Sonst aber war man ein Gefangener.
Wolfdietrich biß die Zähne zusammen. Nein, er würde sich nicht fangen lassen! Er mußte nach Lamparten kommen, koste es, was es wolle! Sorgfältig prägte er sich ein, wie er reiten mußte, um später in der Nacht den Weg zu finden. Dann kehrte er in die Burg zurück. –
Es mochte kurz nach Mitternacht sein, als das niedere Pförtlein

im Westtore sich öffnete. Wolfdietrich trat hinaus, Wildvogel am Zügel, und hinter ihm schloß sich die kleine eiserne Tür sogleich wieder.
Er blieb im Schatten des Tores stehen und horchte. Drunten im Lager war es still, die Feuer warfen einen ungewissen Schein über die dunklen Gestalten auf der Erde, da und dort erhob sich ein Zelt, manchmal tauchte im Feuerschein ein Wächter auf und verschwand wieder.
Wolfdietrich erkannte jenseits des Lagers die Straße, die ein wenig heller in der Dunkelheit lag. Dorthin mußte er: Dort begann die Freiheit. Die Freiheit und die Abenteuer, denen er ahnungslos entgegenzog.
Er nahm Wildvogel fest am Zügel und ging nach rechts, bis er an das Gehölz kam, in dessen Schutz er abwärtssteigen konnte. Der Hengst schnaubte aufgeregt, denn er begriff nicht, warum sein Herr nicht in den Sattel stieg, aber er ging leichtfüßig und folgsam hinterher.
Dann war das Gehölz zu Ende. Zwischen den letzten Sträuchern hielt Wolfdietrich an. Nicht weit entfernt brannten die ersten beiden Lagerfeuer. Sie brannten nicht sehr hell, gottlob, und wenn er mitten zwischen ihnen durchritt, erreichte ihn ihr Schein kaum mehr. Aber er sah, daß in der Mitte ein Ochsenwagen stand, genau da, wo Wildvogel mit ein paar weiten Sprüngen die Straße gewinnen konnte. Und plötzlich sah er noch etwas: An dem Karren lehnten zwei Wächter.
Wolfdietrich knurrte ein paar Worte, die nicht sonderlich höfisch oder fromm klangen, und überlegte eine kleine Weile. Nein, es half nichts: Er mußte dort hinüber, es war der kürzeste Weg nach der Straße, und darauf kam es an.
»Wildvogel«, sagte er leise und strich dem Hengst über das seidige Fell des Halses, »jetzt zeig, was du kannst! Sie dürfen uns nicht bekommen, und wenn wir fliegen müssen!«
Kaum saß sein Herr im Sattel, da schoß Wildvogel aus dem

Gehölz ins Freie wie der Blitz. Der Boden war weich und dröhnte nur dumpf unter den Hufen, als der Hengst in riesigen Sätzen auf das Lager zujagte. Genau auf den Ochsenkarren lenkte ihn Wolfdietrich zu: links ein paar schlafende Knechte auf der Erde, rechts ein paar, Wildvogel sauste dazwischen durch . . . jetzt der Karren . . . Wildvogel, laß mich nicht im Stich . . .! Himmel, mußten sich die Wächter just um einen Augenblick zu früh umdrehen! Aber plötzlich fühlte Wolfdietrich, wie der Hengst unter ihm eisenhart wurde . . . dann spannte er sich wie ein Bogen . . . und dann flog er. Er flog über den Karren hinweg, ehe die Wächter nur den Mund aufzureißen vermochten, prallte jenseits auf den Boden, schnellte sich mit drei Sprüngen nach der Straße hinüber und jagte mit trommelnden Hufen davon. Er hatte nur einen der Wächter ein wenig mit dem Hinterhufe an der Schulter gestreift, aber sie kollerten beide übereinander hinter den Karren, wo sie vor Schreck fürs erste einmal liegen blieben und auf die rasenden Hufschläge horchten, die sich auf der Straße entfernten.
»Was war das?« flüsterte der eine endlich und schlug ein Kreuz. »Ein . . . ein Nachtgespenst?«
»Ein recht lebendiges Gespenst, dünkt mich, du Dummkopf!« gab der andere wütend zurück und rieb sich die schmerzende Schulter. Plötzlich setzte er sich mit einem Ruck auf und blickte sich furchtsam um. Aber alles war so schnell gegangen, daß die Schläfer ringsum nicht einmal erwachten.
»Hast du den Reitern angesehen?« fuhr der Wächter vorsichtig fort. »Und diesen Hengst, der den Teufel im Leibe haben muß? Ich will dir etwas sagen: Es gibt nur ein einziges Pferd im ganzen Reiche, das so springt, und das ist König Hugdietrichs grauer Hengst Wildvogel, den Junker Wolfdietrich reitet. Geht dir ein Licht auf, he?«
Jetzt fuhr auch der andere in die Höhe. »Glaubst du . . . es war Junker Wolf –«, die Hand, die ihm den Mund zuhielt, griff so

schnell und heftig zu, daß es aufs Haar einer Maulschelle glich.
»Siehst du, da drüben ist ein ganzer Wald voll von lauter Bäumen«, zischte ihn sein Gefährte böse an, »und an zweien davon werden wir beide morgen früh hängen, wenn nur ein einziger Mensch erfährt, daß Wolfdietrich entkommen ist, während wir Wache hatten!«
So begann Wolfdietrichs Reise nach Lamparten, als das Jahr auf die Mitte des Sommers zuging.

IV

Es schien Wolfdietrich sehr schön, so zu reiten. Heute war der dritte Tag, Lilienport lag schon weit hinter ihm, die Landschaft hatte ein fremdes Gesicht angenommen und wurde immer noch fremder. Wohl ritt er auf der gleichen Straße, aber zu beiden Seiten drängte sich die unbewohnte Wildnis heran, so gewaltig und uferlos, daß man meinen konnte, der Weg führe niemals heraus und an irgendein Ziel, sondern man müsse ohne Ende so weiterreiten. Nach langer Zeit kam er an einen großen Fluß, über den eine Brücke führte. Jenseits am Ufer stand ein alter Turm, in dem längst niemand mehr wohnte.
Wolfdietrich ritt weiter gegen Westen: denn dorthin lief die Straße und dort lag Lampartenland. Ein paarmal begegnete ihm ein Reitertrupp und einmal eine lange Wagenreihe, von Kaufleuten geführt und von gewaffneten Knechten bewacht: Sie kamen von Süden herauf, von der großen Hafenstadt Salneck. Er sagte »Gottes Gruß«, die einen antworteten »Gottes Dank« und die anderen sahen ihn stumm und böse an: Sie mochten wohl Heiden sein.
Am dritten Tag gelangte er abermals an einen Fluß. Er mußte ihn durchschwimmen, denn nun war keine Brücke mehr da.
Und dann – am Abend dieses dritten Tages war die Straße zu Ende. Nicht, daß sie aufhörte, aber sie teilte sich in zwei Arme, der eine führte gerade nach Norden und der andere genau nach Süden. Wildvogel blieb ganz von selber stehen und wartete auf einen Befehl seines Herrn. Aber sein Herr wußte nicht, was er tun sollte. Ratlos starrte er nach Westen, wo Lampartenland lag und wohin es keinen Weg mehr zu geben schien, nur ein kaum

sichtbarer Pfad verlor sich schmal und von Gras überwuchert vorn im Walde. Wolfdietrich dachte nach. Nein, er konnte weder die Straße nach Norden noch die nach Süden reiten: denn wenn er vielleicht auch eines Tages ans Ziel käme, so würde doch viel Zeit unnütz verstreichen, und Gott weiß, was indessen mit seinen elf Dienstmannen geschah! Es half nichts, er mußte geradeaus nach Westen weiter, irgendwo würde er wohl später wieder auf eine Straße kommen oder an eine menschliche Behausung, wo man ihm den Weg wies.
»Aber für heute soll es genug sein«, sagte er, immer noch ganz wohlgemut, zu sich selbst, und sprang aus dem Sattel. »Morgen, wenn es hell ist und die Sonne scheint, wird diese Einöde gewiß nicht mehr so unfreundlich aussehen. Geschehen kann mir ja nicht allzu viel, meine Rüstung ist gut und Wildvogel schneller als jedes andere Tier.« Er mußte plötzlich lachen, weil ihm das palmatseidene Hemd einfiel, das er am Leibe hatte. »Wenn es wahr ist, daß es mich unverwundbar macht, dann bin ich ja so sicher wie in Abrahams Schoß und kann ruhig schlafen.«
Da er jedoch hungrig war, wollte er zuerst ein wenig essen. Aber als er die beiden Ledersäcke vom Sattel nahm, die ihm seine Mutter fürsorglich mit Mundvorrat gefüllt hatte, merkte er, daß es mit dem Essen nicht weit her war: denn die Säcklein waren beinahe leer. Auch aus dem kleinen Weinschlauch, den er mitführte, kam nur nach einiger Mühe noch ein Schlücklein geflossen.
Ja, da hieß es eben heute den Gürtel ein wenig enger schnüren und morgen auf die Jagd gehen. Freilich kostete das Zeit, und er hatte Eile: aber was half es? Essen mußte man!
Er führte Wildvogel an einen Platz, wo saftiges Gras wuchs, schlang den Zügel um einen Ast, daß er weiden konnte, und streckte sich zufrieden auf dem weichen Boden aus, den Kopf auf dem Sattel, um zu schlafen.
So meinte er wenigstens. Aber es wurde nicht viel daraus. Eine

Weile blieb alles still. Dann, just als ihm die Augen zufallen wollten, wurde Wildvogel unruhig. Er schnaubte und warf den Kopf auf, die Hufe stampften den Boden, und Wolfdietrich sah, wie seine Augen im Dunkel zu schillern begannen: Der Hengst mußte irgendeine Witterung bekommen haben, die er haßte und die Gefahr bedeutete. Im gleichen Augenblick, als dies alles Wolfdietrich durch den schlaftrunkenen Kopf schoß, warnte ihn etwas. Es war ein Geruch, sehr nahe schon und sehr deutlich. Er erkannte ihn sofort, und das brachte ihn blitzschnell auf die Beine: denn so roch der Bär. Im Aufspringen noch riß er den Wurfspeer heraus, den er neben sich in die Erde gesteckt hatte. Er fuhr herum, als er den schnaufenden Atem hinter sich hörte. Gerade noch sah er mit stockendem Herzschlag, wie Wildvogel sich nach vorn warf. Wenn der Zügel riß, würde nichts den Hengst abhalten können, den verhaßten Feind anzugreifen! Nein, gottlob, der starke Riemen hielt, Wildvogel überschlug sich beinahe, aber er kam nicht los. Das war das letzte, was Wolfdietrich aufatmend sah: Danach blieb ihm keine Zeit mehr, auf den Hengst zu achten.
Der Bär tat nur zwei oder drei träge Schritte, bis er nahe vor ihm stehenblieb. Sein Brummen klang fast gutmütig, als er sich gemächlich aufrichtete. Er stand im dunklen Schatten unter den letzten Bäumen, ein riesiges schwärzliches Ungetüm, und Wolfdietrich dachte mit einem kühlen Gefühl im Rücken, daß es der größte Bär war, den er je gesehen hatte. Und er stand ihm allein gegenüber!
Der Riese schien zu zögern. Seine Vorderpranken hingen plump herab und sahen nicht sonderlich gefährlich aus: aber Wolfdietrich wußte wohl, daß ihre Umarmung tödlich war. Er beugte sich zurück und hob den Speer. Nun mußte man in das Auge zielen. Aber es war viel zu finster, und er konnte nur die dunklen Umrisse des Tieres erkennen.
Da kam der Bär abermals einen Schritt näher, fast sah es

possierlich aus, wie er auf den Hinterbeinen ging. Und dann stieß er ein grollendes Brummen aus, und eine Armlänge vor Wolfdietrichs Gesicht klappte das spitze Maul auseinander. Jetzt fuhr Wolfdietrichs Arm herab, ob er wollte oder nicht, denn etwas mußte er tun, sonst war es aus mit ihm. Aber – er wußte nicht, wie es geschah, hatte der Bär eine flinke Bewegung gemacht oder war seine Hand unsicher gewesen – der Speer stach ins Leere, und Wolfdietrich taumelte mit der ganzen Wucht des Stoßes nach vorn. Seine Hände ergriffen im Sturz das dicke Fell, und im nächsten Augenblick traf ihn ein Tatzenhieb, daß er zur Seite an einen Baum flog, wo er fürs erste einmal ächzend liegenblieb und mühselig wieder zu Atem zu kommen suchte. Großer Gott, der Brustkorb mußte zu Brei gedrückt sein, dachte er halb betäubt und schnappte nach Luft. Jetzt brauchte der Bär nur herüberzugehen und ihm den Garaus zu machen: Er würde leichtes Spiel haben mit einem Gegner, der nicht einmal imstande war, das Schwert aus der Scheide zu ziehen.

Aber der Bär kam nicht: Vielleicht war er erschrocken, als der gepanzerte Mann so plötzlich gegen ihn fiel.

Nein, es geschah etwas ganz anderes. Indessen mußte es Wildvogel auf irgendeine Weise gelungen sein, sich zu befreien, vielleicht hatte er ganz einfach den Zügel durchgebissen, der tolle Hengst – mit einem Satz schnellte er an Wolfdietrich vorüber, mit einem zweiten stand er im Rücken des Bären und schlug ihm die Zähne in den Nacken. Mit wütendem Knurren suchte sich der Bär umzudrehen, aber er tappte nur ein paarmal hilflos hin und her und kollerte dann auf die Erde. Behend sprang Wildvogel zurück: Er war klug genug, zu wissen, daß ihm jetzt die Tatzen gefährlich wurden. Oh, er war sehr auf seiner Hut, während er zusah, wie sein Feind sich schwerfällig wieder erhob.

Zugleich mit dem Bären kam auch Wolfdietrich wieder auf die

Beine. Ein wenig schwankende Beine freilich, aber wenigstens trugen sie ihn wieder.
»Brav, Wildvogel«, murmelte er und zerrte das Schwert heraus.
Der Bär zauderte nur einen Augenblick unentschlossen, als Wildvogel wieder ansprang und Wolfdietrich ihn von der anderen Seite angriff, und dieser Augenblick kostete ihm das Leben. Er riß den Rachen weit auf, als er sich so bedroht sah, und da packte Wolfdietrich das Schwert mit beiden Händen und stieß zu.
Wildvogel tat einen entsetzten Satz zur Seite, als der schwere Körper gegen seine Beine stürzte, und betrachtete ihn mißtrauisch mit schiefem Kopf.
»Du bist ein tapferer Bursche, Wildvogel, und ich bin ein Narr«, sagte Wolfdietrich atemlos. »Berchtung hat mich doch vor den wilden Tieren gewarnt, die auf dem Wege nach Lamparten herumlaufen wie daheim die Viehherden. Und ich habe nicht einmal ein Feuer angezündet. Es ist wahrhaftig ein Wunder, daß wir noch nicht gefressen worden sind. Aber nun will ich Feuer machen und ein paar Stücke von dem Räuber da braten. Er ist gerade zur rechten Zeit gekommen, dünkt mich.«
Er trug ein wenig dürres Gestrüpp zusammen, das am Rande der Straße wuchs, schlug Feuer und entzündete es, und als es einen kleinen freundlichen Kreis in der Finsternis ringsum erleuchtete, hieb er mit dem Schwerte Äste von den Bäumen und warf sie darauf. Es rauchte und prasselte sehr, weil das grüne Holz nicht gerne brennen wollte, aber es erlosch doch nicht, und bald saß Wolfdietrich daneben und drehte geduldig zwei große Stücke Bärenlende an einem zugespitzten Pfahl über den Flammen, bis sie ihm gar schienen, obgleich er dies nicht genau wußte. Aber das Fleisch mundete ihm, als er davon kostete, und zufrieden steckte er es in seine Sattelsäcke.
Über alldem war die Nacht hingegangen und der erste Schein des frühen Sommermorgens stand unversehens am Himmel.

Da beschloß Wolfdietrich, sich sogleich wieder auf den Weg zu machen, legte Wildvogel den Sattel auf, schnallte die Säcke fest, holte seinen Speer und stieg auf.
Er ritt geradeaus westwärts in den Wald hinein. Anfangs schien ihm das kein großes Wagnis. Die Bäume standen nicht sehr dicht und der Boden war wohl moosig, aber doch fest, und stellenweise wuchs hohes Gras, das hart wie Schilf um Wildvogels Beine raschelte. Dazwischen lag es wie ein grüner Teppich aus riesigen fleischigen Blättern, die, eins am andern, stengellos aus dem Boden quollen. Wildvogel stelzte steifbeinig mit äußerstem Mißtrauen dazwischen durch und schielte unruhig nach links und rechts. Von den Bäumen hingen Schlingpflanzen mit langen gelben und roten Stengeln, die sachte hin und her schwangen, als wären sie lebendig.
»Wie Schlangen«, dachte Wolfdietrich, und sie mißfielen ihm nicht weniger als Wildvogel.
Es war auch sonst eine recht merkwürdige Gegend, meinte er, die Luft roch so sonderbar, feucht und faulig, und sie war so warm wie der Dampf in den Badehäusern, obgleich die Sonne noch nicht hoch am Himmel stand. Tief im Schatten der Bäume unter den niederhängenden Ästen wuchsen Blumen mit seltsam geformten großen Blüten, aber sie hatten eine kranke bläuliche Farbe oder waren häßlich gefleckt, und manchmal sah eine aus wie ein böses kleines Gesicht. Es strömte ein starker Duft von ihnen aus, einmal süß und einmal darauf so widerlich, daß es einem den Atem verschlug, und je länger Wolfdietrich ritt, desto sehnsüchtiger sah er um sich, ob dieser Wald mit seinem unheimlich wuchernden stummen Leben nicht endlich ein Ende nähme.
Aber als er dann zu Ende war und Wolfdietrich aus der dampfenden grünen Dämmerung unter den freien Himmel hinauskam, der glühend und erbarmungslos über der Erde hing, da wäre er beinahe sogleich wieder umgekehrt.

Er starrte über die weite ebene Fläche, die vor ihm lag: Ölig schimmerndes Wasser blinkte in der Sonne wie geschmolzenes Metall, hohes Schilf starrte wie ein Wald von dünnen Speeren gegen den Himmel, als stände in der Tiefe ein versunkenes Kriegsheer. Dazwischen schwollen Mooshügel, auf denen Blumen mit weißem Wollhaar wuchsen wie kleine verschrumpfte Greisenköpfe.

Ja, nun war es nicht schwer zu begreifen, warum die Römer, die seit Jahrhunderten überall durch das Abendland Straßen gebaut hatten, dieses Land mieden. Da und dort schob sich ein Streifen Wald ins Moorland hinein, aber jenseits schillerte abermals Wasser. Schilf und fauliges Wasser, so weit er sehen konnte, und darin ein paar kleine Inseln, auf denen verkrümmte Bäume ihre Äste reckten. Am Rande sah er eine Reihe langbeiniger Vögel stehen, regungslos, wie verzauberte Wesen. Sie schienen die einzigen Tiere im Sumpf zu sein.

Nein, nicht die einzigen. Als Wolfdietrich hinabblickte auf den Wasserspiegel, sah er, daß es sich darunter allenthalben regte. Kröten ruderten hinter Larven und Würmern her, Salamander klommen ans Ufer wie kleine schwarze Drachen, über dem ganzen Moor wogte eine flimmernde Wolke von winzigem, fliegendem Getier hin und her, und ein ununterbrochenes leises Sirren lag in der Luft von Millionen schillernder Flügel.

So lange saß Wolfdietrich ratlos da, daß Wildvogel endlich verwundert den Kopf nach seinem Herrn zurückwandte.

Da richtete er sich auf. »Ja«, sagte er seufzend. »Du hast ganz recht, wir müssen weiter, aber ich weiß nicht, wohin. Such dir selber einen Weg, Wildvogel, vielleicht bist du klüger als ich.«

Der Hengst spitzte die Ohren. Er sah so aufmerksam aus, als höre er genau auf jedes Wort. Gleich darauf begann er mit seinen anmutigen leichten Schritten am Rande des Moores entlang nach Süden zu gehen.

»Mir kann es recht sein«, dachte Wolfdietrich, »irgendwo muß der Sumpf ja aufhören, dann werde ich wieder westwärts reiten und dennoch nach Lamparten kommen.«
Aber es war ihm nicht mehr ganz so leicht ums Herz wie am ersten Tage. Er ritt, bis es Abend wurde, dann machte er am Waldrande ein Feuer, aß ein Stück Bärenfleisch und streckte sich auf dem Sattel aus. Aber rings um ihn sirrte und summte es mit einem hohen bösartigen Ton, als wäre das ganze geflügelte Ungeziefer vom Sumpf herübergezogen, um ihn zu plagen. Wildvogel stampfte und schlug mit dem Schweif, und an Schlafen war nicht zu denken. Die winzigen blutdürstigen Plagegeister zerstachen Gesicht und Hände, und Wolfdietrich dachte verbittert an das palmatseidene Hemd, das ihn vor Feuer, Stahl und Drachenzahn beschützen sollte und nicht einmal imstande war, ihm die Mücken vom Leibe zu halten! Nein, in dieser Nacht hielt er ganz und gar nichts von dem unnützen Ding!
Als er es nicht mehr aushalten konnte, stand er auf, sattelte Wildvogel und ritt weiter.
So ritt er drei Tage lang, zuerst nach Süden, dann wieder nach Westen, immer am Rand der Sümpfe entlang. Am vierten Tage hatte er nichts mehr zu essen. Er zog das letzte Stück Fleisch aus dem Sack, als er Rast hielt, aber es fühlte sich klebrig an und hatte eine grünliche Farbe und einen greulichen Geruch. Da warf er es in einem weiten Bogen in ein Sumpfloch.
Im nächsten Augenblick geschah etwas. Aus dem Wasserloch zischte es in die Höhe wie der Blitz, auf einem langen, schlangenähnlichen Hals erschien ein winziger Kopf mit einem spitzen Rachen wie ein Vogelschnabel, schaukelte hin und her und stieß böse pfeifende Laute aus.
»Gott bewahre mich!« murmelte Wolfdietrich und hielt sich vor Erstaunen an Wildvogels Schweif fest. Der Hengst stand steif da, die Vorderbeine gespreizt, als wäre er aus Holz, und

schielte, wie immer, wenn ihm etwas sehr verwunderlich oder gefährlich erschien. Und dieses Wesen, das da vor seiner Nase aufgetaucht war, konnte einem wahrhaftig merkwürdig genug vorkommen! Wildvogel wagte es, neugierig einen Schritt näher zu treten! Aber da fuhr der Vogelkopf auf ihn los, aus dem offenen Schnabel starrten ihn zwei Reihen nadelspitzer Zähne an, eine lange Zunge schnellte heraus, kleine Augen funkelten bösartig – und da warf sich der tapfere Hengst Wildvogel herum, riß seinem Herrn den Schweif aus der Hand, feuerte mit beiden Hinterhufen gegen das Sumpfloch und raste waldeinwärts davon.

»Ich habe ihn das letztemal gesehen!« dachte Wolfdietrich entsetzt, als der Schweif wie eine wehende Fahne im Dickicht verschwand. Er achtete kaum darauf, daß der wunderliche Sumpfbewohner gemächlich seinen Hals einzog, als verschlucke er ihn selber ruckweise, bis nur mehr der Kopf auf dem Wasser schwamm.

Wildvogel war fort, und das bedeutete, daß sein Herr verloren war: denn wie sollte er ohne Pferd aus dieser Wildnis je wieder zu Menschen kommen? Er rechnete nach: Vor acht Tagen war er von Lilienport fortgeritten, und Berchtung hatte ihm gesagt: »Die Reise nach Lamparten dauert gewiß vierzig Tage, wenn dir unterwegs kein Abenteuer zustößt.« Ja, das war nun schlimmer als alle Abenteuer. Wolfdietrich konnte es nicht hindern, daß er sich recht verlassen und hoffnungslos und sehr müde fühlte. Und dann war da noch etwas: Er merkte, daß er plötzlich fror. Das schien ihm merkwürdig, denn noch war die Sonne nicht untergegangen und es war doch den ganzen Tag über sehr heiß gewesen. Er hatte auch so ein sonderbares Gefühl im Kopfe, als schwanke etwas darin bei jeder Bewegung hin und her. Dazu klopfte es schnell und schmerzhaft in den Schläfen, und als er die Hände an die Stirne drückte, fühlte er, daß sie naß von Schweiß war. Er legte den Kopf auf das kühle Leder des

Sattels und schloß die Augen. Das tat gut. Aber dafür begannen ihm jetzt vor Frost die Zähne zu klappern und bald schüttelte es seinen ganzen Körper. »Ich habe Fieber«, dachte er verwirrt, und zugleich erinnerte er sich undeutlich, daß die Ritter daheim manchmal erzählt hatten, im Sumpfland erkrankten die Männer auf Heerfahrten reihenweise am Fieber. Aber es war ihm schon gleichgültig, er wollte nur schlafen, so müde war er.
Er wußte nicht, wie lange er so lag. Aber es dämmerte, als ihn irgend etwas weckte. Er erkannte nicht gleich, was es war: Es fuhr über sein Gesicht, es war warm und feucht und hatte einen vertrauten Geruch. Aber im Halbschlaf schob er es fort. Da begann es an seinen Helm zu stoßen und kegelte seinen Kopf hin und her: Das war ihm lästig, weil ihm übel davon wurde. Und endlich stieß ihn etwas in die Seite. Diesmal fuhr Wolfdietrich mit einem Schrei in die Höhe: denn der Stoß hatte genau die Stelle getroffen, die noch vom Hieb der Bärentatze schmerzte. Dann hockte er da und stützte sich auf die Hände, der Kopf pendelte ihm ein wenig hin und her, und er mußte ein paarmal die Augen auf- und zumachen, weil er nicht wußte, ob das, was er da sah, wahr war oder ob er träumte.
Und dann legte er beide Hände um den zierlichen grauen Pferdekopf, der sich dicht vor seinem Gesicht befand, und murmelte schwach vom Fieber, aber unendlich froh: »Wildvogel . . . es ist gut, daß du wieder da bist, Wildvogel!«
Irgendwie kam er später in den Sattel, und Wildvogel trabte die ganze Nacht unverdrossen weiter, immer am Rande der Sümpfe entlang nach Westen.
Als es Morgen wurde, sah Wolfdietrich noch weit entfernt und verschwommen ein Gebirge aufsteigen. Bald begannen im Sonnenlicht die Felsen grell, fast weiß zu leuchten, und er merkte, daß sich das bergige Land weit hinziehen mußte. Das schien ihm ein Gewinn, denn von Sümpfen hatte er für alle Zeiten genug.

Aber es wurde nicht besser für den armen Wolfdietrich: Es wurde nur anders, als er ins Gebirge kam.
Zuerst verschwand der üppige grüne Teppich, der den Waldboden bedeckte, und von den wuchernden Schlingpflanzen war nichts mehr zu sehen. Dafür trat da und dort zwischen der karg gewordenen Erde der nackte Fels zutage. Dann blieben die Bäume zurück, und kümmerliche graue Sträucher fristeten ein armseliges Dasein zwischen Stein und Schutt, bis auch sie sich zuletzt in ein paar schattige Klüfte verkrochen. Grauer Fels und grauer Sand, Schluchten mit steilen Wänden und Steintrümmern auf dem Grunde, an denen sich Wildvogel die Beine wundriß, öde Hochflächen mit halbverdorrtem Gras bewachsen, auf die tagsüber die Sonne erbarmungslos niederbrannte und über die nachts der schneidende Wind aus dem Norden fuhr.
Vipern, die sich träge auf glühenden Blöcken sonnten und plötzlich zischend auffuhren, und das Rudel Wölfe, das sich an seine Fersen geheftet hatte. Wolfdietrich sah Nacht für Nacht ihre Augen glühen, jenseits des dürftigen Feuers, das er mühsam mit ein paar dürren Ästen unterhielt, die er unterwegs gesammelt und mitgenommen hatte. Wenn es hell wurde, verschwanden die Wölfe wie graue Schatten, Gott weiß wohin. Aber am Abend waren sie stets wieder da, wanderten ruhelos hin und her, und er konnte zuweilen ihr heulendes hungriges Gähnen hören. Anfangs hatte Wildvogel am ganzen Leibe gezittert, wenn er ihre Witterung bekam. Aber er lernte bald begreifen, daß sie nicht an das Feuer zu kommen wagten, in dessen Schutz sein Herr und er sich befanden. Der Hengst war mager geworden und sein seidiges Fell struppig und glanzlos. Das harte, trockene Gras fraß er nur sehr ungern, und nur, weil er großen Hunger hatte. Aber noch schlimmer als der Hunger war der Durst: denn zugleich mit den Bäumen und dem dicken grünen Pflanzenteppich war auch das Wasser verschwunden.

Gestern waren sie zum letztenmal an ein dünnes Rinnsal gekommen, das auf dem Grunde einer Schlucht zwischen den Steinen versickerte, wo gewiß vor Zeiten ein riesiger Wildbach gerauscht hatte. Gestern auch hatte Wolfdietrich zum letzten Male gegessen: das halbrohe Fleisch einer dürren Bergziege, die er mit dem Speer erlegt und an seinem elenden Feuer notdürftig gebraten hatte. Seitdem war ihm kein Tier mehr vor die Augen gekommen, sosehr er auch nach allen Seiten ausspähte. Er ritt über eine lange, fast ebene Hochfläche, die Luft flimmerte vor Hitze, so schien es ihm wenigstens: oder vielleicht war es nur Hunger und Durst und das Fieber, das jeden Abend wiederkam und ihn so müde machte. Er merkte, daß Wildvogel jetzt sehr langsam ging und daß der Atem kurz und hart gegen seine Flanken stieß. Manchmal blieb er stehen und biß lustlos ein Büschel Gras ab, an dem er lange kaute, ehe er es zu schlucken vermochte.
»Er verdurstet, wenn er nicht bald Wasser bekommt«, dachte Wolfdietrich, der ihn sorgenvoll beobachtete. Wildvogel reckte den Hals, blähte die Nüstern und witterte mit einem wilden, gierigen Ausdruck in den Augen. Wolfdietrich wußte, daß er nach Wasser witterte. Aber jedesmal ließ er wieder müde und enttäuscht den Kopf sinken und trottete weiter.
An diesem Abend fand Wolfdietrich nur einen morschen Baumstrunk, um Feuer zu machen. Er hieb ihn mit dem Schwerte entzwei, häufte dürres Gras ringsum auf, schlug Funken aus den Steinen, und nach vieler Mühe züngelten endlich ein paar blasse, gespenstische Flämmchen aus dem faulen Holz. Zugleich sah er die Wölfe. Er bemerkte nie, wie sie kamen: Sie waren einfach da mit ihren brennenden Augen und schlichen lautlos jenseits des Feuers hin und her.
In den letzten Nächten hatte er sich nicht viel um sie gekümmert. Aber heute konnte er es nicht mehr ertragen, daß die Bestien da drüben nur eben darauf warteten, daß ihn und

Wildvogel die Kräfte vollends verließen. Eine entsetzliche Wut packte ihn plötzlich, während er da vor seinem Feuer hockte und behutsam hineinblies, voll Angst, es möchte wieder erlöschen. Der Hunger nagte in seinen Eingeweiden, seine Kehle war rauh, und die Zunge lag ihm wie ein Stück Holz im Munde vor lauter Durst. Er torkelte in die Höhe und tastete nach seinem Speer. Nein, man konnte Wolfsfleisch nicht essen, das hatte er immer gehört: aber wer weiß, ehe man verhungerte, aß man es doch, und vielleicht trank man sogar Wolfsblut, bevor man verdurstete.
Die Wölfe standen jäh still, als er sich aufrichtete und den Arm hob. Im nächsten Augenblick sauste der Speer über das Feuer hinweg, und dann heulte einer der Wölfe wild auf, schnellte in die Höhe und überschlug sich. Die anderen fielen über ihn her, kaum daß er auf dem Boden lag. Nein, es würde kein Wolfsfleisch zu essen geben.
In dieser Nacht war Wolfdietrich so müde und ein so schwarzes Elend hatte ihn überfallen, daß er zum ersten Male dachte, es könnte wohl sein, daß er in dieser Einöde sterben müßte und niemals nach Lamparten käme und niemals wieder heim. Was half es, wenn man ein Hemd aus Palmatseide trug? Der Tod kam nicht nur von Feuer, Stahl oder Drachenzähnen!
Er konnte vor Hunger und Durst nicht schlafen, er lag nur da, den Kopf auf Wildvogels Fell, und aus der Dunkelheit krochen viele traurige Gedanken auf ihn zu. Es schien ihm immer gewisser, daß Berchtung und seine Söhne längst zu Kunstenopel im Turm saßen: denn wie hätten sie aus Lilienport entkommen sollen? Ja, sicher war es so! Und was sollte aus ihnen werden, wenn er hier zugrunde ging?
In seiner tiefen Not und Kümmernis begann er zu beten: »Herr«, sagte er laut, »wenn du mich hier umkommen lassen willst, so muß ich es leiden. Aber dann nimm du dich meiner elf Dienstmannen an und erbarme dich meiner armen Seele!«

Einstweilen aber schien es, als habe Gott beschlossen, ihn noch eine Weile am Leben zu erhalten.
Früher als er meinte, kam der Morgen. Er fühlte sich ein wenig frischer in der Kühle, und sein Mut kehrte zurück. »Es kann nicht mehr lange dauern, bis ich wieder zu Menschen komme oder wenigstens an ein Wasser«, versuchte er sich selber zuzureden, während er Wildvogel den Sattel aufschnallte. Mitleidig strich er dem Hengst, der mit hängendem Kopf dastand, die struppig gewordene Mähne glatt. »Komm, Wildvogel«, sagte er, »einmal hat jedes Ungemach ein Ende, und das unsrige hat allmählich lange genug gedauert, dünkt mich.« Als er in den Sattel stieg, kam es ihm vor, als schwanke der Hengst ein wenig, aber er begann doch gutwillig zu gehen. Freilich kam er nicht schnell vorwärts, seine Hufe stießen an jeden Stein, weil er zu müde war, die Beine zu heben.
Da tat er Wolfdietrich leid, und er stieg wieder ab, nahm Wildvogel am Zügel und begann nebenherzugehen. Aber es war beileibe nicht mehr so leicht zu gehen wie sonst. Die Füße waren schwer wie Steinblöcke, in den Knien saß eine sonderbare Unsicherheit, der Nacken war steif und schmerzte, wenn er den Kopf zur Seite drehen wollte. Manchmal stolperte er, und manchmal stolperte Wildvogel und blieb stehen. Dann trotteten sie wieder eine Weile nebeneinander her. Sie waren in eine Schlucht gekommen, die sachte nach abwärts führte. Geduldig zog Wolfdietrich den Hengst am Zügel hinter sich her: aber es wurde ihm immer schwerer, und der Schweiß rann ihm über die Stirne. Er setzte sich auf einen Stein, um ein wenig zu rasten, und Wildvogel legte ihm den Kopf auf die Schulter, als suche er bei seinem Herrn Hilfe.
»Warte«, sagte Wolfdietrich mitleidig, »ich will dir den Sattel abnehmen und ihn eine Weile selber tragen: So hast du es leichter.« Er lud sich den Sattel auf den Rücken, hängte sich den Zügel über den Arm, und sie stolperten abermals weiter. All-

mählich begann sich die Schlucht nach Süden zu wenden, aber Wolfdietrich merkte es gar nicht: Es schien ihm nur sehr gut, daß sie abwärts führte, denn bergauf hätte er wohl nicht mehr zu gehen vermocht. Aber auch abwärts war es schon sehr schwierig geworden, die Knie knickten ihm ab und zu ein, ohne daß er es hindern konnte, und das Aufstehen kostete jedesmal mehr Mühe. Der Sattel drückte abscheulich, das Schwert schlug ihm bei jedem Schritt gegen die Beine, und die Brünne zog ihn fast zu Boden. Er hätte gerne alles von sich geworfen und sich irgendwo in den Schatten eines Felsens gelegt, um nicht mehr aufzustehen. Aber das durfte er nicht: denn er mußte ja weiter, immer weiter, bis er nach Lampartenland zu König Ortnit kam. Freilich, Gott allein wußte, ob er es je erreichen würde!
»Komm, Wildvogel . . .« Und Wildvogel ging, obwohl seine Hufe entsetzlich schmerzten und seine Vorderbeine ganz zerschunden waren von den scharfen Steinen. Aber er ging, weil sein Herr ging.
Plötzlich blieb Wolfdietrich stehen. »Wenn ich nur wüßte, was das für ein Getöse ist«, murmelte er unsicher, denn er hörte schon seit geraumer Zeit ein dumpfes Rauschen und Dröhnen, das manchmal aus seinem Kopfe zu kommen schien und dann wieder aus der Ferne heranzuschwellen und die ganze Luft zu erfüllen.
Er schüttelte den Kopf und ging weiter. Und je weiter er kam, desto ärger wurde der Lärm. Er spähte an den Felswänden hinauf, über denen der Himmel wie glühendes Metall hing, aber da war nichts zu sehen.
Jetzt bog sich die Schlucht abermals, und der Lärm schwoll zu einem donnernden Gebrüll an. »Mir scheint, ich gehe der Hölle zu und höre die Teufel schreien«, sagte Wolfdietrich zu sich, während er unter seiner Last weiterwankte und Wildvogel hinter sich her zerrte. Dort vorn war die Schlucht zu Ende, und dann würde er endlich sehen, was da so fürchterlich tobte.

»Komm, Wildvogel«, sagte er zum hundertsten oder auch zum tausendsten Male an diesem Tage. Aber Wildvogel ging auf einmal ganz von selber. Seine roten Nüstern waren weit geöffnet, und in den matten Augen schimmerte wieder ein wenig Leben.
Gleich darauf lag die Schlucht hinter ihnen, und da standen der Junker Wolfdietrich und der graue Hengst Wildvogel wie zu Stein erstarrt: Vor ihnen dehnte sich eine grüne Wiese voll kniehohen saftigen Grases, zu beiden Seiten stiegen gelbe Klippen auf, und an den Felsen brachen sich hochaufschäumend mit donnerndem Gebrüll riesige Wasserwogen.
Da erkannte Wildvogel, daß er ans Meer gekommen war.
Und als er begriff, daß er von der ungeheuren Menge Wasser nicht einen Tropfen trinken konnte, da war es ihm, als sinke von oben undurchdringliche Finsternis über ihn, Wildvogels Zügel glitt ihm aus der Hand, der Sattel fiel zu Boden, und dann stürzte Wolfdietrich nieder, wo er stand, und rührte sich nicht mehr.
Wildvogel schnaubte verwundert über ihn hin, und als er merkte, daß sein Herr nicht tot war, begann er ruhig zu weiden.
Die Sonne wanderte von einer Klippe zur anderen gegen Westen, und Wolfdietrich wachte immer noch nicht auf. Sein Gesicht glühte, manchmal stieß er ein paar unverständliche Worte hervor und warf sich unruhig hin und her.
Plötzlich richtete er sich auf und starrte wirr um sich.
Vor ihm, ein wenig entfernt, lagen die Klippen schon im Schatten, und er konnte gerade in eine Höhle hineinsehen, die halb unter Wasser stand und über deren Eingang von Zeit zu Zeit eine hohe Woge im Bogen niederstürzte.
In dieser Höhle bewegte sich etwas. Er konnte zuerst nicht unterscheiden, was es war, seine Augen brannten, und alles sah trübe aus. Dann erschien in der schwarzen Öffnung eine Gestalt. Es schien ihr gleichgültig zu sein, daß just ein ganzer Berg

von Wasser über sie niederbrach, sie schritt unbekümmert daraus hervor und kam durch die Flut gegen die Wiese herüber. Aber – großer Gott, was war das für ein Wesen? Wolfdietrich stockte der Atem. Es – es mußte wohl eine Frau sein, ja, aber eine greuliche Frau, meiner Treu, dachte er schaudernd. Sie war riesengroß, wohl eine Spanne größer als er selber von ihrem Kopf hing das Haar hinab bis auf die Fersen, und der Schlamm troff schwarz daran entlang auf den Boden. Ihr Gewand schien aus Wassermoos geflochten und der Gürtel aus langen, dünnen Schilfgräsern. So tappte sie durchs Gras, auf gewaltigen Füßen wie Schaufeln, und ihre Hände baumelten herab und sahen aus, als gehörten sie einer ungeheuren Kröte.
Aber das Schrecklichste war ihr Gesicht. Die Haut hatte eine schmutziggrüne Farbe, die Augen steckten, schwarz wie Kohlen, in großen, tiefen Höhlen, und der Mund – lieber Himmel, das war viel eher ein riesiges Froschmaul, und daraus standen Zähne hervor, die Wolfdietrich in seinem Entsetzen spannenlang erschienen.
Er machte eine verzweifelte Anstrengung aufzuspringen, aber er konnte nicht. Seine Glieder waren steif wie Holz, und er vermochte nicht einmal den Kopf zu drehen, obgleich er es sehr gerne getan hätte, um sie nicht mehr sehen zu müssen, so greulich wie sie war!
Nein, es blieb ihm nichts übrig, als sie anzustarren, wie sie immer näher kam und eine schmutzige Schlammspur durch die blühende Wiese zog.
Dann stand sie vor ihm, und Wolfdietrich hielt den Atem an, als sie sich niederbeugte und ihn gründlich zu betrachten begann. Ihre Augen mußten wohl sehr schwach sein, denn sie kam ihm ganz nahe, der Schlamm rann von ihren Haaren über sein Gesicht und über den Harnisch, und von dem Modergeruch, den sie ausströmte, wurde ihm sterbensübel. Wenn er nur davonlaufen könnte, ganz einfach und unrühmlich davonlau-

fen, wie ein kleiner Knabe, der sich fürchtete! Aber der große, tapfere Wolfdietrich konnte nicht einmal davonlaufen. Ja, er konnte es nicht einmal hindern, daß sie jetzt mit ihren braunen Krötenfingern nach seinem Schwerte griff, es aus der Scheide zog und hinter ihrem Rücken verbarg. Er saß da, als wäre er in ein steinernes Bild verzaubert, und nur der Schweiß tropfte ihm von der Stirne vor lauter verzweifelter, vergeblicher Mühe, sich zu rühren.

Jetzt hockte sie sich vor ihm nieder, und als sie zu reden anhub, merkte er zu seiner Verwunderung, daß ihre Stimme wohl sehr rauh, aber nicht unfreundlich klang.

»Was tust du denn hier auf meiner Wiese?« brummte sie.

»Nichts«, sagte er, denn das schien ihm nach einiger Überlegung die Wahrheit zu sein. »Ich habe nicht gewußt, daß es deine Wiese ist«, fügte er noch hinzu, denn es dünkte ihm besser, sie nicht zu erzürnen, da er so wehrlos war.

»Sage mir, wer du bist und wie du hierherkommst«, befahl sie und ließ ihre Kohlenaugen neugierig über ihn hinwandern. »Ich habe schon sehr lange niemand deinesgleichen mehr gesehen«, fuhr sie fort. »Denn Menschen kommen selten hierher. Nur manchmal, wenn draußen in den Klippen ein Schiff im Sturm zerschellt, wirft das Meer den einen oder den anderen ans Ufer. Aber dann sind sie nicht mehr zu brauchen. Du aber siehst schön aus.«

Wolfdietrich blinzelte unbehaglich: Er konnte es nicht leiden, daß sie das sagte.

»Ich heiße Wolfdietrich«, antwortete er schnell, »und mein Vater war König drunten im Griechischen Reiche. Nun wollen mir meine beiden Brüder kein Erbteil gönnen und haben mich und meine elf Dienstmannen zu Lilienport eingeschlossen, damit wir verhungern oder uns ergeben müßten. Da bin ich nachts geflohen, um zu König Ortnit nach Lamparten zu reiten und ihn um Hilfe zu bitten.«

Sie hatte ihm aufmerksam zugehört, ihr großer Mund stand ein wenig offen, und er wünschte sehnlich, sie möchte ihn doch zumachen.
»Ja«, sagte sie nach einer Weile, und es schien ihm, als hätte sie über etwas nachgedacht, was ihr Vergnügen bereitete. »Ich habe von deinem Unglück gehört. Aber dem ist abzuhelfen. Wenn du tust, was ich dir sage, so sollst du ein großes Heer haben, mit dem du dein Erbe erobern und deine Dienstmannen befreien kannst.«
Er sah sie neugierig an und fragte sich verwundert, wie sie ihm wohl ein Heer beschaffen wollte. »Was muß ich denn tun?« forschte er voll Erwartung.
Wahrscheinlich lächelte sie jetzt: Wenigstens verzog sich ihr Gesicht auf eine wunderliche Weise. Aber Wolfdietrich fühlte sich beunruhigt. Und im nächsten Augenblick hörte er sie zu seinem namenlosen Entsetzen sagen: »Ich suche seit längerer Zeit einen Gemahl. Du bist groß und schön und gefällst mir sehr. Ich habe drei Königreiche unter dem Meere, und alles Land ringsum an den Küsten gehört mir. Willst du mein Gemahl werden, so helfe ich dir mit meiner ganzen Macht, dein Erbe zu gewinnen!«
»Ich ...? Nein ... Gott bewahre mich!« stotterte Wolfdietrich im ersten Schrecken, und es wurde ihm so eiskalt, daß sich seine Haut zu lauter Runzeln zusammenzog.
Im Nu wurde ihr Gesicht böse. Da fuhr er hastig fort: »Ich ... weißt du, ich kann es nicht, weil ... du bist so anders als ich. Und ich darf es auch nicht tun, denn ich habe einen Eid geschworen, keine Frau zu nehmen, ehe ich meine elf Dienstmannen befreit habe. Und da ich ein Christ bin, muß ich meinen Schwur halten!«
Sie starrte finster vor sich hin. Plötzlich hob sie den Kopf, als wäre ihr etwas eingefallen. »Du sagst, du hättest zwei Brüder? Sind sie ebenso schön wie du?«

»Ich weiß nicht . . . ich glaube, sie sind viel schöner«, murmelte Wolfdietrich ungewiß: denn er hatte nie darüber nachgedacht.
Sie atmete auf.
»So will ich einen von ihnen nehmen«, meinte sie befriedigt, brachte sein Schwert wieder zum Vorschein, stieß es in die Scheide zurück und befahl: »Nun mache dich eilig auf den Weg gegen Lamparten, damit du bald zurückkommst und deine Brüder besiegst. Hast du sie dann gefangen, so schicke sie zu mir, damit ich unter ihnen wählen kann.«
»Ja, ja«, antwortete er undeutlich, denn es war ihm sehr sonderbar im Kopfe und im ganzen Leibe, und sein Mund war so trocken, als hätte er Sand darin. »Aber weiterreiten . . . ich glaube nicht, daß ich es kann . . . ich bin sehr hungrig und durstig . . . «
Das Wasserweib blickte sich suchend um. »Dort, wo dein Kopf gelegen ist, wächst eine schwarze Wurzel. Grabe sie aus und iß davon, so werden deine Kräfte zurückkehren.«
Aber ihm wurde plötzlich so übel, daß alles um ihn zu schwanken begann und in einem tollen Wirbel unterging . . .
Als er wieder zu sich kam, war sie fort. Aber er konnte deutlich den Schlammpfad durch die Wiese erkennen und sah die schmutzigen Rinnsale auf seinem Harnisch. Nur die Höhle in den Uferfelsen fand er nicht mehr. Da brachen sich brüllend und schäumend die Wogen an glatten, senkrechten Wänden und nirgends war eine Öffnung. Er wunderte sich zwar, aber er war zu müde, um viel zu denken. Da fielen ihm plötzlich die letzten Worte der Wasserfrau ein. Und weil er wußte, daß es sonst keine Hilfe für ihn gab, meinte er, er könnte wohl ebensogut versuchen, nach der Wurzel zu graben, wie darauf zu warten, bis er vor Hunger und Durst starb.
Mühsam drehte er sich um. Gottlob, wenigstens vermochte er sich wieder zu rühren! Er begann das Gras, das sein Kopf zerdrückt hatte, aufzurichten, und da fand er darunter ein Kraut,

das er nicht kannte. Es hatte kleine runde Blätter, und als er eines in den Mund steckte, schmeckte es ein wenig säuerlich. Neugierig grub er mit den Fingern die Erde fort, und alsbald kam eine dicke, schwarze Wurzel zum Vorschein, die sich ein wenig tiefer in fünf Teile spaltete, und als er sie ohne große Mühe herauszog, sah sie aus wie eine unförmige, dunkle Hand. Er dachte nicht lange darüber nach, ob sie vielleicht giftig wäre, er fühlte nur, daß er sofort etwas essen mußte.
Sie schmeckte weder gut noch schlecht, als er gierig hineinbiß. Aber er merkte, daß sie sehr viel Saft hatte. Und diesen herrlichen Saft konnte man schlucken, endlich wieder schlucken, und er glitt kühl und frisch die verdorrte Kehle hinab und rieselte durch den Leib wie ein milder, starker Wein, jedes Blutströpflein wurde wieder lebendig davon und begann fröhlich durch die Adern zu kreisen.
Wolfdietrich aß und aß. Dazwischen betrachtete er nachdenklich die Uferfelsen und die Schlammspur, die im Grase trocknete, und er wußte über eine Weile nicht mehr genau, ob das Wasserweib Wirklichkeit oder eine Ausgeburt des Fiebers gewesen war.
Allmählich wurde sein Kopf leicht und klar, und er begriff, daß er gerettet war. Da überkam ihn ein großes Glück und eine große Dankbarkeit, und während er in der einen Hand noch das letzte Stück der heilsamen Wurzel hielt, band er mit der anderen den Helm ab.
»Herr«, sagte er so demütig, wie ihm selten zu Sinne war, »selbst wenn ich kein armer Sünder wäre und du mich sogleich nach meinem Tode in den Himmel aufgenommen hättest, so müßte ich vielleicht jetzt traurig herabschauen auf meine elf Dienstmannen, die im Kerker schmachten. Nun aber hast du mich doch nicht sterben lassen, ich werde sie befreien, und alle Not ist vorüber.«
Aber Gott schien diesmal sein Gebet für ein wenig voreilig zu

halten: denn es sollte sich bald zeigen, daß noch keineswegs alle Not vorüber war.
Einstweilen betrachtete Wolfdietrich erschrocken das kleine Stücklein, das noch von der Wurzel übriggebllieben war.
»Ich bin ein Narr und ein schlechter Mensch dazu«, sagte er zornig über sich selbst. »Denn der Gerechte erbarmt sich seines Viehes. Ich aber habe Wildvogel vergessen, und er ist doch ebenso müde wie ich. Gewiß hätte ihm die Wurzel auch geholfen. Nun soll er wenigstens dieses Stücklein noch haben.«
Er rief den Hengst, und Wildvogel kam, wenn auch zögernd, weil er sich nur schwer von den guten Weiden trennen konnte. Er schnupperte einen Augenblick daran, dann war die Wurzel verschwunden, Wildvogels Zähne knirschten ein wenig, er stand unbeweglich da mit gespreizten Beinen und gespitzten Ohren, und dann warf er sich zu Boden und begann sich entzückt in dem kühlen, feuchten Gras zu wälzen.
Als er aufsprang und sich schüttelte, glänzten seine Augen wie früher und sein Hals bog sich stolz, obgleich ihm überall die Rippen durch das schmutzige Fell stachen.
Eine Stunde später waren sie wieder unterwegs, die Küste entlang gegen Nordwesten. Es dämmerte, da kamen sie an einen kleinen Fluß, der durch die gelben Felsen herab dem Meere zulief, und es dünkte den Junker Wolfdietrich und den Hengst Wildvogel gleichermaßen, es gäbe nichts Besseres auf der Welt als Wasser.
Just als es vollends dunkel werden wollte, schien es Wolfdietrich, als hätten die Felsen ein wenig weiter vorn merkwürdig glatte, eckige Formen, und plötzlich sah er ein Licht schimmern und begriff fast mit Staunen, daß er endlich zu menschlichen Wohnungen gekommen war.
In dieser Nacht schlief er zum erstenmal wieder in einer Herberge in der kleinen Stadt, die um das alte römische Kastell entstanden war. Wildvogel stand im Stalle, und ein Knecht

putzte ihn unter fortwährender Lebensgefahr und dankte Gott, als der fremde Herr beim Morgengrauen mit diesem Satan von einem Hengst wieder davonritt.
Es war eine schlechte, halb verfallene Straße, aber wenigstens wußte man, daß man auf ihr immer weiter nach Westen kam und eines Tages Lampartenland erreichen würde. Freilich war die Reise noch lang. Aber die Wildnis war fort und der Hunger und die Wölfe in der Nacht. Nein, allzuviel konnte nicht mehr geschehen, dachte Wolfdietrich wohlgemut und ließ Wildvogel fürbaß traben.
Über eine Weile kam er in einen Hohlweg, zu beiden Seiten traten die Felsen eng an die Straße heran, droben standen Bäume mit breiten Kronen und warfen dunkle Schatten herab. Es war, als ritte man durch eine Schlucht.
Plötzlich hielt Wolfdietrich den Hengst an. Ihm schien, als hätte er Stimmen gehört. Er lauschte. Da hörte er es abermals: rauhe, zornige Männerstimmen, dazwischen eine Frau, meinte er. Er konnte nicht erkennen, woher sie kamen, und ritt langsam weiter, die Hand am Schwertknauf. Sie hatten ihn in der Herberge vor den Räubern gewarnt, die allenthalben die Wege unsicher machten.
»Den Burschen müssen wir haben«, sagte in diesem Augenblick jemand über ihm.
»Mir gehört die silberne Brünne!«
»Mir der Helm mit dem Karfunkel!«
»Ich nehme mir sein Schwert!«
»Der Hengst ist für mich!«
»Vorwärts, hinunter auf die Straße!«
Wolfdietrichs Schwert fuhr aus der Scheide, als er sich auf solche Weise bei Lebzeiten beerbt fand.
Wildvogel stieg kerzengerade in die Höhe: Vor ihm, neben ihm, hinter ihm sprang es von den Felsen herab, wilde Gesichter, zerlumpte Gestalten, fremde Hände griffen nach seinem Zügel.

Das ertrug aber Wildvogel beileibe nicht, und er begann sofort zu kämpfen. Er kämpfte mit Zähnen und Hufen, er sprang mit allen vier Beinen zugleich in die Höhe, tanzte auf den Hinterbeinen und hieb mit den Vorderhufen um sich. Er biß den Mann, der ihn am Zügel hielt, in die Schulter, daß er heulend davonwankte. Ein anderer, den ein Huf traf, hielt sich den Bauch und taumelte erbleichend zur Seite. Hinter ihm flog einem das Schwert aus der Hand und der Arm hing ihm lahm herab, als er sich mit wackelndem Kopf um sich selber drehte und auf die Straße kollerte.
Es mochte ein gutes Dutzend von den Strauchrittern sein, und Wolfdietrich blieb fürs erste nicht viel Zeit, sich umzuschauen, wenn er sich seiner Haut wehren wollte. Aber es wurde zu seiner Verwunderung recht schnell still um ihn. Wildvogel stand da wie ein Lamm und machte sein frömmstes Gesicht. Links und rechts hockten sie mit grünlichen, schmerzverzerrten Gesichtern auf dem Boden und glotzten ängstlich zu dem Ritter hinauf, ob er ihnen nun wohl den Garaus machen würde. Zwei oder drei wankten davon, so schnell sie zu humpeln vermochten, und die letzten, die noch heil geblieben waren, nahmen eilig Reißaus und verschwanden hinter den Felsen.
Wolfdietrich sah ihnen nach und verspürte keine Lust, sie zu verfolgen.
»Komm, Wildvogel«, sagte er, »wenn wir fort sind, werden ihre Gesellen schon wieder auftauchen und ihnen die zerbleuten Köpfe flicken!«
Aber ehe der Hengst noch einen Schritt tat, kam abermals eine Stimme von oben: »Warte noch ein wenig, Junker!« Und diesmal war es die Stimme der Frau, die er vorher schon gehört hatte.
Als er schnell aufblickte, sah er sie droben, gerade über sich, am Rande des Felsens stehen. Sie war noch jung und schien klein und zierlich, obgleich sie ein prächtiges Gewand aus grünem Samt trug, das in schweren Falten bis auf die Erde fiel.

Wolfdietrich betrachtete sie verwundert, weil sie so höfisch aussah. Wie kam sie nur mutterseelenallein hierher in die Wildnis? Nun blieb ihm wohl nichts übrig, als sich um sie zu kümmern, meinte er heimlich seufzend, sonst wäre er ein schlechter Ritter und Berchtung wäre gewiß nicht mit ihm zufrieden.

»Gottes Gruß, Herrin«, sagte er also ergeben und machte sich bereit, aus dem Sattel zu steigen.

Sie beugte sich ein wenig herab. »Reite bis dorthin, wo die Felsen aufhören«, gebot ihre helle Stimme, und Wolfdietrich meinte verdutzt bei sich, sie redete, als ob er ihr Knecht wäre. »Dort kann ich hinabkommen zur Straße!«

Und ohne sich noch weiter nach ihm umzudrehen, lief sie mit flinken, festen Schritten den Felsrand entlang nach vorn.

Er sah ihr mit gerunzelter Stirne nach: Es gefiel ihm keineswegs, sich so befehlen zu lassen. Mit finsterem Gesicht, ohne sonderlichen Eifer, ließ er Wildvogel weitergehen.

Sie war schon da, als er ankam. Er sprang ab und blieb vor ihr stehen. Sie musterte ihn ohne Scheu, und ihr kleines, dunkles Gesicht sah sehr entschlossen aus. »Es ist gut, daß du mit den Strolchen abgerechnet hast«, meinte sie befriedigt. »Ich bin mit einem Knecht von unserer Burg ausgeritten, und der Tölpel ist vom Pferde gestürzt, als die Räuber über uns herfielen. So haben sie mich gefangen, und nun wollten sie Lösegeld von meinem Vater. Ich sagte ihnen, sie bekämen nicht eine einzige Kupfermünze, und mein Vater würde sie alle hängen lassen. Als ich ihnen das gesagt hatte, entdeckten sie just dich auf der Straße. Was dann geschah, weißt du!« schloß sie, und ihre Augen funkelten.

»Das ist ein streitbares Mägdlein!« dachte Wolfdietrich beinahe erschrocken. Aber sie fuhr fort: »Ich sehe, daß du ein Ritter bist. Du wirst mich gewiß zu meinem Vater zurückbringen. Mein Pferd haben die Räuber fortgeführt. Aber das tut nichts,

denn ich kann auf deinem Hengst reiten, wenn du ihn führst. Hilf mir in den Sattel.«
Wolfdietrich schnappte nach Luft. He, was fiel ihr denn ein, ihn wie einen Troßbuben zu behandeln, der zu gehorchen hatte, wenn sie befahl? Es geschähe ihr recht, wenn er sie da stehen ließe und schnurstracks davonritte! Aber das war es eben: Es gab Dinge, die man nicht tat, weil – ja, weil man einfach nicht konnte.
»Ja, Herrin«, sagte er ganz ohne Begeisterung und hob sie auf. Er war sehr stark und sie schien ihm federleicht. Aber sonderlich geschickt für solche Dienste war er nun einmal nicht, und so fand sie sich ein wenig unsanft auf Wildvogels Rücken gesetzt, der augenscheinlich keine große Zuneigung für seine Reiterin empfand. Er legte die Ohren zurück, schielte erschreckend und spreizte die Vorderbeine, als hätte er nicht übel Lust, sich seiner Last sogleich wieder zu entledigen.
Aber Wolfdietrich erwischte ihn gerade noch rechtzeitig am Zügel, und so machten sie sich wohl oder übel auf den Weg.
»Es ist nicht weit zur Burg meines Vaters«, sagte sie. »Dieses Land gehört ihm bis ins Gebirge hinein und ans Meer hinab.«
Nach einer Weile kamen sie an einen Seitenpfad, der waldeinwärts führte, und sie befahl Wolfdietrich, ihm zu folgen.
Es ärgerte ihn, weil er wohl bemerkte, wie sie ihn heimlich vom Pferde herab neugierig betrachtete. »Wie heißt du denn?« fragte sie plötzlich. »Ich muß dem Markgrafen, meinem Vater, doch sagen können, wer mich aus den Händen der Räuber befreit hat!«
»Ich heiße Wolfdietrich«, antwortete er mürrisch. Nun würde sie gleich weiter fragen. Darum fügte er schnell hinzu: »Ich bin ein armer Ritter ohne Burg und Land und reite in die Fremde!«
Sie lächelte huldvoll. »So bleibe unser Gast, solange es dir gefällt. Und wenn ich meinen Vater bitte, so wird er mich dir gewiß zur Gemahlin geben: denn er tut alles, was ich will.«

»Das glaube ich!« stieß Wolfdietrich hervor, und es wurde ihm ganz heiß und bänglich unterm Wams.
Ich möchte nur wissen, warum sie mich alle zum Gemahl haben wollen, dachte er mißmutig und hätte es beinahe laut gesagt. Freilich, die Wasserfrau mochte ein Fiebertraum gewesen sein – aber er hatte dennoch fürchterliche Angst ausgestanden. Und jetzt fing alles von vorn an, und dieses streitbare Mägdlein war gewiß kein Fiebertraum! Er warf einen scheuen Blick in ihr Gesicht hinauf: Oh, sie sah so sicher und entschlossen aus, als gehöre er ihr schon mit Haut und Haaren! Das verbitterte ihn, und er beschloß, dem Spiele sogleich ein Ende zu machen.
»Ich kann niemanden zur Gemahlin nehmen, Herrin«, sagte er, und es klang ein wenig schadenfroh. »Denn ich habe geschworen, vorher meine elf Dienstmannen zu befreien, die zu Kunstenopel gefangen sind.«
Sie nickte gleichgültig. »So komm zurück, wenn du deinen Schwur eingelöst hast!« Ja, so gewiß schien es der eitlen, kleinen Markgräfin, daß der arme Ritter froh sein mußte, wenn sie ihn nahm!
Wolfdietrich lachte grimmig vor sich hin. Sie würde graue Haare bekommen, wenn sie auf ihn warten wollte! Nein, eine Frau wie sie könnte er niemals zur Gemahlin nehmen! Sie müßte ganz anders sein, sanft und lieblich und ... ach, er wußte es nicht genau!
Schweigend ging er neben Wildvogel her, bis sie aus dem Walde herauskamen und die Burg vor ihnen lag. Da hielt Wolfdietrich an. »Nun kann dir nichts mehr geschehen, Herrin«, sagte er, hob sie kurzerhand aus dem Sattel und stellte sie auf die Erde. »Ich muß fort: denn ich habe Eile, meinen Gesellen Hilfe zu bringen.«
Sie machte freilich ein böses Gesicht, aber sie merkte wohl, daß sie ihn nicht überreden konnte, und so sagte sie nur: »Da du allein bist, sei auf deiner Hut, wenn du in dieser Richtung

weiterreitest. Du wirst an einer Burg vorüberkommen, die hoch über einem Fluß auf einem Felsen steht. Dort haust der Heidenfürst Belian mit seiner Tochter Marpaly. Sie ist sehr schön, aber sie ist eine Teufelin, und die Leute sagen, sie verstehe sich auf Zauberei. Sie und ihr Vater hassen die Christen, und viele sind schon in der Burg auf Nimmerwiedersehen verschwunden. Wenn dir dein Leben lieb ist, so reite nicht zu nahe heran und warte ja nicht, bis sie die Brücke herabgelassen haben, auf der du den Fluß überschreiten kannst: denn du würdest nicht am Burgtor vorbeikommen. Trittst du aber ein, so bist du verloren. Du mußt, ehe sie dich sehen, unter den Bäumen den Wasserlauf entlang aufwärts reiten bis an seinen Ursprung und jenseits wieder hinab. So wirst du ihnen vielleicht entrinnen.«

»Hab Dank!« Wolfdietrich glaubte nicht allzuviel von dieser Geschichte, aber er war froh, fortzukommen. Er sprang in den Sattel, Wildvogel warf sich herum wie eine Katze und sauste den Pfad zurück nach der Straße, die sich jetzt ein wenig weiter von der Küste entfernte und landeinwärts führte. Der Boden wurde allmählich wieder felsiger und die Gegend unwirtlich. Und plötzlich, gerade als die Sonne unterging, hörte Wolfdietrich ein Wasser rauschen. Gleich darauf war der Wald zu Ende, und als er unter den letzten Bäumen hielt, sah er den Fluß vor sich, der in einem tiefen Bett drunten toste. Zu beiden Seiten stiegen die Felsen senkrecht auf, und jenseits der Höhe lag eine Burg. Sie war nicht besonders groß und ganz gewiß nicht schön mit ihren geschwärzten Mauern und den niedrigen Türmen, auf denen ein spitzes Dach saß.

Wolfdietrich blickte den Fluß hinauf und hinab: Nein, es gab keine Brücke, und Wildvogel konnte die breite Schlucht auch nicht überspringen. Wenn er aber flußaufwärts ritt, so kostete ihn das sehr viel Zeit. Freilich jenseits an der Burgmauer hing die aufgezogene Brücke, aber es schien niemand da zu sein, um sie herabzulassen. Das alte Gemäuer lag wie ausgestorben.

Im nächsten Augenblick wußte er, daß er sich geirrt hatte: Von einem der Türme scholl ein dünner, heller Hornruf.
Da wurde es wie durch Zauber lebendig in der Burg: Winden knarrten, die Brücke senkte sich langsam und legte sich über die Schlucht. Das Tor schwang auf, ein Haufe Bewaffneter quoll heraus und versperrte im Handumdrehen die Straße, die jenseits weiterführte.
Auf der Mauer aber waren ein Mann und eine Frau erschienen. Wolfdietrichs Augen wurden schmal: Das sah ja genauso aus, als hätte die herrschsüchtige kleine Markgräfin die Wahrheit gesprochen.
Ja, nun war es zu spät, um flußaufwärts zu entkommen: denn sie würden ihn ganz einfach jenseits erwarten. Und außerdem hatte er nicht die geringste Lust zu fliehen! Er warf einen Blick zur Mauer hinauf. Es machte ihn zornig, daß sie da drüben alle auf ihn zu warten schienen, wie auf eine sichere Beute. Wenn ich nicht will, werden sie mich nicht zwingen, die Burg zu betreten, dachte er. Und selbst dann möchte ich gerne sehen, ob ich nicht wieder lebend herauskomme!
Im nächsten Augenblick dröhnte die Brücke unter Wildvogels Hufen. Aber dann – ja, dann war da das offene Tor und eine Mauer von Bewaffneten, die keinen Schritt zur Seite wich. Wildvogel stand ratlos still.
»Laßt mich durch, ich muß eilig weiter!« sagte Wolfdietrich und ließ seine Augen wachsam über die Gesellschaft gegenüber wandern. Himmel, was für Galgengesichter! Und keiner rührte sich.
Wildvogel begann zu schielen. Sein Hals wurde lang, und zwei Zahnreihen kamen zum Vorschein, die keineswegs harmlos aussahen.
Da riß ihn sein Herr mit einem Ruck zurück. Wolfdietrich fuhr herum, denn jemand sagte dicht neben ihm: »Willst du nicht bei uns einkehren, Herr?« Es war die Frau, die er vorher auf der

Mauer gesehen hatte. Er blickte hinab in ihr Gesicht, und sie schien ihm sehr schön. Nur – sie mißfiel ihm dennoch. Er wußte nicht recht, warum. Es war etwas Wildes an ihr, in den großen, schwarzen Augen, in den dunklen Locken, die sich um ihre Wangen ringelten, oder vielleicht war es der brennendrote Mund.

Er saß da und zögerte. Da lächelte die Frau, und es lag ein solcher Spott darin, daß er plötzlich rot wurde bis über die Ohren.

»Gewiß hat man dir viele böse Märlein über uns erzählt«, begann ihre weiche, singende Stimme wieder, und es klang, als lache sie heimlich. »Aber ich bin sicher, daß du ein tapferer Ritter bist, der sich nicht um das Geschwätz von dummen Weibern kümmert.«

Vielleicht, wenn Wolfdietrich um zehn Jahre älter gewesen wäre, hätte er sie ruhig reden und lächeln lassen und wäre davongeritten, mitten durch die Mauer von Galgengesichtern. Aber da er noch so jung war, ärgerte ihn ihr Spott, und er ging flink in die Falle. Im Nu war er aus dem Sattel.

»Ich will gerne euer Gast sein, Herrin«, sagte er trotzig, nahm Wildvogel am Zügel und wandte sich zum Tore. Es war ihm wahrhaftig schon unbehaglich genug zumute, und nun gebärdete sich auch der Hengst noch, als ginge es geraden Weges in die Hölle!

Dann stand er im Hofe dem Burgherrn gegenüber. Er hatte drüben im Griechischen Reiche viele Heidenfürsten gekannt. Aber dieser hier – bei Gott – er sah heidnischer aus als sie alle! Dazu war er feist und kahlköpfig, und die Ohren standen ihm wie Löffel vom Kopfe ab.

Und als Wolfdietrich gerade mit jäher Reue dachte, es wäre für einen christlichen Ritter viel besser, sich draußen, jenseits der Mauer, zu befinden, hörte er hinter sich einen dumpfen Schlag. Schnell blickte er sich um: Da war das Tor zu, und die Knechte

standen davor und stemmten ihre Spieße gegen den Boden. Nein, da kam niemand mehr hinaus.
Wolfdietrich wurde mit einem Male ganz ruhig. Nun mußte dieses Abenteuer bestanden werden, da es schon begonnen hatte. So trat er auf den Fürsten zu, verbeugte sich und sagte, wie er es gewohnt war: »Gottes Gruß, edler Herr!«
Das riß freilich den Heiden in die Höhe, als hätte ihn eine Natter gebissen, und sein Gesicht wurde dunkel vor Zorn.
»Deinen Christengott wirst du draußen lassen müssen, Fremdling«, sagte er eisig. »In meiner Burg ist kein Platz für ihn.«
Wolfdietrich sah ihm gerade ins Gesicht. »So erlaube mir, daß ich wieder gehe, Herr.«
Belian lachte sonderbar. »Man geht nicht so leicht wieder fort, wenn man einmal hier ist«, sagte er hinterhältig. »Du wirst es vielleicht noch merken. Aber nun komm, du sollst unser Gast sein, da meine Tochter Marpaly so sehr gewünscht hat, dich zu sehen.«
Wolfdietrich horchte auf. Etwas gefiel ihm nicht an dieser Rede.
Indessen winkte der Burgherr einem Knecht, Wildvogel in den Stall zu führen. Aber Wildvogel wollte nicht und biß den Knecht in den Arm.
»Ich werde ihn selbst fortbringen«, sagte Wolfdietrich, »er duldet nicht gerne fremde Hände.«
Sie sahen ihm nach, als er mit dem Hengst davonschritt.
Plötzlich wandte sich Marpaly ihrem Vater zu.
»Diesem Ritter darf nichts geschehen«, sprach sie leise, aber bestimmten Tones.
Er starrte sie an. »Was soll das heißen?«
»Ich will ihn zum Gemahl nehmen«, sagte sie ruhig.
Es schien, als hätte er nicht verstanden. »Was – was willst du?« fragte er stockend. Und plötzlich knirschte er: »Ja bist du denn wahnsinnig? Du hast doch gehört, daß er ein Christ ist!«

»Er wird seinem Gott abschwören.«
Belian lächelte böse. »Du wirst dich irren, fürchte ich. Diese Christen sind so standhaft, daß sie eher sterben, habe ich oft gehört.«
»Du kannst ihn mir überlassen«, beschied sie ihn kühl.
Er musterte sie mißtrauisch. O nein, gar nichts würde er ihr überlassen! Sehr gut acht geben würde er, daß er nicht über Nacht einen Christen zum Schwiegersohne bekam. Weiber waren wankelmütig!
»Und was gedenkst du zu tun, wenn dich dein Christenritter nicht haben will?«
Ihr schönes Gesicht wurde jäh hart. »Dann magst du mit ihm tun, was dir gefällt«, sagte sie nur.
Belian nickte zufrieden: Er kannte ihren Stolz!
Als Wolfdietrich aus dem Stalle trat, fiel sein Blick auf eine Nische in der Mauer. Er zuckte zusammen: Darin stand ein Totengerippe. Neugierig ging er darauf zu. Der Heide folgte ihm und blieb hinter ihm stehen. Er lachte leise. »Gefällt er dir? Es ist einer meiner Götter, ein sehr mächtiger Gott, und er heißt Tod. Wer weiß, vielleicht gewinnt er heute noch Gewalt über dich«, murmelte er.
Wolfdietrich sah über die Schulter zurück. »Wir wollen sehen, wer mächtiger ist: dein Gott oder meiner«, sagte er langsam, mitten in die tückischen Augen hinein.
Belian wandte sich ab. »Komm, wir wollen zu Tische gehen.«
Aber als sie mitten im Hofe waren, legte er Wolfdietrich die Hand auf den Arm und wies mit der anderen zum Turme hinauf. »Siehst du die Zinnen da droben?« flüsterte er. »Sie sind leer, allzu leer, dünkt mich. Manchmal waren Köpfe da droben, lauter Christenköpfe . . .«
Da faßte Wolfdietrich ein Grausen an wie noch nie in seinem Leben. Er starrte in das teuflische Gesicht neben sich und seine Hand fuhr nach dem Schwerte.

Aber Belian sah es, und seine Finger legten sich wie Eisenklammern um Wolfdietrichs Gelenk. »Laß es stecken, tapferer Held, laß es stecken«, sagte er spottend. »Es wäre schade um das gute Mahl, das uns erwartet und an dem du dann nicht mehr teilnehmen könntest, weil du tot wärst. Man kann auf mancherlei Weise sterben in dieser Burg, sage ich dir.«
Wolfdietrich fügte sich zähneknirschend. Nein, er durfte keine Unbesonnenheit begehen: Er wußte, daß sein Leben nicht viel wert war, ehe diese Mauern nicht hinter ihm lagen.
Eine Stunde später aber war er nahe daran, die Gefahr, in der er sich befand, zu vergessen. Er meinte, noch nie so herrliche Speisen und so edle Weine gekostet zu haben wie bei Belians seltsamem Gastmahl.
An seiner Seite saß Marpaly und füllte ihm den goldenen Becher, und ihre Augen funkelten wie die Steine in ihrem Haar. Wolfdietrich merkte nicht, daß Belian sie finsteren Blickes beobachtete. Er merkte auch nicht, daß Marpaly ihren Vater nicht aus den Augen ließ und immer wachsamer wurde, je mehr die Zeit fortschritt.
Gegen Mitternacht brachte ein Diener einen neuen Krug Wein herein.
Belian ergriff Wolfdietrichs Becher. »Nun sollst du noch diesen Wein kosten, edler Ritter«, sagte er, ohne seinen Gast anzusehen. Aber als Wolfdietrich den Becher nahm und zum Munde führen wollte, sprang Marpaly jäh auf, riß ihm den Becher aus der Hand und warf ihn an die Wand, daß der Wein daran herunterfloß.
»Nein Vater«, stieß sie zornig hervor, »ich will es nicht, hörst du . . . ich will es nicht!«
Belian sah aus, als hätte er Lust, sie zu schlagen. Aber er bezwang sich.
»Du bist eine Närrin!« sagte er heiser und versuchte zu lachen, aber seine Augen schillerten vor Wut. »Es ist spät, und unser Gast wird müde sein«, fuhr er hastig fort und stand auf. Er

winkte dem Diener, der an der Tür stand, Wolfdietrich nach seinem Schlafgemach zu führen.
Wolfdietrich fühlte, daß er wirklich sehr müde war, ließ sich von dem Knechte die Rüstung abnehmen und schickte ihn fort. Er wußte freilich nicht, ob er es wagen dürfe, in dieser Burg zu schlafen: Vielleicht würde er nie mehr erwachen.
Warum hatte wohl Marpaly den Wein verschüttet? Während er auf dem Bettrand saß und darüber nachgrübelte, hörte er ein Geräusch an der Tür: Im nächsten Augenblick stand Marpaly in der Kammer. Sie lehnte sich an den Türpfosten und sah ihn eine Weile stumm an.
»Weißt du, daß ich dir das Leben gerettet habe?« sagte sie plötzlich. »Es war Gift in dem Wein!« fügte sie leise hinzu.
»Eine gastfreundliche Burg!« sagte Wolfdietrich zornig. »Aber ich danke dir, daß du mich vor dem Tode bewahrt hast.«
Sie schüttelte den Kopf. »Ich habe es nicht um Dank getan. Und ich weiß noch nicht, ob es dir helfen wird«, fuhr sie langsam fort. »Mein Vater haßt die Christen. Keiner hat diese Burg noch lebend verlassen. Dich aber will ich retten: denn du sollst mein Gemahl werden!«
Da schoß Wolfdietrich in die Höhe. In seinem Kopfe begann sich etwas rundum zu drehen. »Nein!« brachte er entgeistert hervor, »nein, das ist nicht wahr! Du irrst dich, glaube mir!«
»Ich irre mich nicht!« sagte sie ruhig.
Er wühlte die Hände ins Haar. Das Rad in seinem Gehirn nahm eine beängstigende Geschwindigkeit an.
»Aber ich«, stöhnte er – »verstehst du denn nicht ... es kann ja nicht sein ... jeden Tag will mich irgend jemand zum Gemahl haben! Aber ich sage dir, ich will nicht!« Er sah wild aus mit seinen zerzausten Haaren und vor lauter Entschlossenheit.
»Und – warum willst du nicht?« fragte sie, und ihre Stimme klang gefährlich leise.
»Weil ich ein Christ bin und du eine Heidin!«

Sie hob gleichmütig die Schultern.
»Du kannst ein Heide werden: Es ist nicht schwer.«
Er lachte zornig auf. »Nein, das ist nicht schwer! Viel schwerer ist es, ein guter Christ zu sein! Aber du wirst es dir dennoch aus dem Kopfe schlagen müssen: denn ich werde niemals ein Heide, und außerdem habe ich geschworen, keine Frau zu nehmen, ehe ich meine Dienstmannen befreit habe, die zu Kunstenopel gefangen sind!« schloß er ergrimmt. Lieber Himmel, wie oft würde er das noch sagen müssen, wenn es auf diese Weise weiterging?
Sie stand einen Augenblick schweigend da. Plötzlich wandte sie sich um und verließ ohne ein Wort die Kammer.
Wolfdietrich konnte es nicht hindern, daß er recht bedrückt und voll böser Ahnungen zurückblieb. Er begann sich auszuziehen, betrachtete mißmutig das palmatseidene Hemd und fragte sich, ob es ihn wohl gegen das Gift geschützt hätte. Nein, gewiß nicht, man konnte doch noch auf viele Arten sterben, wenn man es auch am Leibe trug! Er hätte es seiner Mutter nicht sagen mögen, um sie nicht zu kränken, aber viel Zutrauen flößte ihm das wunderliche Gewand nun einmal nicht ein.
Als er sich niederlegte, beschloß er, wach zu bleiben: aber gleich darauf war er fest eingeschlafen.
Es war hell in der Kammer, als er erwachte. Er horchte, aber kein Laut war in der Burg zu hören. Eilig stand er auf, kleidete sich an und trat auf den Gang hinaus, der rings um den Saal und die anderen Gemächer an der Außenmauer entlangführte. Es war düster unter dem schweren Gewölbe, und durch die Fenster in den tiefen Nischen fiel nur wenig Licht. Er blieb an der Tür zum Saale stehen und lauschte: aber von drinnen kam kein Laut.
Zögernd trat er ein. Im ersten Augenblick meinte er, der Saal sei leer; dann sah er, daß im Erker gegenüber Belian lehnte. Er schien auf ihn gewartet zu haben.
Der Fürst antwortete nicht auf seinen Gruß: Sein Blick war

finster und feindselig. »Ich habe dir nicht mehr viel zu sagen, Fremder«, begann er barsch. »Du bist ein Christ und du hast meine Tochter verschmäht, darum wirst du sterben. Du hättest dein Leben retten können, wenn du eingewilligt hättest, Marpaly zur Gemahlin zu nehmen und deinem Gott abzuschwören. So aber hast du es verspielt.«
Wolfdietrich wurde ganz kühl, wie stets, wenn die Gefahr sehr groß war.
»Du hast merkwürdige Sitten, edler Fürst«, sagte er langsam. »Pflegst du immer deinen Gästen vergifteten Wein zu kredenzen, damit du ihnen dann gefahrlos die Köpfe abschneiden kannst? Das dünkt mich feige. Bei mir ist es dir mißglückt. Wie gedenkst du also mich zu den Toten zu senden?«
Ein hintergründiges Lächeln zuckte über das dunkle Gesicht. »Oh – wir werden ganz ehrlich miteinander kämpfen. Nur – du darfst dir keine Hoffnungen machen: Diese Burg wirst du nie mehr verlassen, ob du nun siegst oder unterliegst.«
»Es ist gut, daß du mir das sagst«, entgegnete Wolfdietrich grimmig. »So weiß ich, daß ich um mein Leben kämpfen muß. Laß mich meine Rüstung anlegen.«
Belian hob die Hand. »Warte ein wenig. Ich kämpfe nicht mit Schwertern, und wir brauchen kein Stahlgewand.« Sein Blick glitt hinab auf die Marmorplatte des Tisches, der vor ihm stand. Wolfdietrichs Gesicht spannte sich, als er erkannte, was dort lag: Es waren drei lange Messer mit schmalen, nadelspitzen Klingen. Ja, nun wußte er, was ihn erwartete: Er kannte die furchtbare Sitte des Messerwerfens, die aus dem Morgenlande herübergekommen war.
»Ich hätte es mir denken können«, sagte er verächtlich. »Männern wie dir stehen Messer besser zu Gesichte als ein ehrliches Schwert. Aber meinetwegen mag es sein! Wer soll den ersten Wurf haben?«
»Ich«, sprach Belian schnell und griff nach den Messern.

»Denn du bist es, der Marpaly und mich beleidigt hat. Setze dich hier auf diesen Stuhl, ich werde mich an den Tisch stellen.«
»Du wirst noch ein wenig Geduld haben müssen, ehe du mich tötest: denn ich will vorher beten.« Und ohne sich weiter um Belian zu kümmern, kniete Wolfdietrich neben dem Stuhle nieder. Er wußte wohl, daß es sehr böse um ihn stand. Selbst wenn das palmatseidene Hemd undurchdringlich wäre, so gab es doch immer noch viele Stellen an seinem Leibe, die ungeschützt blieben. Der Heide brauchte nur nach dem Kopf oder dem Hals zu zielen, da er weder Helm noch Halsberge hatte.
»Herr«, betete er, »du siehst, es steht sehr kümmerlich um mich. Willst du mein Leben fristen, so beschirme mich vor diesem niederträchtigen Heiden. Soll ich aber sterben, so gedenke meiner elf Dienstmannen.«
»Bist du fertig?« sagte Belian hämisch. »Du tätest besser, auf dich achtzugeben, als zu deinem Christengott zu beten. Wir werden ja sehen, ob er dir hilft. Da hast du deinen Schild und nun setze dich.«
Wolfdietrich nahm den winzigen Schild, der kaum größer war als eine Hand, und setzte sich in den schweren geschnitzten Stuhl, dessen Lehne mit schmiedeeisernen Haken an der Wand befestigt war. Gegenüber am Tische stand Belian, etwa sieben Schritt von ihm entfernt.
»Ich werde drei Würfe tun«, verkündete er, »denn so ist es Sitte. Dann bist du an der Reihe – wenn du noch dazu imstande sein solltest.«
Er kniff die Augen zusammen und hob den Arm mit dem Messer. Aber er ließ ihn noch einmal sinken. »Sage mir zuvor, wer du bist, ich will keinen unbekannten Fremdling töten!« verlangte er.
»Wenn ich tot bin, ist mein Name nicht mehr wichtig. Lebe ich aber, so sollst du ihn erfahren, ehe ich meine drei Würfe tue.«

Belian zuckte die Achseln. »Wie du willst. Nun gib aber acht: Zuerst werde ich deinen linken Fuß an den Boden nageln!«
Wolfdietrich beobachtete ihn mit zusammengebissenen Zähnen.
Jetzt! Im gleichen Augenblick, als die Klinge durch die Luft zuckte, sprang er auf, stieß sich mit aller Kraft vom Boden ab und warf sich zurück: dann stand er auf dem Stuhl. Drunten im Holz steckte zitternd das Messer, genau da, wo sein linker Fuß gestanden war.
Belian beugte sich vor und starrte verdutzt auf die Waffe. »Habe ich – habe ich dich nicht getroffen?« fragte er ungläubig.
»Nein«, sagte Wolfdietrich, stieg ruhig herab und setzte sich wieder.
Belian schüttelte den Kopf. »Ich habe noch nie gefehlt«, murmelte er und nahm das zweite Messer. »Diesmal gib acht auf deinen Kopf«, sprach er und zielte lange und sorgfältig. Das Messer kam in einem blitzenden Bogen. Wolfdietrichs Kopf fuhr zwischen die Schultern hinab: So traf es ihn nicht in die Stirne, sondern zog nur eine rote Furche über seinen Scheitel.
»He? . . . wieder nicht?« stieß Belian hervor und glotzte wie ein Narr. »Ich kann es nicht begreifen.«
Hastig ergriff er das dritte Messer.
»Und nun . . . nun gib acht auf dein Herz«, sagte er, aber es klang unsicher und seine Hand zitterte, als er die Waffe hob. Es war Wolfdietrich, als fliege sie im Zickzack auf ihn zu, während er sich vom Stuhle in die Höhe und zugleich zur Seite schnellte mit dem Doppelsprung, den ihn Berchtung einst gelehrt hatte. Das Messer fing er mit dem Schilde auf.
Der Heide stand da wie zu Stein erstarrt. Er war totenbleich geworden und stierte mit hervorquellenden Augen zu seinem Gaste hinüber.
»Was . . . was ist das?« stotterte er. »Wer hat dich diesen Sprung gelehrt? Es gibt nur einen einzigen Mann im Abend-

lande, der ihn kennt: das ist Herzog Berchtung von Meranien.«
Er wurde plötzlich still, als wäre ihm etwas eingefallen: Ein furchtsamer Ausdruck kam in sein Gesicht. »Aber ich habe gehört, er hätte ihn auch Wolfdietrich gelehrt«, fuhr er fort, und seine Stimme sank zu einem heiseren Flüstern herab. »Bist du – bist du Wolfdietrich?«
Wolfdietrich wunderte sich, warum wohl sein Name dem Heiden eine solche Angst einjagte.
»Weshalb willst du es denn wissen?«
»Weil mir geweissagt worden ist, daß ein Mann, der den Namen Wolfdietrich trägt, mich eines Tages töten werde«, flüsterte Belian voll Entsetzen.
Da erschrak auch Wolfdietrich. Er hatte gerade fieberhaft darüber nachgedacht, wie er wohl sein Leben retten sollte: denn er wollte Belian nicht töten, obgleich er gewiß den Tod längst verdient hatte. Aber er mußte den Heiden auf irgendeine Weise verhindern, ihn in der Burg festzuhalten oder zu verfolgen, wenn es ihm gelang, zu entkommen. Aber wie?
Plötzlich kam ihm ein sonderbarer Einfall: Er gefiel ihm nicht sehr, aber da er sich in so großer Gefahr befand, konnte er nicht wählerisch sein. Schnell nahm er die drei Messer an sich und ging zu Belian hinüber.
»Setz dich in den Stuhl, wo ich gesessen bin«, befahl er. »Denn du weißt, daß nun die Reihe an mir ist.«
Belian gehorchte ohne Widerrede: Alle Kraft und aller Mut schienen ihn verlassen zu haben. Dann hockte er da, umklammerte den lächerlichen Schild und starrte zu Wolfdietrich hinüber. Er sah aus wie ein böser Götze, mit einem großen, kahlen Kopf, den feisten Wangen und den häßlich abstehenden Ohren. Diese Ohren – das war es! Wolfdietrich sah sie genau an: denn sie sollten ihn retten.
»Hör zu, Belian«, begann er ernst. »Du hast mir gesagt, ich würde diese Burg nie mehr verlassen: Das glaube ich dir, soweit

es auf dich ankommt. Aber ich gedenke dennoch nicht, hier zu sterben. Darum muß ich dich unschädlich machen. Ich habe nichts, womit ich dich binden könnte: So muß ich dich auf andere Weise zwingen, hier im Saale zu bleiben, bis ich fort bin. Ich werde deine Ohren an die Stuhllehne heften. Das wird eine viel zu geringe Strafe sein für alle deine Untaten. Aber da ich ein Christ bin, will ich dich nicht töten, obgleich ich Wolfdietrich heiße. Gib acht!«

Im gleichen Augenblick, als er schleuderte, schnellte Belian aus dem Stuhle in die Höhe. »So bist du Wolfdietrich!« schrie er mit gräßlicher Stimme.

Dann sank er in den Stuhl zurück und rührte sich nicht mehr. Wolfdietrich begriff nicht gleich, was geschehen war. Verwundert und zögernd trat er ein paar Schritte näher. Dann wußte er es: Während er nach dem Ohr geworfen hatte, war Belian aufgesprungen, und das Messer war ihm mitten ins Herz gedrungen.

Wolfdietrich war es ernster zumute als je zuvor in seinem Leben. Ja, Belian hatte die Vergeltung getroffen. Aber was nun? Er erkannte, daß er sehr schnell handeln mußte. Vielleicht konnte er in der ersten Verwirrung entkommen, wenn sie in der Burg entdeckten, daß Belian tot war. Aber Rüstung und Schwert lagen drüben in der Kammer. Er verwünschte seinen Leichtsinn, während er die Tür öffnete und den Gang hinabraste. Als er um die Ecke bog, prallte er zurück: Vor ihm stand Marpaly. Sie starrte ihn mit weitaufgerissenen Augen an. »Du . . . du lebst?« stieß sie hervor. Im nächsten Augenblick war sie verschwunden, und er hörte, wie sie nach dem Saale lief.

»Gott steh mir bei!« murmelte Wolfdietrich und stürzte in seine Kammer. Vielleicht war es schon zu spät. Hastig warf er die Brünne über und band den Helm auf. Er rannte schon wieder den Gang zurück, während er sich das Schwert umgürtete.

Schnell in den Stall zu Wildvogel! Es würde nicht gut sein für die Knechte, ihm in den Weg zu laufen!
Aber er kam nicht so weit. Noch bevor er die Tür erreichte, die in den Hof hinausführte, stand er abermals Marpaly gegenüber. Sie kauerte am Boden und schüttete aus einer Büchse ein schwarzes Pulver in einem breiten Streifen quer über den Gang. Sie schrie vor Zorn auf, als sie ihn sah.
Und dann . . . er konnte nicht erkennen, wie es geschah: Ihm schien, sie fuhr nur einfach mit der Hand darüber hin, da loderte das Pulver jäh auf und wurde zu einer mannshohen blauen Flammenwand, die ihm den Weg versperrte.
Er sprang zurück. Oh, man kämpfte mit teuflischen Waffen in dieser elenden Burg! Aber er mußte hindurch, jenseits des Feuers war die Tür . . .
Da begann es. Entsetzt gewahrte er, wie aus den Flammen dunkler Rauch quoll, immer schneller, immer dichter und schwärzer. Er wälzte sich über den Boden heran wie dicke Ballen, kroch unterm Gewölbe entlang, zog wirbelnd an seinem Gesicht vorüber und hüllte ihn ein. Und dann fing er an, sich um ihn zu drehen, zuerst langsam, dann geschwinder, daß ihn ein leichter Schwindel packte, und endlich wirbelte er so wild rings um ihn, daß er taumelte und nur hilflos mit den Händen um sich griff. Er begann sich um sich selber zu drehen, aber er wußte es nicht einmal mehr. Er wußte auch nicht, daß er zuletzt taumelnd und schwankend den Gang entlanglief, immer weiter, als reiße ihn dieser höllische Nebel mit fort. Er lief um den Saal, vorüber an den Kammern, er mußte laufen, ob er wollte oder nicht, und kam endlich wieder an die Hoftür. Auf dem Boden hockte Marpaly mitten in dem Gewimmel, anzusehen wie eine Hexe. Sie goß aus einem steinernen Krug eine Flüssigkeit in einem Kreise um sich her, und plötzlich war der Nebel fort und Wolfdietrich wollte schon aufatmen. Da fühlte er, wie der Boden unter ihm sich

zu bewegen anhub, auf und ab, auf und ab, wie Wasserwogen. Die Mauern wichen zurück und verschwanden, und rings um ihn breitete sich ein riesiger See aus. Darin schwamm er verzweifelt herum, die Rüstung wollte ihn in die Tiefe ziehen, und er vermochte kein Ufer zu gewinnen. Als er just dachte, er müßte elend ertrinken, da sah er, daß vor ihm eine gläserne Brücke über den See führte. Droben saß Marpaly, ihre schwarzen Locken ringelten sich wie Schlangen, und sie murmelte leise vor sich hin. Da packte Wolfdietrich eine entsetzliche Wut, weil sie ihn so peinigte. Mit mächtigen Stößen schwamm er an die Brücke heran, schwang sich hinauf, packte Marpaly um die Mitte wie ein Stück Holz und schrie: »Wenn ich schon zugrunde gehen soll, so mußt du mit!« Da brach die gläserne Brücke mit einem schrillen Ton entzwei, und er stürzte hinab. Aber er ließ Marpaly nicht los, und da war plötzlich das Wasser verschwunden und Wolfdietrich befand sich mitten in einem dichten Walde. Während er sich verwundert umblickte, schlüpfte Marpaly unter seinem Arm durch, sie war auf einmal ganz klein und dünn, und er sah mit Grausen, wie ihr Samtgewand zu einem schwarzen Gefieder wurde, und nun – ja, da flog sie vor seinem Gesicht in die Höhe und war eine häßliche Krähe. Sie hockte sich auf einen Ast und rief mit ihrer weichen, singenden Stimme zu ihm herab: »Wirst du ein Heide, so will ich dich retten. Sonst mußt du elend verbrennen!«
»Nein«, sagte er atemlos, »nein, du Hexe!«
Da flog sie davon, und alsbald begann es ringsum im Walde zu knistern und zu prasseln, aus den Bäumen schossen allenthalben winzige Flämmlein hervor, liefen am Stamm und an den Ästen entlang wie feurige Käfer, und überall, wo sie hinkamen, begann das Holz aufzulodern, bis rund um ihn alles in hellem Feuer stand. Die Bäume brannten wie riesige Fackeln und strahlten eine glühende Hitze aus. Wolfdietrich holte keuchend

Atem . . . noch einmal . . . nein, das war keine Luft mehr . . . nur noch Feuer . . .
Das war der Augenblick, als Wolfdietrich im Gange vor Marpalys Füßen niederstürzte und liegenblieb, gänzlich von Sinnen und zu Tode erschöpft von dem qualvollen Lauf in dem giftigen Nebel: denn er hatte viele Male um den Gang laufen müssen, ohne daß er davon wußte.
Marpaly blickte auf ihn hinab. Ja, nun war es aus mit ihm. Noch lebte er zwar, und das war beinahe ein Wunder. Aber wenn er hier liegenblieb, würde er bald tot sein. Sie kannte die Wirkung des schwarzen Rauches nur allzugut, und sie kannte die wilden Traumgesichte, die er heraufbeschwor, daß sie die Männer wie Wahnwitz überfielen und sie nicht mehr losließen, bis alles zu Ende war. Ihr selber konnte nichts geschehen, sie wußte, wie man sich dagegen schützt: Es war ein Geheimnis, das nur wenige kannten.
Dieser hier . . . er mußte sehr stark sein. Aber er würde dennoch sterben: Denn er hatte ihren Vater getötet. Aber – er sah so jung aus und gar nicht böse. Und er hatte goldene Augen und helles Haar. Nur – er war ein Christ, und er wollte sie nicht zur Gemahlin. Sie sprang auf. Ja, nun würde sie fortgehen und nach einer Weile dann . . . würden die Knechte kommen und ihn holen.
Mit einem heftigen Ruck riß sie die Tür auf. Aber als sie auf der Schwelle stand, hielt sie inne. Langsam, wie wider ihren Willen, wandte sie den Kopf zurück. Und dann ging sie mit müden Schritten wieder in den Gang hinein, ergriff Wolfdietrich behutsam unter den Armen und zog ihn in den Hof. Sie legte ihn an der Mauer in den Schatten, setzte sich neben ihm nieder und wartete. Als sie merkte, daß sein Atem allmählich wieder tief und ruhig wurde, stand sie auf und ging hinüber nach den Hütten an der Mauer, wo die Knechte hausten.
»Tragt den fremden Ritter hinaus an die Straße und bindet sein

Pferd neben ihm an«, befahl sie. »Und wehe euch, wenn ihr ihm ein Haar krümmt!«

Marpaly trat in den Stall. Neben der Tür stand Wildvogel angebunden.

Sie streckte die Hand aus, um ihn zu liebkosen. Aber Wildvogel fletschte böse die Zähne. Da wandte sie sich ab.

Sie warf keinen Blick mehr dahin, wo Wolfdietrich an der Mauer lag und schlief, als sie über den Hof zurückging zur Burg. Sie hielt den Kopf gesenkt, und ihr Gesicht war sehr traurig. –

Wolfdietrich erwachte, weil Wildvogels feuchte Zunge unaufhörlich über sein Gesicht fuhr. Es dauerte eine Weile, bis sein Verstand wieder vollends zurückkehrte, und da schien es ihm, als wäre er aus der Hölle entronnen. Er richtete sich auf und sah zurück nach der Burg: aber das Tor war zu, das düstere Gemäuer starrte aus leeren Fensterhöhlen, und kein Mensch war zu erblicken.

Da grauste es Wolfdietrich, und er beschloß, diesem bösen Ort eilig den Rücken zu kehren. Freilich mußte er schnell beide Arme um Wildvogels Hals schlingen, als er auf die Beine kam, weil diese ihn nicht tragen wollten, aber endlich gelangte er doch in den Sattel, und Wildvogel begann flink auf der Straße vorwärts zu traben.

Umsonst zerbrach sich Wolfdietrich den Kopf darüber, was alles mit ihm geschehen sein mochte, ob es Traum oder schwarze Kunst war, und wie es kam, daß er sich endlich draußen an der Straße wiederfand. Zuletzt meinte er, er würde es wohl nie erfahren, und da er am Leben geblieben war, dünkte es ihn am besten, es zu vergessen.

Es sollte sein letztes Abenteuer sein auf dieser Reise, ehe er nach Lamparten und an den Gartensee kam: Hätte er aber geahnt, was ihm dort bevorstand, wer weiß, vielleicht wäre er stehenden Fußes wieder umgekehrt.

V

Zwei Tage später, als es gegen Abend ging, ritt er durch eine waldige Gegend auf einer guten, festen Straße fürbaß, es ging manchmal bergauf und wieder bergab, und wenn sich gegen Süden zu der Wald lichtete, sah er, daß dort drunten eine weite Ebene liegen mußte. Er hatte in der letzten Nacht in der Herberge einer kleinen Stadt geschlafen, aber jetzt schien ihm, daß es hier weit und breit keine menschliche Wohnung gäbe.

Nach einer Weile hörte er jedoch Axtschläge, und als er ihnen nachritt, kam er auf eine Lichtung, wo zwei Männer rodeten. Sie hatten sich eine kleine Hütte aus Baumstämmen gebaut, und da es allmählich Nacht wurde, luden sie Wolfdietrich ein, bei ihnen zu bleiben.

»Denn, Herr«, sagten sie, »Lamparten ist ein friedloses Land geworden, und einer allein tut gut daran, nachts unter einem sicheren Dache zu sein.«

»So ist dies Lampartenland?« fragte Wolfdietrich voll Freude, denn er hatte nicht gewußt, wie lange er noch reiten müßte.

Sie betrachteten ihn neugierig. »Du mußt sehr weit herkommen, Herr, daß du es nicht weißt.«

»Ja, ich komme weit her, und ich will nach der Burg am Gartensee zu König Ortnit. Aber es wundert mich, daß das Land friedlos ist: denn ich habe gehört, Ortnit sei ein großer König und in seinem Reiche herrsche Ordnung und Wohlstand.«

Sie hockten ganz still da und starrten ihn an mit ihren gutmütigen, bärtigen Gesichtern.

«Weißt du nicht, daß König Ortnit schon seit einem Jahre tot ist?« fragte endlich der Ältere bekümmert.

» . . . seit einem Jahre tot!« Ja, so hatte er gesagt. Und etwas Schlimmeres hätte er gar nicht sagen können. Wolfdietrich saß da, als hätte ihn ein Keulenschlag auf den Kopf getroffen. Alles war umsonst. Umsonst die lange, gefährliche Reise. Niemand würde ihm helfen, seine elf Dienstmannen zu befreien und sein Erbe zu gewinnen.

Mitten in dem schwarzen Elend, in das er hinabgestürzt war, hörte er den Holzfäller sagen: »Die Lindwürmer haben ihn getötet, als er auszog, uns vor ihnen zu retten. Aber niemand kann uns retten: Sie haben das ganze Land rings um Trient und den Gartensee verheert. Mein Sohn und ich sind aus der Gegend fortgezogen wie viele andere, da wir unseres Lebens nicht mehr sicher waren.«

Wolfdietrich wandte ihm langsam den Kopf zu. »Lindwürmer?« fragte er ungläubig.

Der Alte nickte

»Der Vater der Königin Sidrat hat sie ins Land gebracht, um sich an unserem Herrn zu rächen, der ihm seine Tochter entführte. Nach König Ortnits Tod ist unter den Edlen von Lamparten Streit um die Krone ausgebrochen. Und da keiner sie dem anderen gönnt, beschlossen sie, die Königin müsse einen von ihnen auswählen; ihn wollten sie dann als König anerkennen. Aber sie weigert sich: denn der König hat bestimmt, daß demjenigen das Reich zufalle, der die Drachen töte, seine goldene Rüstung, das Schwert Rose und Sidrats Ring aus der Drachenhöhle zurückbringe. Nun halten sie die arme Königin in der Burg zu Garten gefangen und wollen sie zwingen«, schloß er grollend.

Wolfdietrich hörte schweigend zu, während sie noch allerlei erzählten. Plötzlich sprang er auf und rief Wildvogel herbei. »Habt Dank für eure Gastfreundschaft«, sprach er hastig. »Aber ich muß fort. Sagt mir, wie ich am schnellsten nach Garten komme!«

»Herr«, meinte der Holzhauer, verdutzt über solche Eile, »du solltest es nicht tun: Es macht sich viel Raubgesindel im Land breit. Aber wenn du dennoch willst, so folge dieser Straße weiter gegen Westen, bis du an die Stadt Bern* kommst. Von dort reitest du den Fluß aufwärts gegen Trient, und dann erreichst du westwärts bald den Gartensee. Aber sei auf deiner Hut, Herr, wenn du in die Gegend kommst: Die Lindwürmer jagen in einem weiten Umkreis.«
»Ich wollte, sie begegneten mir!« sagte Wolfdietrich ernsthaft.
»Versündige dich nicht!« rief der Alte erschrocken. »Du kennst sie nicht: Es sind höllische Ungeheuer, denen niemand entrinnt!«
»Gehabt euch wohl!« sagte Wolfdietrich nur und lenkte Wildvogel nach der Straße zurück.
Wildvogel lief. Er lief Stunde um Stunde der endlosen Straße nach, durch Wald und an bebauten Feldern vorüber, durch schlafende Siedlungen, in denen sein flinker, leichter Hufschlag die Hunde aufschreckte, vorbei an Gehöften oder an dem dunklen Gemäuer einer Burg.
Immer weiter die Heerstraße entlang. Im Osten stieg das erste graue Morgenlicht in den Himmel, die Sterne löschten aus, einer nach dem andern, bis der letzte im Westen über der Erde stand. Er stand über den Mauern und Türmen einer Stadt, die allmählich aus der Dämmerung tauchte.
Wolfdietrich wußte, daß Bern vor ihm lag.
Da stieg er ab, ließ Wildvogel weiden, legte sich in einem kleinen Gehölz hinter die Büsche und schlief im Handumdrehen.
Er erwachte, weil es indessen auf der Straße recht lebendig geworden war, stieg auf und ritt weiter. Allerlei Volk begegnete ihm, Wagen und Reiter, und er merkte bald, daß ihn mancher

---

* *Bern ist der Sagenname für die oberitalienische Stadt Verona.*

der Herren verwundert und argwöhnisch musterte. Nach einer Weile kam er an eine kleine Herberge, aß und trank in Eile, ließ sich seine Ledersäcke füllen und machte sich abermals auf den Weg. Er hatte beschlossen, nicht in die Stadt zu reiten, weil man an den Toren gewiß viele Fragen an ihn stellen würde. So folgte er einem Pfade, der um die Mauern lief, kam an das Ufer der Etsch und ritt flußaufwärts weiter gegen Trient. Er sah, wie die weite Ebene fruchtbar und wohlbebaut war, wie sie gegen Norden sachte anzusteigen begann, wie die Wälder sich dunkel über flache Höhen herabstreckten. Er ritt dicht am Wasser entlang, wo sich der Fluß durch die weite Felsenpforte wand, deren Wände so gerade waren, als hätten sie Menschenhände erbaut.

Da und dort auf den Höhen und im breiten Tale des Etschflusses sah er die Burgen der Edlen von Lamparten – dieser Edlen, die ihre Königin gefangenhielten. Das dünkte Wolfdietrich so unritterlich, daß er beschloß, lieber in einem Bauerngehöfte zu übernachten, als in ihren Burgen einzukehren. Und, wer weiß, vielleicht würden sie bald alle seine Feinde sein, wenn . . . ja, wenn er das tat, was er sich vorgenommen hatte: und das war nichts Geringeres, als die Königin Sidrat zu befreien und die Lindwürmer zu töten. Ein kleines Werk war das freilich nicht für einen einzelnen Mann, und er wußte auch noch gar nicht, wie er es anfangen würde.

Sorgenvoll überlegte er, ob es ihm wohl gelingen mochte, mit der Königin zu reden.

Er ließ Wildvogel laufen, denn er war ungeduldig, nach Garten zu kommen. In seinen tiefen Gedanken achtete er nicht darauf, daß es auf der Straße immer stiller wurde, je weiter er nordwärts gegen Trient kam. Kein Ochsengespann begegnete ihm mehr, kein Kaufmann, nur einmal sah er einen gepanzerten Ritter mit ein paar Knechten querfeldein reiten nach einer Burg, in der sie alsbald verschwanden.

Eine Weile später kam er an ein großes Gehöft mit vielen Ställen und Vorratshäusern. Aber als er näher ritt, fand er, daß alle Türen verschlossen waren, die Ställe leer und keine Seele im Haus.
Ein wenig weiter lagen ein paar Hütten rechts und links an der Straße: aber er sah bald, daß niemand mehr darin wohnte. Nur vor einer Tür hockte ein magerer, struppiger Hund und winselte kläglich, als Wolfdietrich vorüberritt. In einem Acker am Straßenrand lag der knöcherne Schädel eines Rindes. Und diese Äcker – wie sahen sie denn aus? Breite Furchen zogen sich hindurch, als hätte sich ein schwerer Körper darüber fortgewälzt. Und was waren das für sonderbare Spuren, die daneben herliefen? Man konnte wohl meinen, sie stammten von einem Tiere – aber, großer Gott, ein so riesiges Tier gab es auf der ganzen Welt nicht! Oder vielleicht doch?
Wolfdietrich wurde sehr nachdenklich. »Du kennst sie nicht«, hatte der Holzfäller gesagt, »es sind höllische Ungeheuer . . .« Und während er durch das verwüstete Land weiterritt gegen die Mauern von Trient, begann er zu begreifen, daß alle Kämpfe und Gefahren, die er überstanden hatte, wie Knabenspiele waren gegen das Abenteuer, das vor ihm lag.
Da packte ihn mit einemmal ein heißer Eifer und eine unwiderstehliche Begierde, was er sich vorgesetzt hatte, schnell zu Ende zu bringen. Nein, er wollte nicht in der Stadt übernachten, sondern sogleich weiterreiten nach Garten.
»Wildvogel«, sagte er eindringlich, denn er hatte sich auf dieser langen Reise daran gewöhnt, mit dem klugen Hengst zu reden, wie man mit einem treuen Gefährten redet, »du mußt mir helfen. Du darfst nicht müde werden, denn wir haben noch einen weiten Weg. Danach, wenn alles vorüber ist, will ich dich pflegen wie einen Fürsten, Wildvogel.«
»Oder vielleicht liege ich dann tot in der Drachenschlucht wie König Ortnit«, fügte er für sich hinzu.

Aber er sträubte sich aus allen Kräften, das zu glauben: denn wer würde dann die arme Königin Sidrat befreien und seine elf Dienstmannen!
Nein, Gott hatte gewiß ein Einsehen und stand ihm bei. Ganz zuversichtlich lenkte er Wildvogel an der Stadtmauer entlang, bis er an eine Straße kam, die nach Westen führte. Da sah ihn der Wächter, der droben seine Runde ging: Erschrocken blieb er stehen und rief ihn an.
»Um Gottes willen, Herr, wohin willst du denn? Weißt du nicht, daß du schnurstracks den Lindwürmern in den Rachen reitest? Dies ist die Straße nach Garten und –«
»Nach Garten? Das ist gut!« sagte Wolfdietrich nur und ritt weiter.
Der Wächter sah ihm mit offenem Munde nach. »Schade um den schönen Ritter«, murmelte er, »aber wem nicht zu raten ist, dem ist nicht zu helfen.« Und er ging weiter über die Mauer.
Wolfdietrich kam an einen kleinen Bach, da ließ er Wildvogel trinken und ein wenig weiden, während er selber aß.
Indessen hatte sich der Himmel überzogen, und als Wolfdietrich wieder in den Sattel stieg, begann es sachte zu regnen. Das gefiel ihm nicht, denn es wurde schon langsam dunkel, die Gegend war fremd, und bald würde es schwarze Nacht sein. Und irgendwo in dieser schwarzen Nacht waren die Lindwürmer. Aber irgendwo war auch die Burg zu Garten und die gefangene Königin Sidrat.
Die Straße lief grau vor ihm in die Dämmerung hinein und verlor sich immer mehr in der zunehmenden Finsternis. Der Regen rieselte eintönig, und eine so abgrundtiefe Einsamkeit hüllte ihn ein, als wäre er mutterseelenallein auf der ganzen Welt.
»Wildvogel«, sagte er manchmal, nur damit es nicht gar so einsam sein sollte, »mein braver Wildvogel!«

Dann begann der graue Hengst immer wieder ein wenig schneller zu gehen.
Aber Wolfdietrich wußte, daß er müde war.
Nach einer Weile kamen sie in ein Tal, das südwärts führte.
Die Straße zog sich kaum sichtbar durch den Wald, später merkte Wolfdietrich, daß die Gegend kahl und felsig wurde, obgleich er kaum etwas erkennen konnte, es ging bergauf und bergab, und es war ringsum so finster wie in einem Sack.
Er wunderte sich, daß es keine wilden Tiere zu geben schien, aber dann fiel ihm ein, daß er das wohl den Lindwürmern verdanke, vor denen Bären und Wölfe gewiß Reißaus genommen hatten. Aber es dünkte ihn nicht sonderlich ermutigend, das zu wissen.
Es mochte lange nach Mitternacht sein, da hielt er Wildvogel an. Ihm war, als hätte er zwischen dem Rieseln des Regens noch ein anderes Geräusch gehört. Er horchte angestrengt. Ja, da war es: ein leises, klatschendes Geräusch, wie von Wellen, die sachte ans Ufer schlugen.
Da wußte Wolfdietrich, daß er an den Gartensee gekommen war. Ja, gottlob, da war er also nun, von den Lindwürmern hatte er keine Spur gesehen, und alles schien friedlich und ruhig zu sein. Freilich, wie er in all dieser Schwärze die Burg finden sollte, das fragte er sich vergeblich. Aber er merkte, daß Wildvogel plötzlich ein wenig munterer am Seeufer entlangtrabte, als wittere er ein Ziel, wie Pferde es eben tun. Manchmal blinkte zu seiner Linken matt wie dunkles Metall das Wasser auf. Und als der Hang, der vom See aufstieg, sich schwarz und gewaltig ihm entgegenschob und jeden Ausweg versperrte, da begann Wildvogel auf einmal bergauf zu klettern. Er folgte einem Pfad, den sein Herr kaum zu unterscheiden vermochte. Aber in diesem Augenblick sah Wolfdietrich etwas anderes: Ein wenig weiter vorn war droben in der Höhe ein einsames Licht aufgetaucht. Es hing in der Schwärze, als gehöre es nirgends hin: aber

es brannte in der Stube des Turmwächters auf der Burg zu Garten.

Als Wildvogel stehenblieb, erkannte Wolfdietrich, daß er sich vor einem breiten Tore befand, zu beiden Seiten verloren sich die Mauern in der Dunkelheit, und die Umrisse der Burg zeichneten sich schattenhaft gegen den Himmel ab. Es hatte aufgehört zu regnen, das war gut. Dennoch dünkte es Wolfdietrich keineswegs verlockend, bis zum Morgen da vor dem Tore zu stehen: aber wer würde ihn jetzt, mitten in der Nacht, einlassen, da er ein Fremdling war? Seufzend schickte er sich an, Wildvogel an einen Ast zu binden, dann wollte er versuchen, seitwärts unter den Bäumen ein trockenes Flecklein zu finden, wo er schlafen konnte. Aber Wildvogel gebärdete sich recht sonderbar: nicht etwa, als hätte er Angst, nein, sein Herr kannte ihn genau. Er scharrte und stampfte mit den Hufen und schnaubte laut und aufgeregt, als wittere er ein fremdes Pferd.

»He, Wildvogel, mir scheint, du bist nicht recht bei Troste«, lachte Wolfdietrich, »wo soll denn hier ein Pferd herkommen?«

Aber Wildvogel wußte, was er wußte.

Wolfdietrich hatte sich just unter einem riesigen Baum zurechtgelegt, als er auch schon wieder in die Höhe fuhr: Irgendwo hatte eine Tür geknarrt. Atemlos horchte er. Drinnen, jenseits der Mauer im Hofe, gingen Schritte, nicht die schweren Schritte des Wächters, nein, das waren leichte Frauenfüße. Und zugleich sagte eine Stimme: »Gib mir meinen Mantel, es ist kühl geworden.«

Als Wolfdietrich diese Stimme hörte, die so sanft und traurig klang, daß ihm ganz wunderlich ums Herz wurde, er wußte nicht wie – da hätte er einen Eid geschworen, daß dies die Königin von Lamparten war.

»O Herrin«, sagte indes drinnen eine zweite Stimme sorgenvoll, »du solltest nicht immer nachts draußen sein. Die Nacht

ist keines Menschen Freund, und du wirst nur immer trauriger davon, wenn du da im Dunkeln gehst und an König Ortnit denkst.«
»Du meinst es gut, Hildegunde«, antwortete die Königin freundlich, »aber laß mich nur: Vielleicht werde ich nachher ein wenig schlafen können. Komm, wir wollen eine Weile auf der Mauer hin und her gehen.«
Wolfdietrich klopfte das Herz, daß er es in der Finsternis ganz laut zu hören vermeinte, und er vergaß zu atmen, während er zur Mauer hinaufstarrte.
Dann erblickte er sie. Freilich, er sah nur eine dunkle Gestalt, sehr schmal und zierlich vor dem gewaltigen Gemäuer der Burg, und voll unbeschreiblicher Anmut. Von der Lampe droben in der Turmstube fiel ein goldener Lichtschimmer herab: Darin stand sie und wartete, bis die Magd hinter ihr die kleine, steile Stiege heraufgeklettert war. Dann gingen sie langsam nebeneinander über die Mauer fort, an Wolfdietrich vorüber, und es war ihm plötzlich zuwider, daß er so heimlich dastand und daß die Königin nichts von ihm wußte und zu ihrer Magd sprach, als wäre sie allein. Er hörte, daß sie über allerlei redete, was ihm fremd war, und später entfernten sie sich so weit, daß er nichts mehr verstehen konnte. Aber als sie zurückkamen, sagte die Königin gerade vor ihm: »Ich weiß nicht, warum mir heute so besonders traurig zumute ist. Aber ich habe immer mehr Angst, daß ich eines Tages doch einen der Edlen zum Gemahl nehmen muß. Ich weiß es sogar gewiß; denn das Land braucht wieder einen Herrn, sonst geht es zugrunde. Es gibt nicht viele, die keine Ehefrau haben, und mir ist keiner von ihnen lieber oder unlieber als die anderen . . . « Sie zögerte ein wenig und fügte dann heftig hinzu: »Wenn es nur nicht Markgraf Wildung ist!«
In diesem Augenblick kam aus der dichten, schwarzen Baumkrone über Wolfdietrich ein Rauschen und Krachen, daß er

einen Satz zur Seite tat, weil er meinte, es stürze etwas auf ihn herab. Aber nur ein Schauer von Wassertropfen ergoß sich über ihn, und es war ihm, als höre er irgendwo ein wütendes Geschnaufe, dann war alles wieder still.
»Hast du nichts gehört?« fragte die Königin furchtsam.
»Ja, es wird wohl ein Windstoß gewesen sein oder auch ein Luchs, der in den Bäumen jagt«, meinte die Magd.
Da tat Wolfdietrich einen tiefen Atemzug: nein, er wollte nicht länger da im Verborgenen horchen! Hastig trat er unter dem Baume hervor.
»Herrin«, sagte er behutsam und nicht allzu laut, damit sie nicht erschrecken sollte. »Herrin, ich bitte dich, höre mich an!«
Aber sie erschrak dennoch so sehr, daß er fürchtete, sie könnte herabstürzen. Weit vorgebeugt stand sie da und lauschte in die Finsternis. Plötzlich umklammerte sie den Arm der Magd. »Hildegunde – das war König Ortnits Stimme!« Er merkte, daß sie ganz außer sich war.
»Nein, Herrin«, sagte er schnell, »ich bin nur ein fremder Ritter und bin gekommen, dir zu dienen, wenn du es mir erlauben willst. Wäre König Ortnit noch am Leben, so hätte ich ihn um Hilfe gebeten. Aber ich weiß, daß er starb, als er gegen die Lindwürmer auszog. So will ich selber gegen die Ungeheuer reiten, und wenn Gott mir beisteht, werde ich sie töten.«
Abermals wurde es droben im Baume lebendig, es rauschte und krachte, als brächen die Äste, und abermals schnaufte es ganz laut und deutlich. Aber diesmal achtete niemand darauf.
»Du redest wie König Ortnit, mein Gemahl«, sagte die Königin atemlos. »Wer bist du?«
»Zürne mir nicht, wenn ich dir meinen Namen heute verschweige«, bat Wolfdietrich. »Du sollst ihn erfahren, sobald ich aus der Drachenschlucht zurückgekehrt bin!«
Sie war eine Weile still. »Nein«, sagte sie mit sanfter Stimme, »nein, wer du auch sein magst: Ich will nicht, daß du gegen die

Lindwürmer reitest. Niemand ist noch aus der Drachenschlucht zurückgekehrt. Auch du würdest nicht wiederkommen.«
»Ich habe es mir vorgenommen«, sprach Wolfdietrich ernst. »Und ich bitte dich, versuche nicht, mich davon abzuhalten: Ich könnte dir nicht gehorchen.«
»Es ist wahr, ich habe nicht über dich zu gebieten«, antwortete sie traurig, »aber ich wollte dich vor dem Tode bewahren. So reite in Gottes Namen! Und wenn du siegst, so komm schnell zurück, denn ich werde in großer Sorge um dich sein.«
Da wurde ihm wieder so wunderlich warm und froh ums Herz, wie es ihm bis zu diesem Tage noch nie geschehen war, und da beugte der junge Held Wolfdietrich in der Dunkelheit das Knie vor der Königin Sidrat, die es doch gar nicht sehen konnte, und sagte: »Ich werde siegen, Herrin. Und wenn ich zurückkomme, wirst du frei sein und Lampartenland von aller Not erlöst. Ich aber will dein treuer Dienstmann sein, und niemand soll dir ein Leid tun, solange ich lebe. Das schwöre ich. Und nun will ich reiten! Gott segne dich, edle Herrin!«
»Gott schütze dich!«
Er sprang auf und lief zu Wildvogel hinüber. Zwar schien ihm abermals, als höre er von irgendwoher sonderbare Laute, die wie zorniges Gemurmel klangen. Aber er hatte keine Zeit, sich darum zu kümmern. Es trieb ihn fort, für diese Königin zu kämpfen, die er gar nicht kannte: aber sie war gefangen, und es geschah ihr Unrecht, das wollte sein ritterlicher Sinn nicht leiden.
Sidrat lauschte den Hufschlägen nach, die sich in der Dunkelheit entfernten. Dann ging sie langsam nach der Mauerstiege.
»Ich möchte wohl wissen, wer der fremde Ritter war«, sagte sie nachdenklich. »Ich habe Angst um ihn, Hildegunde. Aber dennoch ist mir, als würde ich ihn wiedersehen.«
Sie hörte den lästerlichen Fluch nicht mehr, der aus dem undurchdringlichen Laubgewirr des alten Baumes kam. Die

Äste begannen sich heftig zu bewegen, immer weiter nach abwärts, und zuletzt sprang ein schwerer Körper auf die Erde. Einen Augenblick stand er schnaufend still, eine große, plumpe Männergestalt, dann stolperte er ins Dickicht, band das Pferd los, das dort angebunden war, und ritt hinter Wolfdietrich her den Burgpfad hinab.
Dieser Mann war Markgraf Wildung. Es war gut, daß ihn niemand erblickte: denn er sah etwa so freundlich aus wie ein hungriger Wolf, und es war ihm auch so freundlich zumute.
Kein Wunder freilich, wenn man da im Baume hockte und ohnmächtig zuhören mußte, wie irgendein dahergelaufener Bursche der Königin seine Dienste anbot und – mir nichts, dir nichts! – davonritt, um die Lindwürmer zu erschlagen! Und die Königin hatte ihn angenommen! »Ich habe Angst um ihn, Hildegunde!« He, was ging sie der Fremdling an? Was brauchte sie Angst um ihn zu haben? Wildung blies die Backen auf, weil ihm vor Grimm der Atem kurz wurde.
Es war beileibe nicht das erstemal, daß er da im Baume saß. Er hatte die Königin nicht aus den Augen gelassen, seit sie zu Garten gefangen war. Durch seine Späher erfuhr er bald, daß sie nachts oft mit ihrer Magd auf die Mauer kam. Da ließ ihm die Neugier keine Ruhe, er schob sogar seine Angst vor den Lindwürmern beiseite und ritt manchmal, wenn die Nacht recht dunkel war, von seiner Burg nach Garten. Er mußte hören, was die Königin redete, eines Tages würde sie ja doch mürbe werden, und dann war seine Zeit gekommen: Sie und Lamparten sollten ihm nicht entgehen!
Freilich – was er heute gehört hatte, das – das hätte er lieber nicht gehört! Aber wenigstens war ihm dieser Fremdling dabei in die Arme gelaufen. Und es sah ganz so aus, als müßte er gut achtgeben, damit der Bursche ihm nicht in die Quere kam!
In seinen zornigen Gedanken hatte er gar nicht gemerkt, daß es sachte zu dämmern begann. Nebelfetzen zogen eilig an ihm

vorüber, zwischen den Bäumen davon, als er vom See nordwärts ritt. Der Boden war weich und feucht vom Regen, und bald konnte er vor sich die zierlichen Hufeindrücke des fremden Pferdes erkennen, denen sein Hengst ganz von selber folgte – mitten hinein in die furchtbare Spur der Lindwürmer.
Ein heftiges Unbehagen beschlich den tapferen Markgrafen: Wahrhaftig, der Narr ritt geradewegs nach der Drachenschlucht! Ihm dahin zu folgen, dazu hatte nun Wildung nicht die geringste Lust. Er beobachtete seinen Hengst. Noch schien es gefahrlos zu sein: sonst wäre er längst unruhig geworden. Wahrscheinlich hatte der alte Lindwurm in der Nacht gejagt, und nun schlief er samt den Jungen satt und träge.
Indessen wurde der Himmel über den Bäumen silbern, ein leiser Wind fuhr durch das Laub, vom Boden stieg stark und warm der Geruch der Erde auf.
Nach einer Weile kam Wildung an einen langen Felsenrücken, der gegen Westen zu immer höher und gewaltiger wurde und an dessen Fuß zuletzt die Drachenschlucht lag. Aber er wußte, bis dorthin hätte er gewiß noch eine gute Stunde zu reiten.
Er hielt an, als er ein wenig weiter vorn aus einer Spalte in der Felswand Rauch aufsteigen sah. Dort hauste ein alter Einsiedler seit Jahr und Tag, und nicht einmal die Lindwürmer vermochten ihn zu vertreiben. Freilich war der Eingang zu seiner geräumigen Höhle so schmal, daß die Ungeheuer nicht einmal ihren Kopf hindurchstecken könnten, selbst wenn sie einmal Lust auf sein dürres Gebein bekommen sollten, pflegte er zu sagen, wenn ihm jemand zuredete, doch fortzuziehen aus dieser gefährlichen Gegend. Er hatte ein kleines Stück Land gerodet, die Erde war schwarz und fruchtbar und brachte ihm hervor, was er brauchte. Manchmal erlegte er mit Pfeil und Bogen ein Tier, aber nur selten und wenn ihn der Hunger trieb: denn er mochte nicht töten. Seit die Lindwürmer da waren, gab es auch fast kein Wild mehr.

Wildung dachte nach. Nein, er würde nicht an der Höhle vorbeireiten: Man konnte nicht wissen, was geschah, und zuweilen war es besser, nicht gesehen zu werden.
So lenkte er sein Pferd um die Felsen herum, ein wenig südwärts. Später konnte er jenseits, wo der Hang sanfter abfiel, hinaufreiten bis zum Grat und daran entlang weiter, bis die Drachenschlucht genau unter ihm lag.
»Dann werde ich ja selber sehen, ob es dem eingebildeten Schwätzer gelingt, den Ungeheuern den Garaus zu machen – oder ob es ihm ergeht wie allen andern«, dachte er, und es grauste ihm doch ein wenig, obgleich ihm der Fremde ein rechter Dorn im Auge war! –
Indessen war Wolfdietrich zur Höhle des Einsiedlers gekommen. Der Alte trat heraus, als er den Hufschlag hörte: denn es war lange her, seit es jemand gewagt hatte, nach der Drachenschlucht zu reiten.
Er schüttelte ernst den Kopf, als er hörte, daß der fremde Ritter den Lindwürmern zu Leibe wollte. »Kehre um, Herr«, warnte er, »nicht einmal König Ortnit konnte sie besiegen. Es ist schade um dein junges Leben!«
»Es ist auch schade um das Leben vieler Menschen im Lampartenland«, sagte Wolfdietrich. »Aber hab Dank für deine Sorge und bete ein Vaterunser für meine arme Seele, wenn ich nicht wiederkomme!«
Er wollte weiterreiten, aber Wildvogel hatte in diesem Augenblick eine Witterung aufgefangen. Er rührte sich nicht, nur sein seidiges Fell wurde plötzlich rauh, als sträubte sich jedes Haar.
»Vorwärts, Wildvogel!« befahl Wolfdietrich. Aber der Hengst stand da, den Kopf hoch erhoben, die roten Nüstern weit offen. Sein Schweif begann die Flanken zu peitschen. Wildvogel sah nicht aus, als hätte er Angst, sondern nur, als mache ihn etwas sehr zornig.
Dann schien die Witterung verschwunden zu sein. Zögernd

setzte er sich in Bewegung und stelzte schielend mit steifen Beinen weiter. Nach einer Weile wurde er wieder ruhig und schien sich sicher zu fühlen. Gemächlich trabte er unter den Bäumen entlang, die nicht mehr sehr dicht standen.
Der Boden begann felsig zu werden, große Blöcke lagen umher, vor Urzeiten von der berstenden Erde emporgeschleudert, als die furchtbaren Gewalten in ihrem Innern Gebirge ineinanderschoben und Schluchten aufrissen.
Wolfdietrich sah sich um: Ja, nun war er wohl am Ziele. Er hielt am Eingang eines wilden Felsentales, das sich bald zu einem öden Kessel weitete, dessen Wände fast senkrecht aufstrebten. Es war kein Laut zu hören. Kein Vogel sang, keine Eidechse lief über die heißen Steine, nichts schien zu leben in dieser Steinwüste, in der die Luft vor Hitze flimmerte und langsam hin und her wogte, als fände sie niemals einen Ausweg. Die Sonne stand im Mittag, die Felsen glühten in ihrem grellen Licht, daß die Augen schmerzten.
Wolfdietrich wurde mit einem Male unendlich müde. Weiß Gott, das war kein Wunder: Es war sehr lange her, seit er eine ganze Nacht durchgeschlafen hatte. Die Luft roch so sonderbar, dünkte ihn, und manchmal zog es wie ein dünner, gelber Nebel an seinem Gesicht vorüber: aber das machte wohl die Müdigkeit. Nein, er war nie in seinem Leben so entsetzlich müde gewesen. Er mußte absteigen und ein wenig essen, ehe er in die Schlucht hineinritt . . . Aber als er auf der Erde stand und die Hand nach dem Ledersack ausstreckte, kam es über ihn, als schliefe er im Stehen plötzlich ein, und er glitt langsam an Wildvogels Beinen hinab zu Boden. –
Irgendwo in den Tiefen der Erde hatte den Zwergenkönig Alberich eine Botschaft erreicht. Genau wie damals, als Ortnit in das Tal der gelben Felsen kam. Darauf machte er sich eilig auf den Weg. Er ging und ging unermüdlich durch lange Gänge, in die noch nie das Tageslicht gedrungen war, zuweilen stieg

er irgendwo aus einer Felsspalte, wanderte ein Stück durch den Wald und verschwand wieder zwischen den Wurzeln eines riesigen Baumes in der Tiefe. Dann erhielt er abermals eine Nachricht. Da wurde sein uraltes Gesicht sehr besorgt. Er begann zu laufen. Er lief schnell, obgleich er so uralt war. Als er an der Drachenschlucht aus dem Felsen stieg, erblickte er den grauen Hengst, und neben ihm lag der Ritter im Grase und schlief.

Aber er durfte nicht schlafen! Um alles in der Welt, er mußte sofort erwachen! Alberich lauschte in die Schlucht hinein: Nein, nun war es nicht mehr still zwischen den glühenden Wänden. Es scharrte mit einem schürfenden Geräusch, als reibe sich Stein an Stein. Aber Alberich wußte, es war nicht nur Stein. Es war ein Hornpanzer, der sich an den Felsen entlangschob.

»Wach auf, edler Herr!« Alberich rief laut, aber Wolfdietrich rührte sich nicht. Er schlief, wie vor ihm König Ortnit geschlafen hatte, und er würde darum sterben, wie Ortnit gestorben war, dachte Alberich bekümmert.

»Herr! Herr!« Aber die Stimme des Zwerges, so stark sie war, drang nicht durch diesen Schlaf; er hatte es wohl gewußt, aber dennoch hatte er es versuchen müssen. Denn anders vermochte er dem jungen Ritter nicht mehr zu helfen.

Noch einmal rief er. Dann gab er es auf: denn nun war es zu spät.

Wildvogel schoß in die Höhe, daß er sich beinahe überschlug, als der scheußliche Schädel zwischen den Felsblöcken erschien und diese Witterung auf ihn zukam, die er nicht kannte und von der er nur wußte, daß sie eine entsetzliche Gefahr bedeutete.

Aber Wildvogel hatte ein tapferes Herz: Er floh nicht, er kämpfte selbst gegen diesen unbekannten furchtbaren Feind.

Er sprang vor. Der Lindwurm sah ihn, und die kleinen Augen unter den faltigen Lidern glühten auf. Der graue Schädel schwang langsam hin und her, als betrachte sich das Ungeheuer

gemächlich seine Beute. Das gefiel Wildvogel ganz und gar nicht. Er prellte zur Seite und warf sich herum; mit gefletschten Zähnen fuhr sein Kopf auf den Nacken des Lindwurmes nieder. Aber im letzten Augenblick warnte ihn etwas in seinem Inneren: Da war der harte Hornkamm. So schlug er die Zähne an der Seite in den Hals und riß eine tiefe Wunde auf. Das Untier schien es freilich kaum zu spüren. Wildvogel stand kampfbereit da und wartete. Aber der Lindwurm drehte nicht einmal den Kopf nach ihm zurück. Auf seinen kurzen, plumpen Beinen schob er sich vorwärts: denn nun hatte er Wolfdietrich entdeckt.
Als dies Alberich sah, der noch immer droben auf dem Felsen stand, wandte er sich traurig ab. Er stieg hinab in die Erde, wo sein Reich war. Nein, er würde nie wieder versuchen, in die Schicksale der Menschen einzugreifen: denn wozu war zuletzt all seine Macht und Weisheit gut? Sie vermochte niemanden zu retten, wenn ihm der Tod bestimmt war.
Und für Wolfdietrich schien er sehr nahe zu sein. Der Lindwurm nahm ihn ins Maul, als wäre er eine tote Katze, auf der einen Seite hing ihm der Kopf herab, auf der anderen die Beine, und so begann ihn das Untier fortzutragen über Stock und Stein nach der Schlucht.
Aber Wildvogel sah es mit an und spürte ganz deutlich, daß er den verhaßten Feind nicht so entkommen lassen durfte. Er mußte einfach kämpfen, begriff er.
Abermals sprang er an. Er biß zu, wo er gerade traf, nur den Hornpanzer auf dem Rücken vermied er. Seine Zähne gruben sich in graues, widerlich schmeckendes Fleisch und ließen sogleich wieder los.
Wildvogel prellte zurück, wenn der lange Schwanz ihn zu treffen drohte.
Und dann traf er ihn doch. Er schlug ihn nicht, und das war sein Glück; denn sonst hätte es Wildvogel wohl das Leben gekostet. Nein, aber als er sich gerade wieder festgebissen hatte, da

schlang es sich ganz einfach um ihn wie ein riesiger stählerner Ring, preßte ihn an den Drachenleib, daß ihm fast der Atem verging, und so wurde er fortgetragen, wie sehr er sich auch wehrte.

Das war aber für den stolzen Hengst Wildvogel unerträglich. Er wand sich wie eine Katze, um loszukommen, es half nichts. Er grub die Zähne in die Weichen des Lindwurms, und diesmal ließ er nicht mehr los. Immer tiefer biß er sich ein, er verdrehte vor Abscheu die Augen, aber er biß und biß. Und plötzlich zuckte das Ungeheuer zusammen: O ja, Wildvogel hatte ein sehr scharfes Gebiß, und es mußte wohl an eine Stelle geraten sein, wo selbst ein Drache empfindlich war. Der fürchterliche Ring lockerte sich einen Augenblick, und da schnellte sich Wildvogel mit allen vier Beinen in die Höhe zu dem herrlichen Kampfsprung, den er in seiner Jugend gelernt hatte, und dann war er frei und warf sich sogleich zur Seite. Als der Drache, pfeifend vor Wut, aber ohne seine Beute aus dem Maul fallen zu lassen, nach ihm schlug, traf der Schwanz ins Leere. Wildvogel stand mit keuchenden Flanken, wachsam, was nun geschehen würde.

Aber es geschah nichts. Wenigstens nichts, was Wildvogel betraf. Für seinen Herrn freilich – ja, da sah es aus, als wäre nun wirklich sein letztes Stündlein gekommen. Der Lindwurm wandte sich nach der Felswand, in der sich, ein wenig über dem Boden, der Eingang zu seiner Höhle befand. Aber die Höhle schien recht eng geworden für das, was darin wohnte. Es regte sich in dem schwarzen Loche, grau und ungefüge schob es sich hin und her und durcheinander, spitze Rachen fuhren heraus, einer, zwei . . . fünf scheußliche Köpfe . . . Nein, es war nichts Possierliches mehr an den jungen Lindwürmern, sie waren sehr schnell gewachsen und zu plumpen, häßlichen Ungeheuern geworden. Freilich vermochten sie noch nicht selbst zu jagen, und sie hatten auch die Schlucht noch nicht verlassen, aber ihre

Zähne waren schon recht groß und scharf, und ihre Gefräßigkeit hatte keine Grenzen. –
Wolfdietrich erwachte in dem Augenblick, als sein Kopf auf dem Boden der Höhle aufschlug. Eine Weile wußte er nicht viel von sich: nur, daß ihm jedes Flecklein am Leib schmerzte und daß ihm entsetzlich übel war. Ein wenig später, während er noch gegen die Dunkelheit kämpfte, die ihm wirbelnd durchs Gehirn zog, wurde ihm bewußt, daß sich irgend jemand . . . oder irgend etwas mit ihm zu schaffen machte. Es schob und stieß ihn, bald da, bald dort, es zerrte an seinem geharnischten Bein, es bohrte sich unter seinen Nacken, hob ihm den Kopf empor und ließ ihn wieder fallen . . . lieber Himmel, wenn einem nur nicht so zum Sterben übel wäre! Aber sonderbarerweise kehrte beim Niederfallen wieder ein Stücklein Bewußtsein zurück. Jetzt hörte er auch etwas. Es schnaufte neben ihm, es zischte hinter seinem Kopfe und drunten bei den Füßen, und dann . . . dann gab es dicht vor seinem Gesicht ein häßliches, hartes Geräusch . . . so wie . . . wie wenn zwei knöcherne Kinnladen zusammenklappen. Da riß Wolfdietrich die Augen auf: Er hatte begriffen, wo er war, ehe er noch die Höhle und die Lindwürmer sah. Er wollte aufspringen, aber er konnte nicht: Ächzend fiel er zur Seite, lag da, mit dem Gesicht auf dem Arm, und keuchte, denn er meinte ersticken zu müssen. Es stank hier, es stank fürchterlich . . . aber er hatte sehr bald keine Zeit mehr, darauf zu achten. Etwas umklammerte seine Schulter wie mit Zangen, spitze Zähne bohrten sich zwischen die Ringe der Brünne . . . etwas legte sich um seine Brust und preßte ihm das letzte Restlein Atem heraus . . . nein . . . nein, nicht – ich ersticke ja . . .
Als es schon vor seinen Augen wogte wie ein rotes Meer, da nahm er noch einmal seine letzte Kraft zusammen: Mit einem verzweifelten Ruck bäumte er sich auf, und dann – dann spürte er plötzlich, daß sie ihn losgelassen hatten. Vielleicht waren sie

erschrocken, weil, wer einmal in der Höhle lag, sich gewöhnlich nimmer rührte. Vielleicht auch hatten sie sehr lange keine Brünne mehr unter den Zähnen gehabt.
Sie hockten um ihn und klappten ihre Rachen auf und zu, dazwischen pfiffen sie schrill und böse.
Wolfdietrichs Kräfte reichten nicht weit: Er war wieder auf dem Boden zusammengesunken und blieb still liegen.
Indessen aber hatten sich die Lindwürmer auf etwas Neues besonnen: und dies war viel schlimmer als alles andere.
Es hatte König Ortnits Tod bedeutet, und es würde auch Wolfdietrichs Ende sein, wenn . . .
Sie krochen wieder an ihn heran und begannen ihre harten Zungen wie spitze Dolche durch die Ringe zu bohren, die sie nicht zu zerbeißen vermochten.
Denn dies war ihre Art zu töten, wenn es ihnen anders nicht gelang: Sie saugten ihrer Beute das Blut aus.
Aber nun – da war plötzlich etwas, das ihnen widerstand.
Wolfdietrich wachte aus der Betäubung auf, die über ihn gekommen war. Was war denn das nun wieder? Es stach und stieß nach ihm, es bohrte sich tief in seine Haut, dünkte ihn, es schmerzte auch – aber es war ein recht merkwürdiger Schmerz, den er nicht kannte. Plötzlich merkte er, daß die Lindwürmer über etwas in Wut geraten sein mußten. Ihre Schwänze peitschten den Felsboden, manchmal fuhr einer hin und her wie der Blitz, um im nächsten Augenblick wieder auf ihn loszuschießen und seine Zunge durch die Brünne zu bohren. Wolfdietrich konnte genau fühlen, wie sie sich an ihm festsogen, diese gräßlichen Zungen, die eine so unheimliche Kraft hatten, daß er meinte, sie müßten ihm das Herz aus dem Leibe reißen. Er versuchte, sich zu rühren: aber jetzt schienen die Ungeheuer entschlossen, ihn nicht mehr entkommen zu lassen. Sie hielten ihn nieder wie mit Schraubstöcken und zogen und zogen. Dazwischen stießen sie ihr schrilles, zorniges Pfeifen aus.

Als Wolfdietrich mit stockendem Herzschlag begriff, was sie vorhatten, war er einen Augenblick sehr nahe daran, den Kampf um sein Leben aufzugeben. Aber fast zugleich erkannte er etwas anderes: Es mißlang ihnen! Es gab etwas, was sie hinderte, an ihn heranzukommen, so wild sie auch auf ihn eindrangen! Er wurde ganz still. War es ... war es wirklich das palmatseidene Hemd? »Undurchdringlich gegen Feuer, Stahl und Drachenzahn«, so hast du doch gesagt, Mutter? Ja, weiß Gott, es konnte nicht anders sein: Es gab viele seltsame Dinge auf der Welt, von denen man nichts wußte!

Wolfdietrich fühlte mit einem Male, wie sein Mut zurückkehrte. Fast neugierig beobachtete er die fruchtlosen Anstrengungen und die wachsende ohnmächtige Wut seiner Peiniger. Nein, sie konnten ihm nichts anhaben, diese Ausgeburten der Hölle, obgleich sie scheußlicher waren als alles, was es sonst noch auf der Welt geben mochte!

Und wie es den Menschen stets zu ergehen pflegte: Als erst einmal Mut und Hoffnung wieder da waren, kamen die Kräfte ganz von selbst wieder.

Wolfdietrich tat ein paar tiefe Atemzüge: Ach, es stank freilich noch genauso wie früher, aber es war doch schön, atmen zu können. Man wußte es erst, wenn man einmal fast erstickt wäre. Auf einmal merkte er, daß ihm ein wenig leichter wurde. Einem der Ungeheuer schien das fruchtlose Bemühen zu verleiden. Es wandte sich ab und ließ sich über Wolfdietrichs Beine fallen, wo es faul liegen blieb. Da verloren auch die anderen die Lust, sich zu plagen, wo nichts zu holen war, legten sich neben ihrer widerspenstigen Beute nieder, schnauften gelangweilt und klappten manchmal die Kinnladen auf und zu.

Da zog Wolfdietrich behutsam die Beine unter dem Drachen hervor: Das war beileibe nicht einfach, denn der Bursche war gewiß so lang wie ein ausgewachsener Mann und feist wie ein gemästetes Schwein.

Und als es ihm endlich geglückt war und er verstohlen aufzustehen versuchte – ja, da standen sie auch auf. Oh, diese elenden Ungeheuer! Wolfdietrich stöhnte vor Verzweiflung: Wieder war es nichts mit dem Entkommen! Und jetzt begannen sie zu seinem Unglück etwas, was alle jungen Tiere tun: Sie begannen zu spielen. Aber da sie junge Lindwürmer waren, wurde es ein grausiges Spiel. Sie schoben flink ihre harten, spitzen Köpfe von allen Seiten unter den armen Wolfdietrich, hoben ihn hoch und ließen ihn wieder herabfallen, und ehe er noch Zeit fand, seine fünf Sinne in Ordnung zu bringen, hatten sie ihn schon wieder: Abermals schwebte er in die Höhe und stürzte herab. Du lieber Himmel, wenn sie es nicht bald satt bekamen, würden sie ihm noch auf diese Weise den Garaus machen, dachte er ächzend und bemühte sich, nicht allzu hart zu fallen.
Aber einmal nimmt jedes Ungemach auf dieser Welt ein Ende, und als die Lindwürmer ihn endlich für unbrauchbar liegenließen, da kroch er ganz unrühmlich, aber von Herzen froh und erleichtert, nach dem Hintergrund der Höhle, wo durch einen Spalt von oben Licht hereinfiel: Vielleicht, daß dort ein Ausweg war.
Aber plötzlich stutzte er. Irgend etwas glänzte in dem Lichtschein. Er konnte nicht erkennen, was es war, und er hatte gelernt, auf der Hut zu sein. Vorsichtig kroch er näher. Und da sah er es: Was da glänzte, das war eine goldene Brünne und ein goldener Helm und ein Schwert . . .
Da richtete sich Wolfdietrich langsam auf, bis er kniete, und nahm den Helm vom Kopf: Er wußte, daß er König Ortnit gefunden hatte.
Eine tiefe Ehrfurcht überkam ihn vor diesem tapferen König, der nicht viel älter gewesen war als er selbst und der starb, weil er sein Land retten wollte.
»Er hat so lange unbegraben da in der Höhle liegen müssen«,

dachte Wolfdietrich mitleidig. »Ich werde ihn begraben, sobald ich die Lindwürmer erschlagen habe!«
Ja, aber noch lebten sie, und Gott mochte wissen, ob er ihrer Herr würde. Sein Blick blieb an dem Schwert in der glänzenden Scheide haften, das neben dem Toten lag. Das war also Rose, das berühmte Schwert des Zwergenkönig Alberichs, das durch Stein, Stahl und Drachenschuppen schnitt.
Eine unwiderstehliche Lust faßte ihn, die Waffe zu erproben. Denn wer weiß, wie der alte Lindwurm aussah, da schon die jungen solche Ungeheuer waren. Und wenn es ein Schwert gab, das ihm beikam, so mußte es dieses sein.
Nachdenklich starrte er vor sich nieder. Er hatte bis jetzt keine Zeit gehabt zu überlegen, wie er in die Höhle gekommen war. Es schlich ihm sehr kühl über den Rücken, als er begriff, daß ihn der Lindwurm im Maul hergetragen haben mußte. Nein, er brauchte sich nicht zu wundern, daß ihm alles so greulich weh tat: Drachenzähne pflegten wohl nicht gerade sachte mit ihrer Beute umzugehen. Wundern mußte er sich viel eher, daß er noch am Leben war.
Und dann durchfuhr ihn ein jäher eisiger Schrecken: Wildvogel! Wo war Wildvogel?
Im nächsten Augenblick hielt er das Schwert Rose in der Faust. Er wußte kaum, daß er es aus der Scheide gezogen hatte.
Dicht neben ihm ragte ein Block aus der Felswand. Er faßte Rose mit beiden Händen und schlug mit aller Macht zu. Funken sprühten auf, und der Stein kollerte splitternd zu Boden. Wolfdietrich schrie vor Staunen laut auf. Himmel, was für ein Schwert!
Vorn in der Höhle antwortete ein vielstimmiges Zischen auf den Lärm. Alsbald begann sich das aufgestörte Gewürm in Bewegung zu setzen. Sie ringelten sich heran, schoben sich auf plumpen Beinen vorwärts und sahen so namenlos scheußlich aus, daß Wolfdietrich vor Ekel zurücksprang, als das Knäuel

grauer Leiber in den Lichtschein der Felsenspalte gekrochen kam.
Er biß die Zähne zusammen und klammerte die Faust um den Schwertgriff. Nein, sie gehörten nicht mehr hierher, ihre Zeit war schon vor vielen Jahrtausenden abgelaufen.
Als der erste nach ihm schnappte, schlug er zu.
Fünfmal zuckte das Schwert Rose herab: Wohl waren die Hornpanzer schon so hart, daß es klang, als träfe es auf Stein. Aber es gab nichts, was dieser furchtbaren Schneide widerstand, dachte Wolfdietrich, und fast wollte ihn ein Schauder ankommen, als er auf das tote Getier hinabblickte.
Müde lehnte er sich an den Felsen. »Ich bin froh, daß sie tot sind«, dachte er. »Sie hätten entsetzliches Unheil angerichtet, wären sie groß geworden.«
Aber noch war lange nicht alles getan, und die Gefahr begann erst. Noch lebte der alte Lindwurm. Und Wildvogel? Wolfdietrich schluckte. Er war sicher, daß der Hengst den Lindwurm angegriffen hatte. Und dann? Armer, tapferer Wildvogel.
In diesem Augenblick hörte er etwas. Der Ton kam von draußen, und er war so schrill und durchdringend, daß es ihm durch Mark und Bein ging. Wolfdietrich wußte sofort, was es war: Genauso hatten die jungen Lindwürmer gepfiffen vor Wut, als sie seine Brünne nicht zu zerbeißen vermochten.
Ja, nun begann es. Ortnits Schwert in der Faust, sprang er über die toten Drachen und rannte nach dem Eingang der Höhle.
Draußen über dem Felsentale lag das gelbe Licht der untergehenden Sonne, und er mußte ein wenig die Augen schließen. Aber er riß sie sogleich wieder auf: denn abermals zerschnitt dieses fürchterliche mißtönige Pfeifen die Luft, und dann sah er . . . ob er wollte oder nicht, taumelte Wolfdietrich zurück in die Höhle. Nein . . . das konnte nicht Wirklichkeit sein, weil es so etwas auf Erden nicht gab, so riesengroß, so ungestalt und von so höllischer Scheußlich-

keit! Er hätte sich gerne geweigert, es zu glauben: aber dennoch fuhr es da drunten vor seinen Augen zwischen den Felsen herum mit häßlichen zuckenden Bewegungen, grau wie Stein, mit einem gezackten Hornkamm über dem Rücken, der bis ans Schwanzende reichte. Aber wo war dieses Ende? Irgendwo, ganz weit hinten peitschte es wütend den Boden, als gehöre es gar nicht mehr zu dem greulichen Schädel, der sich da drunten um die Felsen streckte, einmal da, einmal dort, als suche er etwas. Fast hätte man lachen können, wenn es nicht so grausig gewesen wäre. Aber Wolfdietrich war weit entfernt davon zu lachen: denn wie sollte er gegen dieses Ungeheuer kämpfen? Nein, niemand konnte das. Es war ihm plötzlich zumute, als sei er ganz allein mit dem Lindwurm, in einer uralten Zeit der Erde, in der keine Menschen lebten, nur diese entsetzlichen Tiere herumkrochen zwischen aufbrechenden Schluchten und Felsen, die sich mit furchtbarem Knirschen aus der Tiefe hoben, zwischen Gräsern, die wie Bäume waren, und Bäumen, die bis an den Himmel zu reichen schienen. Und der Himmel hing über allem wie glühendes Erz, grausam und gnadenlos wie die wild gewordene Erde.
Just als dies alles Wolfdietrich wie ein böser Traum umspinnen wollte, da schoß drunten ein grauer Schatten wie der Blitz hinter einem Felsblock hervor auf den Lindwurm zu.
Mit einem einzigen Satz war Wolfdietrich aus der Höhle. »Wildvogel!« schrie er. »Wildvogel!« Aber Wildvogel hörte nicht: Er kämpfte. Er hing mit den Zähnen an der Flanke des Drachen, da, wo der Hornpanzer zu Ende war. Er biß und zerrte, er warf sich nach rückwärts, riß ein Stück der grauen Schuppenhaut mit sich, schüttelte sich vor Ekel und war im nächsten Augenblick verschwunden.
Aber während sich das Ungeheuer wütend zusammenkrümmte und der aufgesperrte Rachen nach hinten fuhr,

sauste Wildvogel schon wieder wie ein Pfeil von der anderen Seite heran.
Wolfdietrich sprang vom Felsen hinab: Nein, auch ein Lindwurm war nicht unverwundbar und nicht unbesiegbar! Er sah schon ein wenig mitgenommen aus, dieser da. An beiden Seiten hing ihm die Haut in Fetzen vom Leib, und Wildvogel schien entschlossen, sie ihm gänzlich abzuziehen. Der Hengst mußte toll sein vor Wut und Kampfbegier. Er sprang vor und zurück mit der Leichtigkeit und Anmut eines Tänzers, und er sah so fein und zierlich aus neben seinem unförmigen Feinde, daß man meinen konnte, er spiele. Aber seine Augen schillerten gefährlich, und seine Mähne war gesträubt. O nein, Wildvogel spielte beileibe nicht! Er blutete an der Schulter, rote Striemen liefen über das silberne Fell an seiner Brust, manchmal entkam er mit knapper Not dem furchtbaren Schwanz: aber er kämpfte weiter.
Wolfdietrich rannte. Er rannte geradewegs auf den Lindwurm zu. »Herr, mein Gott«, sagte er im Laufen, »du siehst, was geschieht. Ich habe dich viele Male um das gleiche gebeten auf meiner Reise: Nun wird es mein letztes Gebet sein, wenn du mir nicht gegen den Wurm beistehst. Läßt du es zu, daß er mich tötet, so vertraue ich dir meine Seele und meine elf Dienstmannen an, denen ich nicht mehr zu helfen vermag –«, er stockte ein wenig und fügte dann hinzu: »und die arme Königin Sidrat, die zu Garten gefangen ist. Aber Herr, ich möchte sehr gerne am Leben bleiben, wenn es sein kann«, schloß er sehnsüchtig.
Als er um den nächsten Felsen bog, prallte er beinahe gegen den Lindwurm. Von dem Augenblick an, als der aufgerissene Rachen auf ihn zuschoß, wußte er nichts mehr: nur, daß er schlug und schlug, um den fürchterlichen Schädel mit den grünen Augen von sich abzuwehren, der so nahe vor ihm war, daß er mit dem Schwerte nicht mehr richtig ausholen konnte.

Darum hatten seine Hiebe keine Kraft, und das Schwert Rose klapperte nur nutzlos auf den steinharten knöchernen Koloß nieder. Nein, ebensogut hätte er mit einem Stock an eine Felswand klopfen können!
Er sprang zurück, um Raum zu gewinnen. Aber der Lindwurm drängte ihm sogleich nach, als wüßte er, worauf es ankam.
Abermals tat Wolfdietrich einen Sprung nach rückwärts und noch einen, und dann merkte er, daß er gar nicht mehr anders konnte: Das Ungeheuer zwang ihn ganz einfach. Es schob sich auf seinen krummen, dicken Beinen vorwärts, Schritt für Schritt, trieb ihn vor sich her und ließ ihm keine Zeit und keinen Raum ... man konnte ja nicht schlagen, wenn man immerfort zurückstolpern mußte, was half einem da das beste Schwert der Welt?
Großer Gott, wie lange sollte das so fortgehen? Einmal, früher oder später – ja, da würde er an einen von den vielen Steinen stoßen und stürzen ... oder er würde plötzlich die Felswand in seinem Rücken fühlen und dann ...
Auf einmal war Wildvogel da. Schon hatte er sich am Halse des Lindwurms festgebissen, dicht hinter dem Schädel, ein wenig nach abwärts gegen die Kehle zu. Es gibt kein Tier, das nicht weiß, daß ihm an dieser Stelle der Tod am nächsten ist. Auch der Lindwurm fühlte es. Er blieb stehen und wandte den Kopf nach der Seite, von der die Bedrohung kam.
Wildvogel schielte nach dem offenen Rachen, der ihm so gefährlich nahe war, aber seine Zähne ließen nicht los.
Vielleicht rettete er seinem Herrn damit das Leben. Wolfdietrich hatte einen Augenblick Zeit, und vor ihm bog sich der mächtige Hals, grau und runzelig wie ein alter Baumstamm.
Da faßte er das Schwert Rose mit beiden Händen, schlug zu und sprang schnell zur Seite. Es war, als zucke das Ungeheuer nur ein wenig zusammen unter dem Hieb. Langsam schwang es den Schädel herum, nur eben wie verwundert über den

Angriff. Wolfdietrich biß die Zähne zusammen: Nein, gar so herrlich war dieses Schwert doch nicht, da der Lindwurm die Wunde kaum zu spüren schien! Wohl quoll dickes, schwarzes Blut daraus hervor, aber das mochte für das riesige Tier nicht viel bedeuten.
Abermals hob er das Schwert.
Plötzlich sah er, wie drüben auf der andern Seite Wildvogel blitzschnell zurückfuhr. Zugleich begann sich der Kopf des Drachen auf eine sonderbare Weise zu drehen, als ziehe ihn sein eigenes Gewicht seitwärts, ein Zittern lief durch den gewaltigen Leib, ein gräßlicher gurgelnder Laut drang aus dem Rachen, der jetzt ganz kraftlos herabhing, und dann stürzte der Lindwurm nieder, eine ungeheure leblose Masse.
Voll Staunen und Grauen starrte Wolfdietrich auf die klaffende Wunde, die den Hals bis über die Wirbelsäule durchschnitt. Und dann blickte er beinahe scheu auf die furchtbare Waffe in seiner Hand, als er begriff, daß das Ungeheuer wirklich tot war. Aber weil es ihm noch nicht sicher genug schien, solange der Schädel am Halse hing, schlug er noch einmal zu.
Es klapperte hinter ihm auf den Steinen. Ehe er sich umwenden konnte, schob sich Wildvogels Kopf über seine Schulter, und das samtweiche Maul fuhr ihm über die Wange.
Da setzte sich Wolfdietrich nieder: Es war ihm gleich, wohin, und es war gut, daß ein flacher Felsblock da lag, sonst wäre er gewiß recht hart auf den Boden gekommen. Die Hand mit dem Schwerte hing kraftlos herab, und als er noch einen Blick nach dem toten Ungeheuer geworfen hatte, machte er die Augen zu, tief innerlich froh und zufrieden, wie nur ein vollbrachtes schweres Werk den Menschen machen kann.
»Nun müssen wir fort nach Garten, Wildvogel«, murmelte er, aber er war viel zu müde, um auch nur aufzustehen.
Aber auch Wildvogel zeigte nicht den geringsten Eifer, den weiten Weg nach Garten unter die Beine zu nehmen: Er beugte

steif und umständlich die Knie und legte sich gemächlich neben seinen Herrn, als gedenke er, nicht so bald wieder aufzustehen. Eine Weile war es ganz still über der Drachenschlucht. Die Sonne war hinter die Bäume hinabgesunken, die hoch droben am Rande des Tales standen.

Und dann flog ein winziger Schatten durch die Luft. Es war nur ein kleiner grauer Vogel. Er setzte sich auf einen Felsen, nicht weit von Wolfdietrich, und äugte ein wenig umher.

Dann begann er zu singen: Sehr lange hatte in der Drachenschlucht kein Vogel mehr gesungen.

Es klang so süß, daß Wolfdietrich den Atem anhalten mußte. Er hatte nie gewußt, daß ein Vogellied so glücklich machen konnte. Alle Müdigkeit und alle Schmerzen waren mit einem Male vergessen.

Er stand auf und ging hinüber gegen die Höhle: denn etwas hatte er noch zu tun. Als er eine Stelle fand, wo der Boden nicht sehr hart war, begann er mit dem Schwerte zu graben. Und als ihm schien, die Grube wäre groß genug, da stieg er abermals zur Höhle hinauf, trug den toten König Ortnit heraus und legte ihn behutsam auf die Erde. Er nahm ihm die goldene Rüstung ab und bettete die Gebeine sorglich in die Grube. Dabei fiel ein Ringlein von der Hand des Toten. Wolfdietrich hob es auf und betrachtete es nachdenklich: Er wußte wohl, was es damit für eine Bewandtnis hatte, und eine sonderbare Scheu befiel ihn, das Kleinod an sich zu nehmen. »Aber ich muß es der Königin bringen«, dachte er endlich und steckte es an seinen Finger.

Dann machte er sich daran, einen Grabhügel über Ortnits Gebeinen zu bauen. Er häufte Erde über den Toten und trug Steine herbei, die er aufeinander schichtete. Endlich dünkte ihn, es sähe schön und würdig aus mit dem Kreuze, das er aus kleinen Felsblöcken errichtet hatte. Gewiß würden die Lamparten ihren König später holen, um ihn prunkvoll zu bestatten, aber bis dahin mochte er hier ruhen, wo er gestorben war.

Wolfdietrich sprach noch ein Gebet für ihn, dann begann er seine eigene Rüstung abzulegen, denn nach ritterlichem Recht und Brauch gehörten ihm die Waffen des Toten. Freilich war die goldene Brünne arg beschmutzt und der Helm blind, aber als er ein wenig daran rieb, blitzten die Ringe alsbald wieder hell, und der Helm funkelte wie eine kleine Sonne.
Mit Verwunderung merkte er, daß ihm König Ortnits Rüstung paßte, als wäre sie für ihn gemacht.
Das schien ihm ein recht merkwürdiger Zufall.
Wildvogel stelzte heran und schielte mit schiefem Kopf nach seinem verwandelten Herrn. Freilich, der brave Hengst sah selber nicht gerade sonderlich schön aus mit seinem zerzausten Fell und den roten Striemen und dem Sattel, der ihm unter den Bauch gerutscht war.
Wolfdietrich brachte ihn notdürftig in Ordnung und schickte sich just an aufzusteigen, als ihm etwas einfiel. »Warte, Wildvogel«, sagte er, »ich muß noch etwas holen.« Er nahm einen der Sattelsäcke und ging noch einmal zurück. Als er wiederkam, war der Sack prall gefüllt, und er schnallte ihn sorgfältig auf Wildvogels Rücken fest.
Dann ritt er fort aus dem Tale zwischen den gelben Felsen, aus dem noch niemand zurückgekehrt war.
Er war aber noch nicht weit gekommen, da fiel ihm der Kopf auf die Brust, er schwankte im Sattel ein wenig hin und her, sank vornüber, bis er mit der Nase an Wildvogels Hals stieß, fuhr in die Höhe und riß die Augen auf ... nein, er konnte doch nicht unterwegs einschlafen, er mußte ja nach Garten zur Königin Sidrat ...
Aber als Wildvogel, dem sein Herr nicht recht gefiel, eine Weile später vor der Höhle des Einsiedlers von selber stehenblieb, da fiel Wolfdietrich dem Alten vom Pferde herab ganz sachte in die Arme und tat nicht einmal die Augen auf, so fest schlief er. Nicht ohne Mühe schleppte ihn der Klausner in seine Behau-

sung und legte ihn auf sein eigenes Lager aus Laub und Moos. Aber als er auf seinen Gast hinabblickte, wurden seine Augen starr. Diese Rüstung, die kannte er! In dieser Rüstung war König Ortnit ausgeritten gegen den Lindwurm und nicht wiedergekommen!
Als der Alte begriff, was es bedeutete, daß der fremde Ritter Ortnits goldene Brünne trug, da lief er aus der Höhle und begann vor Freude laut Halleluja! und Hosianna! zu singen, daß es im Wald widerhallte. Aber nicht einmal davon erwachte Wolfdietrich. –
Zu dieser Zeit ritt schon weit entfernt von der Drachenschlucht Markgraf Wildung südwärts nach seiner Burg. Sein feistes Gesicht war grau und verstört: denn was er mit angesehen hatte, war selbst für sein rohes Gemüt zu viel.
Er war eine Weile droben am Rande der Felsen gesessen, als er den Lindwurm kommen sah, der den fremden Recken im Maule trug. Wildung schüttelte sich. Nicht etwa, daß er dem Fremden eine Träne nachweinte, der ihm so unversehens in die Quere gekommen war, aber nur – daß er eben zuschauen mußte, wie das höllische Ungeheuer ihn in die Höhle warf, das war doch zu gräßlich. Und da hatte er den Zügel seines Pferdes gepackt und war Hals über Kopf davongestürzt, den Hang hinab, um nichts mehr sehen zu müssen. Seitdem versuchte er heimzureiten. Aber – er vermochte es nicht recht. Etwas ließ ihm keine Ruhe. Und je weiter er kam, desto öfter hielt er sein Roß an, hockte mit gerunzelter Stirne da und ritt zögernd wieder weiter. Er wußte nicht recht, warum. Der Fremde war gewiß längst tot. Was scherte es ihn? So konnte er seine Pläne nicht mehr stören!
Aber wer weiß – vielleicht ist sogar in sehr bösen Menschen noch irgendwo ein wenig Gutes übriggeblieben, das irgendwann einmal ans Tageslicht kommt.
Auf einmal wandte Markgraf Wildung sein Pferd. Er fluchte

zwar greulich, aber er ritt dennoch zurück nach der Drachenschlucht, so schnell er konnte. Er wollte sich wenigstens Gewißheit verschaffen, damit er Ruhe hatte, meinte er wütend. Zu helfen war dem fremden Dummkopf ja doch nicht mehr! Und es hatte ihn niemand geheißen, in sein Verderben zu rennen.
Es dämmerte schon, als er in einem weiten Bogen um die Höhle des Klausners herumritt nach der Schlucht. Er empfand keine große Angst vor dem Lindwurm: denn der hatte indessen gewiß den tollen grauen Hengst gefressen, der auf ihn losgefahren war wie der Wirbelwind.
Nun schlief er vielleicht, oder wenigstens war er satt und faul. Vorsichtig näherte sich Wildung dem Eingang des Felsentales. Er hielt sein Pferd an und horchte. Alles war totenstill. Da ritt er weiter, jeden Augenblick bereit, den Hengst herumzureißen und davonzujagen. Aber nichts regte sich. Er konnte schon in den Kessel hineinsehen, die Blöcke lagen grau und verschwommen in der Dämmerung, jenseits in der Felswand erkannte er die dunkle Öffnung der Höhle. Warum nur der Hengst so ruhig blieb? Er mußte doch längst Witterung haben. Er trieb ihn an. Aber im nächsten Augenblick riß er ihn zurück, daß er sich auf die Hinterhand setzte.
Dort vorn – das war doch . . . da lag doch der Schädel des Lindwurms . . . und zwischen dem Schädel und dem Halse klaffte ein schwarzer Spalt, und auf dem Boden war eine große dunkle Lache . . . Großer Gott, war es möglich, daß der Fremde – aber er schüttelte sogleich den Kopf: Nein, es konnte nicht sein, er hatte ja mit eigenen Augen gesehen, wie der Lindwurm ihn in die Höhle warf! Daraus entrann niemand mehr, selbst wenn ihn die Drachenzähne nicht vorher zermalmt hätten!
Wildung sprang aus dem Sattel und lief nach der Höhle. Er zog das Schwert, als er in die Öffnung trat.
Aber man braucht kein Schwert, wenn fünf Lindwürmer mit abgehauenen Köpfen daliegen.

Nein, es blieb nichts mehr zu tun. Alles hatte schon ein anderer getan. Aber wer?
Der Markgraf sah sich um. Es war halb dunkel in der Höhle und von dem Fremden und seinem Pferde keine Spur zu entdecken. Aber viele Menschen und Tiere in Lamparten waren so spurlos verschwunden.
Er setzte sich vor der Höhle auf den Felsen und dachte nach. Und weil er gewohnt war, Ränke zu spinnen, fiel ihm bald etwas recht Merkwürdiges ein. Je länger er darüber nachdachte, desto besser gefiel es ihm. Und zuletzt gefiel es ihm so gut, daß er sich die Hände rieb vor Freude über seinen schönen Plan: Er würde nach Garten reiten und ganz einfach erzählen, er habe die Lindwürmer getötet. »Ich werde die Köpfe mitnehmen«, dachte er schlau, »und dann möchte ich den sehen, der es mir bestreiten will. Freilich habe ich weder König Ortnits Rüstung noch Sidrats Ring, aber ich glaube nicht, daß jemand diese Dinge jemals wiederfinden wird. Und sollte es eines Tages doch geschehen, so bin ich indessen längst schon Sidrats Gemahl und König von Lamparten. Dafür will ich schon sorgen.«
Und da Markgraf Wildung alles, was er sich einmal in seinem dicken Kopfe zurechtgelegt hatte, unverweilt auszuführen pflegte, warf er sich sogleich wieder auf sein Pferd und jagte heimwärts nach seiner Burg. Es wurde bald stockfinstere Nacht, aber das kümmerte ihn wenig, und er lachte leise vor sich hin, als ihm einfiel, daß die Gegend um den Gartensee gewiß die sicherste in ganz Lampartenland war: denn es gab keinen Wolf und keinen Bären mehr in den Wäldern ringsum, weil alles wilde Getier längst ausgewandert war. Das lichtscheue Volk der Räuber und Wegelagerer aber hatte nicht weniger Angst vor den Lindwürmern als ehrliche Leute. Und daß die Ungeheuer tot waren, wußte ja niemand als er – und der andere. An diesen dachte er freilich nur mit Unbehagen.
Der Morgen graute, als Wildung in seiner Burg ankam. Er trieb

die Knechte aus dem Stroh, befahl ihnen, sich zu rüsten und drei Saumtiere zu satteln. Ein halbes Dutzend sandte er nach den näher gelegenen Burgen und ließ die Ritter für den Abend nach Garten bestellen. Zuletzt ließ er sich selber ein frisches Pferd bringen und machte sich abermals auf den Weg nach der Drachenschlucht.

Als die Knechte merkten, wohin es gehen sollte, wurden ihre verschlafenen Gesichter recht schnell hellwach. He, was fiel dem Herrn ein? Seit vielen Monden dachte doch kein vernünftiger Mensch mehr daran, gegen die Lindwürmer zu reiten! Nein, sie hatten jedenfalls keine Lust, sich auffressen zu lassen! Wildung hörte das aufsässige Gemurmel hinter seinem Rücken und wandte sich um.

»Ihr seid elende Hasenfüße«, sagte er wütend und vergaß, daß er selber ganz und gar nicht darauf erpicht gewesen war, den Ungeheuern zu begegnen. »Aber ich will euch etwas sagen: Es geht euch nicht ans Leben, denn ich habe heute nacht die Lindwürmer erschlagen.«

Er beobachtete ihre Gesichter genau, als er das gesagt hatte. Aber sie glotzten zuerst stumm vor lauter Verwunderung, und dann begannen sie alle durcheinanderzureden und zu schreien und warfen dazwischen scheue und ehrfurchtsvolle Blicke auf ihren Herrn, der ein so tapferer Held war.

Es kam keinen in den Sinn, daß der edle Markgraf ganz einfach log.

Befriedigt ritt Wildung weiter: Nein, niemand würde an seinen Worten zweifeln, wenn er dazu noch die abgeschnittenen Köpfe vorwies. Und der andere – dem geschah recht, weil er so dumm war und sich keinen Beweis für seine Tat beschafft hatte. Jetzt konnten die Knechte freilich nicht schnell genug nach der Drachenschlucht kommen vor lauter Neugier. Es dauerte nicht lange, da gelangten sie an die Höhle des Klausners, und diesmal hielt es der Markgraf nicht für nötig, sich zu verbergen. Aber

der Alte war nicht zu sehen, Wolfdietrich lag in der Höhle und schlief, und ganz hinten irgendwo fraß Wildvogel vergnügt das Korn, das ihm der Einsiedler in seiner Freude vorgeschüttet hatte, obgleich er daraus für sich selber Brot backen wollte.
So ritt Wildung ahnungslos vorüber, und das sollte später recht üble Folgen für ihn haben.
Der Einsiedler aber hatte die Reiter wohl gesehen und fragte sich verwundert, was sie in der Drachenschlucht zu suchen hatten. Er kannte den Markgrafen gut und mochte ihn nicht leiden, weil ihm sein hartes, hochfahrendes Wesen zuwider war. Grübelnd blickte er hinter den Reitern her. Wozu brauchten sie Saumtiere? Dann kam ihm ein absonderlicher Gedanke, und er beschloß, genau achtzugeben, wenn sie zurückkamen.
Als er in die Höhle trat, fuhr Wolfdietrich jäh aus dem Schlafe auf und sah ihn verwirrt an.
»Ich dachte schon, du würdest nie mehr aufwachen, Herr«, sagte der Einsiedler und bückte sich nach dem irdenen Topf mit Milch, den er neben das Lager gestellt hatte. »Trink, und iß das Brot, du mußt halb verhungert sein.«
Aber Wolfdietrich rührte sich nicht: Er hockte nur da, und sein Gesicht hatte einen angespannten und unsicheren Ausdruck. Plötzlich packte er den Alten am Gewand: »Habe ich . . . habe ich sie erschlagen?« stieß er hastig hervor.
Der Einsiedler lachte. »Wenn du die Lindwürmer meinst, so mußt du sie wohl erschlagen haben, da du ja König Ortnits Rüstung trägst, die du gewiß sonst nie bekommen hättest.«
Wolfdietrich blickte an sich hinab. »Ja, du hast recht«, murmelte er nachdenklich. Dann fiel ihm etwas ein. Er blickte sich suchend um und sprang auf. Ein wenig schwankend ging er hinüber zur Wand, wo sein Sattel hing: Er tat einen tiefen Atemzug, als er den Ledersack fand.
»Das ist gut«, sagte er, aber es klang sehr undeutlich, weil ihm

auf einmal schwindelig wurde. Er stolperte auf den Klausner zu. »Ich glaube ... ich muß essen ...«, brachte er noch hervor, dann fing ihn der Alte auf, als er sich just um sich selber drehte, um vor Hunger in Ohnmacht zu fallen.
Später fühlte er, daß er etwas trank, und dann begann es langsam wieder hell um ihn zu werden.
Der Einsiedler hatte ihn in die Ecke gesetzt und an den Felsen gelehnt, daß er nicht umfallen konnte, und hielt ihm fürsorglich den Krug an den Mund: Er schmunzelte, als er sah, wie schnell die Milch verschwand.
»Aber Herr«, meinte er vergnügt, »allzuoft solltest du mir nicht mehr in die Arme fallen, denn du bist recht schwer für mich alten Mann.«
»Nein«, sagte Wolfdietrich abwesend und starrte wie verzaubert hinab auf seine Hand: Da steckte am kleinen Finger dieser Ring ... Und als er den Ring eine Weile angesehen hatte, da schob Wolfdietrich den Alten zur Seite und sprang mit einem Satz in die Höhe: Gott mochte wissen, woher er die Kraft dazu nahm.
»Hab Dank, Klausner«, sagte er und sah mit einem Male so fröhlich aus, daß der Einsiedler ihn verwundert betrachtete. »Ich muß nun fort nach Garten, das habe ich der Königin versprochen!« Er hatte schon den Sattel von der Wand genommen, da hielt er plötzlich inne. »Aber die goldene Rüstung ...«, murmelte er nachdenklich, »... sie wird erschrecken, wenn ich so vor ihr erscheine ...« Er wandte sich um. »Ich bitte dich um zwei Dinge, Klausner: Behalte meinen Hengst hier, bis ich ihn hole. Und nun sollst du mir noch ein Gewand leihen, so einen härenen Kittel, wie du ihn da trägst!«
Der Alte schüttelte den Kopf und musterte ihn mißtrauisch. »Mich dünkt, der Kampf mit dem Lindwurm hat deinem Verstande nicht gutgetan, Herr. Was soll ein vornehmer Ritter wie du mit meinem armseligen Kittel?«

Aber er ging dennoch und brachte aus einem Winkel ein altes Pilgergewand zum Vorschein, das Wolfdietrich eilig über die glänzende Brünne streifte. Da auch der Einsiedler ein großer Mann war, reichte es ihm bis auf die Füße hinab, und als er die Kapuze über den Helm zog, war von dem strahlenden Ritter nichts mehr zu sehen.

Eine kleine Weile später verließ ein Pilger mit einem langen Stab in der Hand die Höhle und machte sich auf den Weg nach Garten. Über der Schulter trug er einen ledernen Sack.

Der Klausner aber setzte sich auf einen Felsen, um auf Markgraf Wildung zu warten. Es dauerte auch nicht lange, da sah er die Reiter kommen: Jedem der armen Saumtiere baumelte rechts und links einer der abscheulichen Köpfe über die Flanken hinab, und sie versuchten verzweifelt, aber vergeblich, ihre greuliche Last an Felsen und Bäumen abzustreifen.

Voran ritt Markgraf Wildung. Der Klausner beobachtete ihn unter stachligen Brauen hervor ohne sonderliche Freundlichkeit. He, was hatte dieser Aufzug zu bedeuten? Er sollte es sogleich erfahren. Der Markgraf sah ihn und rief ihn an.

»Komm her, Klausner, und sieh dir meine Jagdbeute an! Nun kannst du in deiner Höhle wieder ruhig schlafen: denn ich habe die Lindwürmer erschlagen.«

»Aha!« sagte der Klausner. Sonst nichts. Und das ärgerte Markgraf Wildung. Es ärgerte ihn auch, daß der Alte ihn so schief und unverwandt von unten anstarrte und sich dabei ganz langsam hinter dem Ohre kratzte.

»Mir scheint, du freust dich nicht einmal!« fuhr er ihn giftig an.

»Ei freilich freue ich mich, edler Markgraf«, sagte der Klausner eilig und lachte. Und das mißfiel Wildung erst recht, weil ihm schien, der Alte lachte ihn aus. War es möglich – daß er ihm nicht glaubte? Wildungs Gesicht lief an wie der Kamm eines zornigen Hahnes. Er hatte sich schon so an den Gedanken gewöhnt, er habe die Heldentat wirklich vollbracht, daß er es beinahe selber glaubte und beleidigt war, wenn ein anderer etwa daran zu zweifeln wagte.

»Freilich freue ich mich, daß sie tot sind«, fuhr der Klausner fort. »Was für eine Gottesgnade für das arme Volk! Wann hast du sie denn getötet, Herr?« Er zwinkerte so harmlos neugierig zu ihm hinauf, daß Wildung seine Sorge wieder schwinden fühlte.

»Heute nacht«, sagte er kurz und rückte ein wenig im Sattel hin und her, weil ihm doch nicht ganz wohl war.

»Heute nacht?« wiederholte der Alte. »Das dünkt mich sonderbar. Ich hatte gestern abend plötzlich eine Ahnung, als müßten sie tot sein. Ja es schien mir so gewiß, daß ich in den Wald laufen und vor Freude singen mußte. Da habe ich also zu früh gesungen. Aber ich bin eben ein dummer alter Mann, dem manchmal wunderliche Dinge einfallen.«

»Ja, das kommt mir auch so vor!« knurrte Wildung grob und trieb sein Pferd an. Das Geschwätz des Alten verdarb einem wahrhaftig die gute Laune!

»Warte noch einen Augenblick, Herr«, bat aber der Einsiedler ganz bescheiden. »Du reitest jetzt gewiß schnurstracks nach Garten, um der Königin die gute Botschaft und die Drachenköpfe zu bringen? Wie wird sie sich freuen, daß die Not ein Ende hat! Und du, edler Markgraf, du wirst ja nun König werden, da du doch die Lindwürmer getötet hast?«

Wildung richtete sich selbstgefällig auf: Nein, es hatte keine Gefahr, der alte Narr ahnte gewiß nichts!

»Ja«, nickte er herablassend, »ich denke, daß es nicht lange dauern wird. Dann darfst du zu mir kommen und dir eine Gnade erbitten. Aber nun gehab dich wohl! Ich will die Königin nicht länger warten lassen!«

Der Einsiedler blickte ihm nach, wie er davonritt, mit den gewaltigen Schultern schaukelte und den dicken Kopf so hoch trug, als säße schon die Krone darauf. Und plötzlich begann der

Alte zu lachen, daß ihm der Bart wackelte. Ja, nun waren sie also beide unterwegs nach Garten: der fremde junge Ritter und dieser aufgeblasene Prahler.

»Ich möchte gerne dabeisein«, dachte er vergnügt, »wenn sie beide der Königin erzählen, sie hätten die Lindwürmer erschlagen. Aber ich bin sicher, daß der Fremde, der den Ungeheuern den Garaus gemacht hat, auch mit dem edlen Markgrafen fertig wird!«

Er ging nach der Quelle und holte Wasser, um den grauen Hengst zu tränken. Wildvogels Laune war freilich recht übel, denn er hatte wohl gemerkt, daß sein Herr fortgegangen war. Und so war er beileibe nicht sicher, ob er den Einsiedler nicht in die Hand beißen sollte, die ihm das Wasser hinhielt. Aber da ihm die Witterung seines Pflegers nicht zuwider war und die Stimme freundlich klang, unterließ er es und trank, während er die Ohren nach dem Eingang der Höhle richtete und wartete, ob sein Herr nicht wiederkäme.

Indessen ritt Markgraf Wildung mit seinem wunderlichen Gefolge wohlgemut gegen Osten durch den Wald, und je mehr er sich dem Gartensee näherte, desto höher schwoll ihm der Kamm, und über eine Weile hatte er fast vergessen, daß an der ganzen schönen und wilden Geschichte vom Drachenkampf, die er der Königin erzählen wollte, kein wahres Wort war. Oh, er war ein entsetzlicher Lügner!

Mitten in seinen ergötzlichen Gedanken gewahrte er vor sich zwischen den Bäumen eine dunkle Gestalt, die sich in der gleichen Richtung fortbewegte. »Schon wieder so ein frommer Bruder«, dachte er ein wenig verwundert, als er das Pilgergewand erkannte. »Gewiß war er bei dem alten Klausner zu Gaste.«

»Gottes Gruß, Pilger«, redete er ihn an, als er ihn eingeholt hatte.

»Gottes Dank«, antwortete die Stimme unter der Kapuze.

»Wohin willst du denn?« forschte Wildung neugierig und versuchte in das Gesicht des Pilgers zu spähen: aber der ging eilig weiter und hob den Kopf nicht auf.
»Nach der Burg zu Garten«, sagte er nur wortkarg.
Wildung lachte. »Dahin reiten wir auch. Und die Königin Sidrat wird dir gewiß ein reichliches Almosen geben, das verspreche ich dir. Denn heute ist ein Freudentag für sie und für ganz Lampartenland. Schau dich um, frommer Mann: Dies sind die Köpfe der Lindwürmer, die ich erschlagen habe.«
Mit Befriedigung sah er, wie der Pilger zurückprallte und der Kopf unter der Kapuze herumfuhr.
»Was . . . was hast du?« Die Stimme klang so über alle Maßen verblüfft, daß es der Eitelkeit des Markgrafen nicht wenig schmeichelte.
»Ja, das glaube ich, daß du da staunst«, meinte er nachsichtig, »ein frommer Mann wie du, der ganz gewiß noch nie ein Schwert geführt hat!«
Unter der Kapuze kam ein sonderbarer Laut hervor, und den Markgrafen wollte es fast bedünken, als lache der würdige Bruder. Aber worüber hätte er lachen sollen? Pilger waren ernsthafte, fromme und meist ältere Leute, die ein Gelübde getan hatten, irgendeinen heiligen Ort aufzusuchen. Nur dieser hier . . . je länger er ihn ansah, desto merkwürdiger erschien ihm irgend etwas an ihm: Er hätte nicht sagen können, was es war. Manchmal erhaschte er einen Blick in das Gesicht, aber da war nur ein festes Kinn und ein Mund, der recht jung und fröhlich aussah, alles andere verbarg die schwere dunkle Kapuze, die weit über die Stirne herausragte: und so neugierig er war, konnte er doch nicht gut den Ehrwürdigen bitten, sein Haupt zu entblößen.
Weil aber Markgraf Wildung aus allem, was ihm begegnete, gerne Nutzen schlug, so gedachte er, sich alsbald auch des Pilgers auf seine Weise zu bedienen.

»Sage mir, frommer Mann«, begann er vorsichtig, »du hast doch gewiß nicht reich an Gütern dieser Welt?«
»Nein, Herr«, antwortete der Pilger, »ich habe kein Dach überm Kopf und auch sonst nichts, was mein wäre.«
»Aber du kannst dir mit leichter Mühe etwas erwerben«, sagte Wildung ermunternd. »Hör zu! Da du nach Garten willst, so brauchst du nur der Königin und den Herren, die du dort versammelt finden wirst, zu erzählen, du hättest mit eigenen Augen gesehen, wie ich die Lindwürmer erschlagen habe. Dafür sollst du einen Beutel Goldes von mir erhalten: Das dünkt mich doch leicht genug verdient. Oder meinst du nicht?«
Wieder gluckste es unter der Kapuze, und Wildung beugte sich mißtrauisch vor.
Aber da antwortete der Pilger ganz ruhig: »Ja, das wäre leicht genug verdient. Du hast nur eines vergessen: Es wäre eine Lüge.«
»Ach was!« sagte Wildung ungeduldig, »ich habe sie ja wirklich getötet, du siehst doch die Köpfe. Aber es gibt immer Neider, die einem den Ruhm schmälern wollen: Darum wäre es gut für mich, einen Zeugen zu haben. Und dazu wärst du gerade der richtige Mann: denn niemand würde am Worte eines frommen Pilgers zweifeln.«
»Ja, das ist nun freilich sehr schade für mich«, klang es diesmal recht grimmig, als verliere der Ehrwürdige allmählich die Geduld. »Aber was ich nicht gesehen habe, kann ich nicht bezeugen, und damit: Gott befohlen, edler Ritter.«
Verdutzt über so herrische Redeweise, trieb Wildung den Hengst an, ohne daß er es recht gewahr wurde. Freilich packte ihn gleich der Zorn, und er hatte große Lust, ein paar recht unziemliche Reden auf die Kapuze niederprasseln zu lassen. Aber gerade noch rechtzeitig fiel ihm ein, daß zuweilen auch vornehme Herren im Pilgergewand ihre Sünden abzubüßen versuchten, und da hielt er es für besser, still zu sein. Wenn der

einfältige Bursche nun einmal nicht wollte, so würde es eben ohne ihn gehen!
Er knurrte einen Gruß und ritt samt seinen Knechten davon.
Kaum war das letzte Saumtier vorn zwischen den Bäumen verschwunden, da begann auch der Pilger plötzlich gewaltig auszuschreiten: denn er hatte Angst, zu spät nach Garten zu kommen. Dieser edle Ritter schien wahrhaftig allen Ernstes gesonnen, sich für den Drachentöter auszugeben! Und wenn sie ihm zu Garten glaubten, so würden sie ihn zum König ausrufen und . . . ja, und dann . . . dann würde die Königin Sidrat ihn wohl auch zum Gemahl nehmen . . .
Es war gut, daß niemand den frommen Bruder sah, wie er mit riesigen Schritten durch den Wald lief gegen den Gartensee, daß der Kittel um seine Beine flog und der lederne Sack auf seinem Rücken auf und nieder hüpfte.

VI

Es war tief in der Nacht, als Wolfdietrich ans Burgtor kam. Er blieb stehen und lauschte. Von drinnen drang fröhlicher Festeslärm heraus, und es war ihm schwer ums Herz, weil er nicht wußte, warum so große Freude herrschte: weil die Lindwürmer tot waren oder weil Lamparten einen neuen König hatte, oder – vielleicht auch, weil die Königin versprochen hatte, diesen ... diesen elenden Betrüger zum Gemahl zu nehmen?

Der Wächter öffnete ihm sogleich, als er das Pilgergewand sah. »Komm nur herein, würdiger Bruder«, sagte er redselig, »heute ist ein guter Tag für uns alle, und die Herren sind sehr freigebig, besonders unser tapferer Markgraf Wildung, der die Lindwürmer erschlagen hat. Ich wette, sie rufen ihn zum König aus, sobald die Edlen alle eingetroffen sind, und dann wird es wohl zu Garten auch bald eine fröhliche Hochzeit geben.«

Wolfdietrich antwortete nicht, aber ihm fiel ein Stein von der Brust: Er wußte, daß er noch zur rechten Zeit gekommen war. Er schaute hinauf zur Tür des Rittersaales, aus der heller Lichtschein fiel. Auf dem Söller drängten sich die Knechte und anderes Volk, um den Herren zuzusehen und ja nichts zu versäumen. Die Stimmen vieler Männer schollen aus dem Saale, und sie waren schon recht laut, wie der Wein eben Männerstimmen laut zu machen pflegt. Aber sehen, nein, sehen konnte man nichts von dem Platze aus, wo Wolfdietrich stand.

Er wandte sich zum Wächter. »Darf ich hinaufgehen zur Saaltür? Ich will nur einen Blick hineinwerfen, weißt du, um die Drachenköpfe zu sehen und den Markgrafen und ...«

»Ei freilich«, meinte der Wächter gutmütig, »und ganz besonders die Königin Sidrat mußt du sehen, wenn du auch ein frommer Knecht Gottes bist. Geh nur, wenn dich unsere Herrin bemerkt, gibt sie dir gewiß ein Goldstück, damit du für die Seele König Ortnits betest. Deinen Sack kannst du einstweilen hier bei mir lassen. Gib her!«

»Den Sack? O nein, Wächter, den bekommst du nicht!« lachte Wolfdietrich. »Eher sollst du mein Pilgergewand haben, wenn du noch ein wenig wartest.«

Er lief schon nach der Stiege hinüber, und der verdutzte Wächter meinte achselzuckend, Pilger seien doch meist recht wunderliche Leute.

Gleich darauf stand Wolfdietrich droben an der Saaltür, mitten unter den Knechten.

Er lehnte sich an den Pfosten und blickte in den Saal hinein. In den Nischen des Gewölbes und an den Säulen brannten die Leuchten und warfen einen roten Schein über die prächtige Gesellschaft, die an den Tischen saß. Becher und Schüsseln funkelten von Gold und Silber und Bergkristall, und die Augen der Edlen von Lamparten funkelten nicht minder. Gegenüber, an der Stirnwand des Saales, leuchtete Markgraf Wildungs runder roter Kopf aus dem hochlehnigen Stuhle, in dem einst König Ortnit gesessen war. Und hinter ihm an der Mauer hingen sechs zähnefletschende Drachenschädel: denn so hatte er es befohlen.

Das alles sah Wolfdietrich. Aber es war nicht wichtig, und er vergaß es sogleich wieder.

Nur daß da drüben diese schmale, zierliche Frau saß, mit ihren langen dunklen Zöpfen und den viel zu großen schwarzen Augen – dies, wußte Wolfdietrich, würde er in seinem ganzen Leben nie mehr vergessen. Er wußte nicht, ob sie schön war, und es kümmerte ihn nicht; nur, vergessen würde er sie nie mehr, was auch geschehen mochte.

Er merkte endlich, daß die Königin schon eine Weile zu ihm

herüberblickte. Jetzt winkte sie einem Mundschenk, reichte ihm die goldene Schale, die vor ihr stand, und gab ihm einen kurzen Befehl. Er füllte den Becher und kam durch den Saal herab auf Wolfdietrich zu.
»Dies sendet dir die Königin«, sagte er ehrerbietig.
Wolfdietrich trank. Ja, nun war es Zeit.
Als der Becher leer war, streifte er unbemerkt den goldenen Ring vom Finger und ließ ihn hineinfallen.
»Sage deiner Herrin meinen Dank«, sprach er und beobachtete beklommen, wie der Mundschenk den Becher wieder vor die Königin hinstellte.
Jetzt, dachte er und hielt den Atem an: Jetzt muß sie den Ring sehen . . .
Es war, als erstarre sie plötzlich. Dann griff ihre Hand in die Schale, zögernd, als hätte sie Angst. Sie sah den Ring lange an, und ihr Gesichtlein wurde so todtraurig, daß Wolfdietrich sich am Türpfosten festhielt, weil er doch nicht hinüberlaufen konnte, um sie zu trösten, da sie ja die Königin von Lamparten war und er nur ein fremder Pilger.
Da wandte sich Sidrat zu dem jungen Ritter, der neben ihr stand.
»Graf Helmnot, bitte den Pilger, der drunten an der Tür steht, zu mir zu kommen. Ich muß mit ihm sprechen.«
Niemand im Saale hatte bis jetzt auf Wolfdietrich geachtet. Nicht einmal Markgraf Wildung, der gerade dabei war, zum zwölften Male mit lauter Stimme die Geschichte von seinem Drachenkampf zu erzählen.
Aber nun wurde es mit einem Male still, als der Fremde in dem härenen Gewande, den Ledersack über der Schulter, neben Helmnot zum Hochsitz hinaufschritt und sich tief vor der Königin verbeugte.
Wildung brach mitten im Worte ab. »He . . . da ist ja der fromme Bruder«, stieß er hervor und musterte ihn neugierig mit seinen farblosen, vorstehenden Augen.

Wolfdietrich warf nur einen Blick in das rote feiste Gesicht, das ihm so von Herzen zuwider war, und wandte sich ab, ohne den Markgrafen zu grüßen. Sorgsam legte er den Sack vor sich auf den Boden.
»Was befiehlst du mir, Herrin?«
Er blickte hinab auf ihre Hände, die den Ring hielten.
»Du sollst mir erzählen, wie du zu diesem Ring kommst«, sagte die sanfte Stimme der Königin.
Er fühlte sich sehr unglücklich, weil er sie so betrüben sollte, aber es half nichts: Er mußte ihr die Wahrheit sagen.
»Herrin, ich habe ihn von König Ortnits Hand gezogen, ehe ich diesen begrub«, sagte er, so behutsam er konnte.
Die Königin saß still. Es war nur, als sei ihr Gesichtlein noch ein wenig schmaler geworden und die Augen noch ein wenig dunkler.
»Ja«, sagte sie endlich leise, »ich habe es immer gewußt. Schon an jenem Morgen, als König Ortnit fortritt, wußte ich, daß ich ihn nie wiedersehen würde.«
Niemand im Saale wagte sich zu rühren. Die weinfrohen Herren waren jäh nüchtern geworden. Viele verwirrte Augen starrten den Fremdling an.
»Und wo hast du König Ortnit begraben?« Sidrat vermochte es ganz ruhig zu fragen: Es tat fast gut, zu wissen, daß er nun in der Erde ruhte. Sie hatte so viele schreckliche Dinge über seinen Tod denken müssen.
»In der Drachenschlucht, Herrin«, antwortete Wolfdietrich.
Jetzt zuckte sie zusammen und hob hastig den Kopf. Sie wußte plötzlich, daß sie diese Stimme, die der Stimme ihres geliebten Gemahls so ähnlich war, schon einmal gehört hatte.
»Und . . . und die Lindwürmer?« fragte sie atemlos.
»Die habe ich erschlagen!«
Im nächsten Augenblick fuhr Markgraf Wildung in die Höhe, daß der schwere Stuhl hinter ihm krachend zu Boden stürzte.

Er beugte sich weit über den Tisch, und seine roten Fäuste umklammerten die Marmorplatte. Er sah zum Fürchten aus.
»Bist du toll?« fragte er heiser vor Wut. »Was wagst du da zu sagen? Du weißt doch, daß ich die Lindwürmer getötet habe! Siehst du nicht dort die Köpfe hängen?«
»Du lügst, Markgraf Wildung«, sagte Wolfdietrich ruhig.
Wildung stieß einen Wutschrei aus. »Das wirst du mir büßen«, knirschte er. »Ich lasse dich in den Turm werfen, wenn du auch ein Pilger bist!«
»Damit wirst du noch ein wenig warten müssen, Markgraf.«
Wolfdietrich bückte sich nach dem Ledersack und ging hinüber zur Wand, wo die Drachenköpfe hingen. Er ergriff den Schädel des alten Lindwurms und riß ihm den Rachen auf. Dann wandte er sich zurück zum Saale.
Sein Gesicht war jetzt sehr ernst.
»Hat einer von euch je ein Tier ohne Zunge gesehen?« fragte er.
Sie reckten ihre Hälse, denn sie begriffen nicht, was die Frage bedeuten sollte. Aber plötzlich stolperte Markgraf Wildung heran. Er stierte in den offenen Rachen, dann sprang er mit einem Satz zu den Köpfen der Jungen und riß einem nach dem andern die Zähne auseinander. Zuletzt richtete er sich auf und glotzte mit hervorquellenden Augen Wolfdietrich an.
»Wahrhaftig . . . sie . . . sie haben alle keine Zungen«, stotterte er voll Verblüffung.
»Das wundert mich nicht«, sagte Wolfdietrich kühl. »Denn ihre Zungen habe ich. Ich habe sie ausgeschnitten und mitgenommen, und ich sehe, das war klug getan. Denn ein Betrüger wie du könnte sonst jederzeit sagen, er habe die Lindwürmer getötet.«
Er öffnete den Sack, nahm die Drachenzungen heraus und warf sie dem Markgrafen vor die Füße.
Da begriff Wildung, daß sein Spiel verloren war, und da verließ

ihn alle Besonnenheit. Er stürzte sich auf Wolfdietrich wie ein Wahnsinniger.
»Jetzt will ich endlich wissen, wer unter dieser Kutte steckt«, brüllte er und packte das Pilgergewand mit beiden Fäusten, daß das morsche Gewebe knirschend von oben bis unten auseinanderriß.
Im selben Augenblick taumelte er mit einem gurgelnden Laut zurück.
»König ... König ... Ortnit ...«, lallte er.
Nein, Ortnit war es nicht. Aber als Sidrat den Fremden ansah, wie er da stand in der goldenen Rüstung und wie er jetzt langsam den Helm abnahm, auf sie zukam und das Knie beugte, indes ihm eine wirre Strähne seines honigfarbenen Haares in die Stirne fiel, da glich er König Ortnit so sehr, daß sie schon die Hand ausstreckte, um diese Haarsträhne zurückzustreichen. Aber sie erschrak sogleich darüber und verbarg die Hand hastig in ihrem Gewande.
Wolfdietrich sah es und dachte bekümmert, sie sei vielleicht erzürnt über seine Verkleidung. »Herrin, ich bitte dich um Verzeihung, daß ich als Pilger hierhergekommen bin«, sagte er schnell und blickte zu ihr auf. Ach, er hätte am liebsten gar nichts gesagt und sie nur immer angesehen! Aber sie wußte ja noch nicht einmal, wer er war. Sie mußte ihn für einen dummen unhöfischen Burschen halten, und das durfte nicht sein! Darum fügte er eilig hinzu: »Ich bin Wolfdietrich, Hugdietrichs Sohn, und mein Vater war König zu Kunstenopel.«
Er sah, wie es die Edlen überraschte. Aber der Königin schien es nicht besonders wichtig zu sein, denn sie sagte nur: »Und du warst schon vor zwei Nächten hier, draußen an der Mauer. Ich habe deine Stimme wiedererkannt. Ich – ich bin froh, daß du zurückgekommen bist.«
Es wurde ihm ganz eng ums Herz vor lauter Freude bei ihren Worten, und er vermochte nichts zu sagen, aber seine goldenen

Augen strahlten sie an, daß sie ein wenig zu Boden sehen mußte. Er wußte es nicht einmal. Aber Markgraf Wildung entging es nicht: Er wünschte diesen Königssohn heftig über alle Berge, und dazu hatte er nun freilich Grund genug. Aber es sollte noch viel schlimmer für ihn kommen.
Die Königin redete weiter zu Wolfdietrich: »Du sollst hier auf Garten zu Gaste bleiben, edler Herr. Graf Helmnot wird für dich sorgen. Und morgen, wenn du ausgeruht bist, muß ich dich vieles fragen.«
Sie neigte den Kopf und ging schnell aus dem Saale. Helmnot und Engelwan folgten ihr, um sie bis an die Tür ihrer Kemenate zu geleiten.
Als sie über den Söller zurückkehrten, sagte Engelwan: »Weißt du, was dies alles bedeutet?«
»Ja«, antwortete Helmnot, »es bedeutet, daß der neue König von Lamparten Wolfdietrich heißen wird.«
Engelwan nickte. »Es bedeutet noch etwas anderes«, fing er zögernd an. Aber er sprach nicht weiter. Sie dachten beide dasselbe: Die Königin hatte versprochen, denjenigen zum Gemahl zu nehmen, der die Lindwürmer erschlüge und ihr den Ring zurückbrächte. Sie würde ihr Wort halten, das wußten sie. Und es war für sie beide ein wenig schwer, es zu wissen, und ihre tapferen, ehrlichen Gesichter wurden für eine Weile traurig davon.
Aber keiner redete darüber. Jetzt nicht und auch später niemals. Helmnot richtete sich mit einem Ruck auf. »Er gefällt mir, und ich werde ihm den Eid schwören.«
»Ja, ich glaube, wir können es tun«, sagte Engelwan ernsthaft. »Aber komm, mir scheint, da drinnen ist der Teufel los.«
So sah es freilich aus. Niemand im Saale saß noch auf seinem Stuhle, die edlen Herren waren zu einem wilden Knäuel schreiender Männer mit wütenden Gesichtern und umherzuckenden Armen und Fäusten geworden, der sich um Markgraf Wildung

zusammenballte. Nur Wolfdietrich lehnte an einer Säule, als ginge ihn alles nichts an, und niemand kümmerte sich um ihn. Er lächelte leise: Wildung konnte er den zornigen Herren überlassen!
Nein, die erbosten Lamparten waren keineswegs gesonnen, ihrem Standesgenossen den ungeheuerlichen Betrug einfach so hingehen zu lassen. Sie brüllten ihm recht häßliche Worte in das graubleiche Gesicht mit den schlotternden Backen: daß er in den Turm müsse und nie wieder herauskomme; daß er von Rechts wegen gehängt werden sollte, und daß er ein Schandfleck der Ritterschaft sei. Und daß er allein schuld sei an allem Üblen, das in Lampartenland seit Ortnits Tod geschehen war.
Denn so ist es immer: Ist einer erst einmal böser Dinge angeklagt, dann finden sich alsbald Leute, die noch allerlei auf seine Schultern abladen, insbesondere dann, wenn sie selbst kein reines Gewissen haben.
Und die edlen Lamparten hatten es nicht: schon gar nicht, was die Königin betraf.
Im Handumdrehen war es soweit, daß sie nach den Knechten riefen, um Wildung ins Turmverlies hinabführen zu lassen.
Da sagte hinter ihnen eine Stimme: »Ich glaube nicht, daß es der Königin gefallen wird, einen Gefangenen in ihrer Burg zu wissen, edle Herren.«
Wolfdietrich hatte ganz ruhig und höfischen Tones gesprochen. Aber sie liefen dennoch sogleich wieder rot an: Was ging es den Fremden an?
Plötzlich standen aber Helmnot und Engelwan neben ihm.
»Ihr Edlen von Lamparten«, begann Helmnot ernst, »ehe König Ortnit starb, bestimmte er, daß der sein Nachfolger werden sollte, der die Lindwürmer erschlüge. Wir wissen es alle. Nun hat sie Herr Wolfdietrich erschlagen.«
Er schwieg. Und die anderen standen da und schwiegen auch:

denn dagegen gab es nichts zu sagen. Aber leicht – nein, leicht mochte es nicht sein für die stolzen Lamparten.
Und leicht mochte es auch für ihren neuen Herrn nicht werden.
Da beugten Helmnot und Engelwan das Knie: »Wir grüßen dich, König Wolfdietrich!«
Wolfdietrich wußte nicht, wie ihm geschah. Alles stürzte zugleich über ihn her: Schrecken und Freude, Glück und Bangigkeit und ein großes Staunen; denn er hatte wahrhaftig ganz und gar nicht daran gedacht, daß seine Tat ihn zum König von Lamparten machen würde. Nur, daß er diese arme Königin befreien mußte und ihr Land von den Ungeheuern erlösen, damit sie wieder glücklich sein konnte. Ja, weiß Gott, so war es ihm ergangen. Und nun?
Er sah hinab auf die beiden jungen Ritter, die so ernsthaft vor ihm knieten. Und während sie einander anblickten, forschend und freimütig, da erkannten sie, daß sie von derselben Art waren: und diese Art war sehr ritterlich.
»Gott lohne es euch«, sagte Wolfdietrich und fühlte, daß er sie leiden mochte.
Für die anderen Lampartenritter – ja, da war es freilich nicht ganz so einfach, und mancher mußte sich einen recht spürbaren Ruck geben, ehe sich sein steifes Knie beugte. Aber das war ihnen nicht allzu übel zu nehmen: denn es kam vom Alter, und sie waren alle viel älter als ihr junger König.
Einer stand voll verbissenem Grimm abseits, und niemand erwartete, daß er dem König huldigte: Markgraf Wildung wurde noch in der Nacht von bewaffneten Knechten nach seiner eigenen Burg gebracht, mit dem Befehl, sie nicht mehr zu verlassen. Freilich, wenige Tage später war er trotzdem spurlos verschwunden, niemand wußte wohin, und niemand in Lampartenland sah ihn jemals wieder. –
Ehe die Landherren fortritten von Garten, hielten sie Rat und beschlossen, daß Wolfdietrich in sieben Tagen in der Burg zu

Trient mit der Eisernen Krone von Lamparten gekrönt werden sollte. –
Wolfdietrich schlief nicht in dieser ersten Nacht auf Garten: Es gab so vieles, das ihn nicht schlafen ließ. Und zuletzt, als schon der Himmel vor dem Fenster grün wurde – ja, da war er so tief bekümmert, daß er die Augen zumachte, weil er den neuen Tag nicht sehen mochte.
»Ich bin sehr schlecht, ein ganz elender Bursche bin ich«, hielt er sich selber erbittert vor: denn er hatte lange an Berchtung und seine Söhne gedacht, die für ihn zu Kunstenopel im Kerker schmachteten. Und nun, da das Wunder geschehen war, das ihn zum König von Lamparten machte . . . da hatte er, anstatt schleunigst zur Heerfahrt gegen seine Brüder und Sabene zu rüsten, auf einmal nicht die geringste Lust, jemals wieder von Garten fortzureiten . . . nein, es war ihm höchst zuwider, auch nur daran zu denken . . . oh, wahrhaftig, er war ein elender Bursche, nicht wert, ein Ritter zu heißen . . .
Indessen stieg draußen der Morgen über dem Gartensee auf. Auf dem Wasser glitzerten Tausende von silbernen Sternen, auf jeder Welle schaukelte einer, und dann wurde der See blau und der Himmel – oh, nichts konnte so blau sein wie dieser Himmel und der Gartensee, und jenseits am Hang leuchteten die Bäume in gelbem oder rotem Laub, denn es ging schon dem Herbst zu. So begannen die sieben Tage Wolfdietrichs auf Garten.
Am ersten Tage ritt er mit Helmnot und Engelwan abermals nach der Drachenschlucht zu Ortnits Grab und zur Höhle des Klausners, um Wildvogel zu holen. Aber Wildvogel bezeigte nicht die geringste Freude, seinen Herrn wiederzusehen: Er stürzte sich sofort zähnefletschend vor Eifersucht auf den fremden Hengst, der Wolfdietrich trug, und sie hatten alle Mühe, das erschrockene Tier vor seinem wütenden Artgenossen zu retten.
Als sie davonritten, hörten sie noch lange den Einsiedler mit

schallender Stimme Gott und den tapferen jungen König von Lamparten preisen.
Es war sehr spät in der Nacht, als sie wieder nach Garten kamen. Wolfdietrich legte sich todmüde auf sein Bett, dachte einen Augenblick bekümmert an seine elf Dienstmannen und schlief ein.
Am nächsten Morgen ließ ihm die Königin sagen, sie wolle ausreiten, und er möge sie begleiten. Sie ritten miteinander fort, das Tal hinauf nach Norden, durch das Wolfdietrich in jener ersten Nacht herabgekommen war. Aber was war das für ein grünes und goldenes Tal jetzt im hellen Sonnenschein! Ein fröhliches kleines Wasser floß an ihnen vorüber gegen den Gartensee zu, die Königin saß auf einem weißen Pferd, und der arme Wolfdietrich wußte nicht, ob er sehr glücklich oder sehr unglücklich war. Er mußte erzählen, was sich in der Drachenschlucht zugetragen hatte, und die Königin konnte gar nicht genug hören, und als es endlich nichts mehr zu fragen gab, da sagte sie nur wieder: »Gottlob, daß du zurückgekommen bist«, und ihr Gesichtlein war sehr ernsthaft geradeaus gerichtet.
An diesem Abend dachte er nicht an seine Dienstmannen: Zum erstenmal vergaß er sie. Aber in der Nacht fuhr er auf, als hätte er etwas Schreckliches geträumt. Er suchte sich vergebens daran zu erinnern: aber das Herz war ihm sonderbar schwer.
Er konnte nicht wissen, daß in dieser Nacht, viele tausend Meilen entfernt, Herzog Berchtung im Turm zu Kunstenopel gestorben war.
Am dritten Tage saß Wolfdietrich lange mit der Königin und den beiden Brüdern im Saal und erzählte, wie er von Lilienport nach Lamparten gereist war und was ihm unterwegs begegnete. Zuletzt fragte die Königin: »Und warum hast du diese weite und gefährliche Reise gemacht?«
Da erschrak Wolfdietrich, denn er erkannte, daß er auf dem Wege war, sein Versprechen zu vergessen.

»Oh, Herrin«, sagte er traurig, »ich wollte zu König Ortnit, damit er mir beistehe gegen Sabene und meine Brüder. Aber das ist eine lange Geschichte. Erlaube, daß ich sie dir morgen erzähle.«
Er war so bekümmert, daß er nicht mehr im Saale bleiben mochte, obgleich Sidrat da war. Er ging fort in seine Kammer, aber auch schlafen mochte er nicht. So blieb er am Fenster stehen und blickte in die Nacht hinaus, die voll Sterne war. Allein es wollte ihm nicht leichter werden, und da begann er in seinem Kummer zu beten. »Herr«, sagte er, »du hast mich vor den wilden Tieren beschützt und vor dem Hungertode gerettet und vor Marpaly und Belian. Du hast mich sogar die Lindwürmer besiegen lassen. Aber wenn du mir jetzt nicht gegen mich selber beistehst, so ist alles umsonst, und ich bleibe hier, und meine elf Dienstmannen müssen im Kerker umkommen.«
Als Sidrat am nächsten Tage die Geschichte von Sabene und den Brüdern gehört hatte, wurde sie sehr nachdenklich.
»Und du glaubst, daß deine elf Dienstmannen gefangen sind?« fragte sie endlich.
Er nickte bekümmert. »Ja, ich bin sicher. Es ist ganz unmöglich, daß sie aus Lilienport entkommen sind.«
Sidrat blickte verstohlen zu ihm hinüber, und wieder durchfuhr es sie, wie sehr er Ortnit glich mit seinem schmalen, braunen Gesicht und der hellen Haarsträhne, die immer über seine Stirne fiel.
Sie saß im Erker und nähte an einem kostbaren Gewand, das Wolfdietrich bei der Krönung in Trient tragen sollte. Aus dem ganzen Lande zogen schon die Herren und viel Volk nach der Stadt, um dem Fest beizuwohnen: Allenthalben herrschte Freude in Lamparten, daß nun die Not ein Ende hatte. Aber der, dem das Fest galt, saß da, als sollte es zu seiner Hinrichtung gehen.
Freilich, nun kannte sie seinen geheimen Kummer, und sie beschloß, ihm zu helfen: denn sie hätte ihn für ihr Leben gern fröhlich gesehen.

»Willst du mich allein lassen, Herr Wolfdietrich«, sagte sie freundlich. »Ich muß über etwas nachdenken: Morgen sollst du es erfahren.«
Während er über den Söller ging, rechnete er nach. Morgen war der fünfte Tag, seit er untätig auf Garten saß. Und seine Dienstmannen saßen wieder um fünf Tage länger im Kerker.
Aber was sollte er tun? Er konnte doch nicht die Lamparten, noch ehe er zum König gekrönt war, zur Heerfahrt nach Kunstenopel aufrufen! Und das Schlimmste war – er wollte es auch gar nicht. Grimmig nickte er vor sich hin. Ja, ja, wenn er ehrlich gegen sich selber war, dann mußte er zugeben, daß er ganz einfach nicht von Garten fortwollte, um vielleicht viele Monde nicht wiederzukommen – und viele Monde Sidrat nicht wiederzusehen.
Das war es, er wußte es längst. Er liebte Sidrat ganz einfach, da half alles nichts, und er hatte nie gewußt, daß man jemanden so liebhaben konnte. Und jetzt? Jetzt sollte er fort, und wer weiß, was unterdessen geschah: Vielleicht nahm sie irgendeinen Fürsten zum Gemahl, und wenn er dann zurückkäme, wäre sie nicht mehr da und . . . ach, er mochte es gar nicht ausdenken, wie traurig das für ihn sein würde.
Aber am nächsten Morgen geschah etwas, und mit einem Male war alles ganz anders.
Als er zur Königin in den Saal kam, empfing sie ihn zwar so freundlich wie stets, aber sie sah ein wenig ängstlich und unsicher aus. Da tat sie ihm leid, und er hätte sie gerne gefragt, was ihr fehle. Aber er fürchtete, sie möchte es für unziemliche Neugier halten.
Sidrat setzte sich in den Erker und begann wieder am Krönungsgewand zu sticken. Sie hielt den Kopf gesenkt, und ihr Gesichtlein verschwand fast zwischen den dunklen Zöpfen. Sie hob es nicht auf, als sie zu reden begann.
»Herr Wolfdietrich«, sagte sie, »kurze Zeit, bevor du hierher

kamst, habe ich den Landherren von Lamparten ein Versprechen gegeben. Es ist meine Pflicht, dir davon zu erzählen: denn es betrifft dich.«
Wolfdietrich sah sie verwundert an. »Mich? Wie kann es mich betreffen, da du doch gar nichts von mir wußtest?«
»Dennoch. Ich – ich habe versprochen, denjenigen zum Gemahl zu nehmen, der die Lindwürmer erschlüge und König Ortnits Ring zurückbrächte.«
Ja, nun war es gesagt. Und nun wäre die arme junge Königin am liebsten fortgelaufen vor Schrecken, weil sie es gesagt hatte. Und da saß dieser junge Held Wolfdietrich, der die Drachen getötet hatte, und rührte sich nicht und brachte kein Wort hervor. Nein, niemand konnte unhöfischer aussehen als Wolfdietrich zuzeiten.
Aber als sie jetzt beide im gleichen Augenblick den Kopf hoben, und als sie ihm in das feuerrote Gesicht blickte, da mißfiel der Königin ihr unhöfischer Ritter ganz und gar nicht. Nur, daß er so lange nichts sagte und daß er immer unglücklicher dreinsah, das begann ihr Sorge zu machen. Vielleicht – oh, vielleicht wollte er gar nichts wissen ... und da sah sie plötzlich genauso unglücklich drein wie Wolfdietrich.
Aber das durfte er ja nicht merken, und so fing sie hastig wieder an: »Ich habe es dir nur gesagt, weil ich meinte, daß du es wissen müßtest. Du sollst aber nicht glauben ... ich meine, du mußt dich nicht darum kümmern ...« Sie brach gänzlich verwirrt ab, weil alles, was sie sagen wollte, falsch schien. Und da fühlte sie sich plötzlich so beschämt und ratlos, daß ihr die Tränen in die Augen traten, wie sehr sie sich auch dagegen wehrte. Oh, was war sie doch für eine armselige Königin, und was mußte Wolfdietrich von ihr denken!
Aber Wolfdietrich dachte gar nichts. Es stand nur schnell auf und kam herüber zu ihr.
»Herrin«, sagte er, während er das Knie beugte – er merkte

nicht, daß er auf dem prächtigen Krönungsgewand kniete, und es wäre ihm auch ganz gleich gewesen – »Herrin, ich liebe dich so sehr, daß ich sogleich wieder für dich gegen die Lindwürmer reiten würde. Aber – ich kann dich nicht bitten, meine Gemahlin zu werden, weil ich einen Eid geschworen habe, keine Frau zu nehmen, ehe meine elf Dienstmannen befreit sind. Nun weißt du, wie es um mich steht«, schloß er fast grimmig vor lauter Bekümmernis.

Ja, nun hatte er zu Sidrat wahrhaftig genau das gleiche gesagt wie zu den wunderlichen Weibern, denen er auf seiner Reise begegnet war! Und darüber hätte er fast lachen können, wenn es ihn diesmal nicht so unglücklich gemacht hätte.

Aber Sidrat – er konnte es nicht sehen, weil er sein Gesicht in ihre Hände gelegt hatte – Sidrat lächelte. Sie saß eine Weile ganz still da und blickte auf ihn hinab. Indessen dachte sie schnell nach.

»Ja, das ist gut«, murmelte sie dann, nahm sachte ihre Hände an sich und stand auf.

Er wußte nicht, was sie meinte. »Was ist gut?« fragte er sehr beunruhigt. »Daß du – daß du mich nicht zum Gemahl zu nehmen brauchst?«

»Nein. Du sollst es morgen erfahren. Jetzt muß ich gehen, ich habe etwas zu tun.« Im nächsten Augenblick war sie fort: aber während sie sich umwandte, strich sie ihm noch schnell die Haarsträhne zurück, die ihm wieder in die Stirne gefallen war. Morgen, dachte er seufzend. Abermals mußte er warten bis morgen.

Er bekam Sidrat an diesem Tage nicht mehr zu sehen. Es kamen viele Gäste nach Garten, Frauen und Töchter der Landherren mit ihrem Gefolge, die mit der Königin nach Trient zur Krönung reiten sollten.

Spät in der Nacht, als es endlich in der Burg ruhig geworden war, ließ die Königin Helmnot und Engelwan zu sich rufen. Sie

sprach lange mit ihnen, und die beiden jungen Rittern machten zuerst recht verwunderte Gesichter. Aber es begann ihnen sehr bald zu gefallen, was ihre Herrin sich da ausgedacht hatte.
»So werden wir wieder übers Meer fahren«, sagte Helmnot zuletzt, und seine Augen funkelten vor Abenteuerlust.
»Und wir werden uns zu Kunstenopel diese beiden traurigen Könige und den Schurken Sabene ein wenig genauer ansehen, als ihnen lieb ist«, verhieß Engelwan voll Eifer. Manchmal waren sie wie große Buben, diese beiden tapferen ernsthaften Brüder.
Sie gingen fort, legten ihre Rüstungen an, ließen sich die Pferde satteln, und als der Morgen graute, waren sie schon auf dem Wege nach Trient.
Die Stadt glich einem großen Heerlager, und immer noch kamen neue Scharen von Bewaffneten durchs Etschland herauf und herab und von den Burgen ringsum. In den Häusern und Höfen war längst kein Platz mehr, und so lagerten sie draußen vor den Mauern: denn nun brauchte man ja nicht mehr zu befürchten, unversehens im Rachen eines Lindwurms aufzuwachen.
Helmnot schmunzelte, als sie an den Zelten vorüberritten, über denen die Wimpel mit den Wappen der Ritter und Grafen von Lamparten flatterten.
»Sie sind alle da«, sagte er vergnügt, »und mir scheint, sie gedenken ihrem neuen König recht eindringlich vor Augen zu führen, was für große Herren sie sind, so prächtig haben sie sich herausgeputzt.«
Er hatte freilich recht, und es war eine prunkvolle Versammlung an diesem Abend in der riesigen Burg zu Trient.
Helmnot und Engelwan waren überall. Sie redeten so viel, daß Engelwan, als sie endlich auf ihre Betten fielen, nur noch erschöpft murmelte, von nun an gedenke er sein ferneres Leben lang zu schweigen.
Aber sie hatten nicht umsonst geredet. Als sie just befriedigt

einschlafen wollten, hörten sie überall um die Stadt die Hörner rufen: Die Landherren von Lamparten riefen ihre Ritter und Knechte zusammen, um ihnen zu sagen, daß sie mit König Wolfdietrich übers Meer nach Kunstenopel fahren würden. Freilich nicht gleich: Fürs erste sollten sie sich schleunigst rüsten, nach Garten zu reiten, um ihrem neuen Herrn das Geleit nach Trient zu geben.
Dem neuen Herrn aber mißfiel indes dieser sechste Tag auf Garten gründlich. Sidrat hatte nicht einen Augenblick Zeit für ihn. Und er hätte sie doch etwas fragen müssen, nur eine einzige Frage, weil sie ihm ja gestern nicht geantwortet hatte, als er ihr sagte, daß . . . daß er gerne noch einmal für sie gegen den Lindwurm reiten würde. Nicht ein Wort hatte sie darauf erwidert! Nein, fortgegangen war sie, und er stand da und wußte nicht, ob sie . . . was sie über ihn dachte!
Es gab keinen Funken Hoffnung für ihn, mit der Königin allein zu reden, das mußte er einsehen. Immer war ein Schwarm mehr oder minder holdseliger Mägdlein um sie und eine Mauer von würdigen Frauen, die streng über die höfische Sitte wachten . . . ach, und man konnte nicht einmal Wildvogel die Sporen einsetzen, um dieses ganze holdselige und würdige Hindernis über den Haufen zu rennen!
Ja, so unhöfische Gedanken hatte Wolfdietrich in seiner Ungewißheit.
Aber endlich, gegen Abend, als er müßig am Fenster seiner Kammer stand und weder die liebliche Landschaft noch das ganze Leben besonders freundlich zu finden vermochte, hörte er bloße Füße über den Gang laufen. Gleich darauf stand die Magd Hildegunde vor ihm.
Sie errötete und verneigte sich tief. Hildegunde errötete immer, und dann sah ihr rundes Gesicht aus wie eine riesige Himbeere.
»Herr König, meine Herrin läßt dir sagen, du mögest zu ihr auf den Söller kommen!«

»Ich danke dir!« sagte Wolfdietrich so strahlend, daß der armen Hildegunde der Mund offenblieb vor Bewunderung, weil dieser neue König ihr so unsagbar schön erschien.
Sie lief hinter ihm her den Gang entlang, ja, sie mußte wirklich fast laufen, weil der edle Herr solche Eile hatte und viel längere Beine als sie.
Aber an der Ecke, ehe sie auf den Söller von Sidrats Kemenate kam, verzog sich Hildegunde. Freilich seufzte sie dabei, aber ihre Herrin hatte es befohlen, und es kam ihr gar nicht in den Sinn, ungehorsam zu sein.
Wolfdietrich atmete heimlich, aber sehr erleichtert auf. Gottlob, die Königin war allein. Niemand von den Würdigen oder den Holdseligen war zu sehen, sonst hätte Sidrat es auch gewiß nicht gewagt, ihm zwei Schritte entgegenzulaufen, ganz einfach seine Hand zu nehmen und ihn an die Brüstung zu ziehen.
Sie sagte nichts: Er sah es auch so. Über die Straße von Norden herab wand sich ein langer Reiterzug. Die Spitze hatte schon das Seeufer erreicht und hielt an, und dann sammelte sich drunten auf dem weiten Anger allmählich ein prächtiges kleines Heer, Rüstungen blitzten, wie große bunte Vögel flatterten die Wimpel mit den Wappen hoch über dem glänzenden Gewimmel der Helme, und immer noch zog es weiter die Straße herab.
Wolfdietrich betrachtete voll Verwunderung den kriegerischen Aufzug.
Dann blickte er Sidrat an. Sie stand da, reichte ihm eben nur ein wenig über die Schulter, und ihr Gesichtlein war ernsthaft geradeaus gerichtet, als sie zu reden begann: »Was man versprochen hat, muß man halten. Ich habe versprochen, dich zum Gemahl zu nehmen, da du die Lindwürmer getötet hast. Du aber hast versprochen, keine Frau zu nehmen, ehe deine elf Dienstmannen frei sind. So mußte ich die Lamparten zur Heerfahrt nach Kunstenopel aufbieten lassen, damit du deinen Eid schnell einlösen kannst: denn erst dann werde auch ich mein Wort

halten können – wenn du mich darum bittest«, fügte sie leise hinzu.
Es war gut, daß niemand hörte, was Wolfdietrich darauf antwortete, denn es kümmerte ihn in diesem Augenblick nicht im geringsten, was die höfische Sitte vorschrieb oder verbot.
Und es sah ganz so aus, als freute sich die Königin darüber.
Am nächsten Morgen ritt Wolfdietrich mit dem Heere nach Trient, wo er mit der Eisernen Krone von Lamparten gekrönt wurde.

VII

Abermals fuhren zwölf Schiffe über das Mittelmeer gegen Osten, und auf dem vordersten wehte der Wimpel von Lamparten. Das Meer war ruhig, denn die Zeit der Herbststürme und der großen Regen hatte noch nicht begonnen.
Die Männer waren frohen Mutes und voll Abenteuerlust.
Als sie gegen Kreta kamen, steuerten sie nordwärts zwischen der Insel und dem griechischen Festlande in das gefährliche Gewässer des Ägäischen Meeres mit seinen Untiefen und Klippen. Sie fuhren weit draußen vor der zerrissenen Küste, die landeinwärts bald zu auf- und abwellenden Höhenrücken und zerklüfteten Bergen anstieg. Tagsüber lag es wie eine flimmernde Wolke von Staub und grellem Licht über allem, gegen Abend aber begannen die kahlen Felsen und Grate gelb und rot und violett zu leuchten, daß es den Lamparten schien, als segelten sie an einem verwunschenen Lande vorüber.
Sie vermieden den großen vielbevölkerten Hafen von Salneck und fuhren wieder ostwärts. Der Strand dehnte sich öde und einsam, und Wolfdietrich wußte, daß man hier an der Südküste Meile um Meile reiten konnte, ohne einem Menschen zu begegnen. Endlich kamen sie in eine kleine tiefe Bucht, in der gewiß niemals Schiffe anlegten, denn es gab keine Straße in das Innere. Aber gerade das, meinte Wolfdietrich, war sehr gut für die Lamparten, und darum hatte er beschlossen, in dieser Bucht an Land zu gehen.
Niedrig bewaldete Bergkämme zogen sich an der Meerenge entlang, die man Hellespont nannte, gegen Nordosten bis nahe an Kunstenopel. Aber der Wald war dürftig, zwischen den

Bäumen fristete kümmerliches graues Gestrüpp sein Dasein, und es konnte nicht schwer sein, da droben in der Höhe unbehindert und ungesehen nach der Hauptstadt zu gelangen.
»Denn ich will nicht, daß es Kampf gibt, wenn ich es vermeiden kann«, sagte Wolfdietrich, als sie am Ufer hielten und berieten. »Kommen wir aber heimlich über sie, so haben sie keine Zeit, sich zur Verteidigung zu rüsten, und müssen sich ergeben.«
So begann der Zug der Lamparten gegen Kunstenopel, von dem später an Lagerfeuern, in Herbergen und Burgen noch lange geredet wurde.
Sie ritten über die Höhen, bis es dunkel wurde. Im Osten schillerte das Meer aus der Tiefe herauf, landeinwärts sahen sie manchmal eine Burg oder ein paar Gehöfte liegen, graue Straßen wanden sich drunten durch die Ebene, auf denen nur selten ein Ochsenkarren vorwärtskroch oder ein Reitertrupp auftauchte.
Als es vollends Nacht wurde, schlugen sie ein Lager auf und stellten Wachen aus: aber auch die hätten ruhig schlafen können, denn der Morgen kam, ohne daß sich ein lebendes Wesen in der Nähe zeigte. Nein, kein Mensch im ganzen Griechischen Reich wußte, daß da droben ein Heer gegen die Hauptstadt zog, meinten die Lamparten und lachten.
Als sie abermals fast den ganzen Tag geritten waren, hielt Wolfdietrich an.
»Dort drüben liegt Kunstenopel«, sagte er.
Sie befanden sich auf einer breiten Hochfläche, von der das Gebirge sachte in die Ebene abfiel. Weit draußen stiegen Mauern, Türme und Kuppeln aus dem Dunst auf, der vom Meere hereinkam. Neugierig sahen die Lamparten hinüber nach der berühmten Stadt, die so fremdartig da an dem schmalen Meeresarm lag, an dessen anderem Ufer das riesige geheimnisvolle Land Asia begann.

Aber nach einer Weile schien ihnen, mit dem Anschauen allein sei nicht viel getan. Die jungen Ritter drängten ihre Pferde nach vorn neben Wildvogel. »Reiten wir, Herr!« Es klang sehr begierig.
Der König jedoch schien keine sonderliche Eile zu haben. Und jetzt – ja, jetzt stieg er sogar aus dem Sattel, ohne im geringsten auf ihre enttäuschten Gesichter zu achten.
»Nein«, sagte er so bedächtig, daß Herzog Berchtung seine helle Freude an seinem überlegsamen Zögling gehabt hätte, »nein, ihr sollt hier bleiben und auf mich warten: denn ich will zuerst allein zur Stadt hinab, um zu erkunden, wie alles steht.«
Da schoß Helmnots Hengst vor wie ein Blitz, weil er unversehens die Sporen zu fühlen bekam.
»Ganz recht, Herr Wolfdietrich«, sagte Helmnot, beugte sich herab und starrte dem König wütend ins Gesicht, »du reitest allein nach Kunstenopel, geradewegs in die offenen Arme Sabenes und deiner Brüder, die ja nur auf dich warten! Und wir – wir machen uns wieder auf die Suche nach einem neuen König von Lamparten!«
Wolfdietrich blickte lächelnd in das zornige Gesicht hinauf. »Nein, Markgraf Helmnot, ich werde nicht nach Kunstenopel reiten, sondern ich werde zu Fuß hingehen!«
Helmnot schnappte nach Luft. »So! Nicht einmal Wildvogel willst du mitnehmen, der dich vielleicht noch retten könnte!« Er schüttelte fast mitleidig den Kopf. »O Herr, wenn ich dir sagen wollte, was ich jetzt über dich denke, so müßte ich mich danach sogleich freiwillig in den Turm begeben, um nie mehr herauszukommen: denn meine Gedanken sind sehr beleidigend für dich! Aber ich kann dich nicht hindern, dem Teufel in den Rachen zu laufen! So sage mir nur noch, wann du zurückzukehren gedenkst, damit wir dann gleich reiten können und wenigstens zur rechten Zeit nach Kunstenopel kommen, um dich ehrenvoll zu begraben.«

Jetzt wurde auch Wolfdietrich ernst. »Wenn ich morgen bei Sonnenaufgang nicht zurück bin, so mögt ihr reiten.«
Er wandte sich zu Wildvogel um und schnallte das dunkle Stoffbündel ab, das er zur Verwunderung der Lamparten am Sattel mitgeführt hatte. Daraus kam ein altes Pilgergewand zum Vorschein, unter dem im Handumdrehen die goldene Rüstung verschwand. Als Wildvogel diese Verwandlung sah, legte er die Ohren zurück und begann zu schielen: Schon einmal war ihm sein Herr in solchem Gewande abhanden gekommen!
Aber es half nichts: Gleich darauf ging sein Herr schon schnellen Schrittes davon, den flachen Hang hinab, indes ein Knecht den Hengst Wildvogel am Zaume hielt, und Wildvogel konnte ihn nicht einmal beißen, denn es war ein sehr starker und geschickter Knecht. –
Niemand beachtete den Pilger sonderlich, der in der Dämmerung mit gleichmäßigen großen Schritten gegen Kunstenopel wanderte. Es gab viele Heiligtümer in der Stadt, und fromme Männer kamen oft von weit her, um sie zu besuchen. Das wußte Wolfdietrich wohl, und darauf baute er. Außerdem würde es schon finstere Nacht sein, wenn er an die Mauern käme, und dann wurden die Tore geschlossen, und niemand hielt sich mehr draußen auf. In die Stadt zu gehen, durfte er freilich nicht wagen: denn da konnte es sein, daß ihm die Wache begegnete, und wenn es erst einmal ans Licht kam, daß der Pilger unter dem härenen Kittel eine goldene Rüstung trug – dann Gott befohlen, König von Lamparten!
Aber in der Stadt hatte er auch gar nichts zu tun. Die Königsburg lag auf der Westseite, landeinwärts, und das große Tor führte gerade auf die Heide hinaus. Nicht weit davon erhob sich der breite Turm, in dem sich das Verlies befand. Dieser Turm war sein Ziel: denn darin lagen seine Dienstmannen gefangen, das wußte er so gewiß, als wenn es ihm jemand gesagt hätte.
Aber – was er nicht wußte, das war, wie er dahin gelangen

sollte. Freilich lief die Mauer dicht daran entlang, aber sie war so hoch, daß niemand sie vom Boden aus ersteigen konnte. Und wäre man selbst einmal droben, dann waren die winzigen Turmfenster noch immer so weit entfernt, daß Wolfdietrich beileibe nicht sicher war, ob er sie wohl mit ausgestreckten Armen erreichen würde.

Aber ich muß hinkommen, und ich werde hinkommen, dachte er, während er sich in der Dunkelheit behutsam dem Tore näherte. »Wenigstens will ich erfahren, ob sie am Leben sind, eher gehe ich nicht fort!« Ja, dazu war Wolfdietrich fest entschlossen. Er blieb ein wenig stehen und horchte. Aber es war nichts zu hören. Nur im fauligen Wasser des Burggrabens quakten ein paar Frösche.

Der Wächter schlief gewiß drinnen auf seinem Bänklein, Wolfdietrich kannte den Platz genau genug. Nirgends brannte ein Licht in der Burg, es mochte wohl schon längst Mitternacht sein. Ostwärts über dem Hafen lag ein rötlicher Schein, dumpfer Lärm drang herüber und manchmal der eintönige Gesang der Ruderknechte.

Als Wolfdietrich endlich vor dem Turm stand und an der gewaltigen schwarzen Mauer hinaufblickte, verließ ihn freilich beinahe der Mut. Hoch droben konnte er gerade noch die schmalen Fensteröffnungen unterscheiden, und um auch nur den Mauerrand zu erreichen, fehlte mindestens noch eine Armlänge, wenn er sich auch noch so sehr streckte. Da war nun guter Rat teuer, und viel Zeit hatte er auch nicht. Er ging ein paar Schritte gegen den Galgenhügel hinab und überlegte, ob er wohl versuchen sollte, auf den Galgen zu klettern und von dort auf die Mauer hinüberzuspringen. Aber das gefiel ihm so wenig, daß er den Gedanken gleich wieder aufgab. Dafür merkte er, daß er in der Dunkelheit immer über große Steine stolperte, und da kam ihm ein guter Einfall. Eilig machte er sich daran, die Klötze auszugraben, die zum Glück nicht tief im

sandigen Boden steckten. Es war freilich trotzdem eine mühselige Arbeit, und dazu mußte er die Steine noch hinübertragen bis zum Turm: denn wenn er hier auf die Mauer stieg und droben entlangging, konnte es doch leicht sein, daß er von irgend jemandem gesehen wurde. Also schichtete er dicht neben dem Turm eine kleine Pyramide an der Mauer auf. Er arbeitete sorgfältig, um ihr möglichst viel Festigkeit zu geben, und hoffte inbrünstig, daß sie halten würde, wenn er dann hinaufkletterte. Er mußte viele Male hin- und herlaufen, ehe ihm sein Bauwerk hoch und sicher genug erschien. Es war nur gut, daß wenigstens der Wassergraben diesseits des Tores nicht weiterging; sonst wäre ihm wohl kein Platz für die Steinpyramide geblieben, und außerdem – wer etwa von der Mauer stürzte, der fiele rettungslos in den stinkenden Morast.
Mit äußerster Behutsamkeit begann Wolfdietrich endlich seinen Aufstieg. Gottlob, es ging, die Pyramide hielt: Jetzt stand er auf der Spitze und streckte die Arme in die Höhe – ja, da war der Mauerrand, und nun brauchte er sich nur noch ein wenig mit den Füßen abzustoßen und hinaufzuziehen . . . aber da . . . großer Gott, da begann es unter ihm zu schwanken und zu gleiten . . . oh, diese elenden Steine! Mit einem verzweifelten Schwung schnellte er sich in die Höhe, und dann – dann hing er mit dem Bauch über der Mauer. Nicht, daß ihm seine wunderliche Lage etwa das leiseste Vergnügen bereitete, aber er war doch froh, daß er wenigstens oben war. Unter ihm aber kollerte und prasselte und rollte es den flachen Hang hinab und machte einen solchen Lärm in der Stille der Nacht, daß Wolfdietrich in seinem Schrecken ein paar Worte hervorstieß, die Sidrat gewiß nur mit größter Verwunderung aus dem Munde des Königs von Lamparten vernommen hätte. Zugleich zog er eilig seine baumelnden Beine an sich und legte sich fürs erste einmal der Länge nach nieder, um zu Atem zu kommen. Jeden Augenblick erwartete er, den Wächter rennen zu hören. Gleich

würde er über die schmale steinerne Stiege hinaufklettern und ins Horn stoßen, und dann würden sie kommen und den König von Lamparten ganz einfach von der Mauer herunterholen. Nein, es war vielleicht doch nicht gut gewesen, allein nach Kunstenopel zu gehen.

Aber einstweilen blieb alles still. Und nach einer Weile wagte er es, sich aufzurichten. Gerade über ihm befand sich eines der kleinen Fenster. Er stand eng an die Turmmauer gedrückt und streckte sich, so hoch er konnte: Beinahe hätte er einen erleichterten Ruf ausgestoßen, als er die eisernen Gitterstäbe zwischen den Fingern fühlte.

Im nächsten Augenblick begann er sich mit der ganzen Kraft seiner Arme in die Höhe zu ziehen. Die Füße fanden ein wenig Halt an den rauhen Mauersteinen, und es dauerte nicht lange, da konnte er den Kopf droben zwischen die Stäbe stecken. Freilich war da nichts als undurchdringliche Schwärze. Er hatte ja auch nicht erwartet, etwas zu sehen. Aber vielleicht würde er etwas hören, ja, darauf hoffte er ganz gewiß.

Aber, als dann wirklich die Stimme aus der Tiefe heraufkam, da erschrak er so, daß er fast die Stäbe losgelassen hätte.

Die Stimme sagte: »Seht ihr? Ein Fenster ist dunkel geworden!« Es war eine sehr müde Stimme, und Wolfdietrich meinte, er kenne sie nicht.

Dann antwortete eine andere: »Es wird ein Nachtvogel sein, der in der Nische sitzt.«

Darauf wurde es wieder still.

Da rief er leise hinab. »He, ihr Gefangenen da drunten – hört ihr mich?«

In der Tiefe raschelte und knisterte es, als wären die Gefangenen jäh von ihrem Strohlager aufgesprungen. »Ja!« drang es atemlos herauf. Oh, er konnte es förmlich sehen, wie sie drunten standen und in die Höhe starrten!

»Wer seid ihr?« fragte er vorsichtig. Es kam nicht gleich eine

Antwort. Freilich, man wurde wohl mißtrauisch gegen alles, wenn man so lange im Turm saß.
»Wir sind Berchtungs Söhne«, sagte endlich einer zögernd.
Wolfdietrich stieg etwas in die Kehle, daß er schlucken mußte. Ja, nun hatte er sie gefunden. Aber zugleich überkam es ihn auch schon, daß nicht alles in Ordnung war.
»Und wo – wo ist Herzog Berchtung?«
Wieder blieb es eine Weile still. »Unser Vater ist schon vor vielen Tagen gestorben«, kam es endlich aus der Finsternis zurück.
». . . schon vor vielen Tagen gestorben.«
Wolfdietrich ließ sich langsam hinabgleiten auf die Mauer, ohne daß er es wußte. Armer, treuer Berchtung! Wie mochte er gewartet haben, daß sein Herr käme. Und nun war er zu spät gekommen. Aber die anderen – wenigstens für sie war es noch nicht zu spät! Hastig zog er sich abermals am Fenster in die Höhe.
Er merkte an ihren Stimmen, daß sie über sein Schweigen beunruhigt waren.
»Hört zu, ihr Berchtungssöhne!« rief er wieder. Aber sie wollten nicht, sie redeten alle durcheinander, und er verstand sie nicht gleich. Plötzlich hörte er einen sagen: »Fremdling, wenn du ein Stück Brot hast, so wirf es um Gottes willen herab! Wir sterben vor Hunger.«
Wolfdietrich biß die Zähne zusammen. Oh, es sah Sabene ähnlich, die Gefangenen einfach verhungern zu lassen!
»Nein, ich habe nichts zu essen«, antwortete er bedrückt. »Aber ich verspreche euch, daß ihr morgen frei sein werdet«, fuhr er hastig fort. »Glaubt mir, nur bis morgen müßt ihr noch aushalten!«
Wieder schwiegen sie, und er fühlte, daß sie ihm mißtrauten.
»Wer bist du denn?« fragte endlich einer, und es klang beinahe feindselig.

Wolfdietrich konnte nicht mehr antworten. Irgendein Geräusch warnte ihn ...

Der Wächter drunten am Tor war aus seinem friedlichen Schlummer aufgeschreckt, als draußen vor der Mauer das Getöse losging. Er packte den Spieß, rannte ans Guckloch und horchte. Aber als es wieder still wurde und auch ganz und gar nichts zu sehen war, beruhigte er sich schnell wieder. »Was mich nicht brennt, das blase ich nicht«, brummte er und tappte verschlafen zum Bänklein zurück. »Mag es da draußen rumpeln, wie es will, was schert es mich, solange es nicht hereinkommt!« Und er hockte sich zufrieden wieder zurecht.

Aber es sollte ihm keine Ruhe mehr beschieden sein. Als er just wieder im Einschlafen war, hörte er eine Stimme, und das Verwunderlichste war, daß sie vom Turme herabzukommen schien, wo doch gar niemand sein konnte! Mißtrauisch blinzelte er in die Dunkelheit hinauf. Aber plötzlich riß er die Augen auf. Gerechter Himmel, was war denn das? Da hing etwas an der Turmmauer, das sah aus wie eine ungeheure Fledermaus, und wahrhaftig ... das Ungeheuer redete mit menschlicher Stimme ...

Der Wächter war zwar faul, aber keineswegs feige. Und so machte er sich flink auf die Beine, um dem wunderlichen Nachtgespenst zu Leibe zu rücken. Er kletterte das Stieglein hinauf, und als er gerade den Kopf über den Mauerrand steckte, stolperte er – und da fuhr auch schon der Schwarze wie ein Blitz am Turm herab und wandte sich zu ihm herüber. Als der Wächter erkannte, daß da ein großer Mann in einem langen dunklen Mantel stand, hielt er es für geraten, nach dem Horn zu greifen. Aber als er es an den Mund setzte, kam nur ein kurzer quiekender Ton heraus, der jäh erstarb: denn der Schwarze war mit einem Satz auf ihn zugeschossen, hatte ihm das Horn weggerissen und drückte ihm mit der anderen Hand den Hals zu.

»Sei still, wenn dir dein Leben lieb ist«, flüsterte er und schüttelte den Wächter ein wenig, daß ihm rote Funken vor den Augen tanzten. »Wenn du schreist, muß ich dich von der Mauer hinabwerfen: denn es dünkt mich weniger schlimm, wenn du ein paar Löcher im Kopf hast, als wenn zehn Männer im Kerker verhungern und Sabene ungestraft sein Wesen treibt.«

»Ja, Herr«, murmelte der Wächter heiser, als er wieder Luft bekam. Lieber Gott, hatte dieser Herr einen Griff! Vergeblich versuchte er, unter die Kapuze zu schielen: aber es schien ihm gewiß, daß der Fremde ein vornehmer Ritter und nicht ein landfahrender Schelm war. Seltsamerweise hatte er trotz der fürchterlichen Drohung nicht einmal Angst vor ihm, und weil er neugierig war, wagte er zu fragen: »Du kennst Herzog Sabene?«

»Nein«, kam es grimmig zurück, »aber was ich von ihm weiß, das macht mich sehr begierig, ihm zu begegnen.«

Plötzlich ergriff der Fremde den Arm des Wächters und zog ihn zu sich heran.

»Hör zu!« sagte er entschlossen. »Ich bin Wolfdietrich, König Hugdietrichs dritter Sohn.«

Der Wächter prallte zurück. »Herr Wolfdietrich«, stotterte er entsetzt, »um Gottes willen, du bist des Todes, wenn Herzog Sabene erfährt, daß du hier bist! Ich bitte dich, geh augenblicklich wieder fort! Komm mit mir, ich will dir das Tor öffnen, obgleich es mich das Leben kosten kann: denn der Herzog kennt keine Gnade.«

»Das weiß ich!« antwortete Wolfdietrich finster. »Aber – wenn du mir hilfst, wird er eben nicht erfahren, daß ich hier bin – ehe es für ihn zu spät ist. Freilich weiß ich nicht, ob du etwas für mich tun willst, da du ja im Dienste meiner Brüder stehst«, fügte er hinzu.

Er wußte, er wagte viel: Wenn der Knecht ihn verriet, war er

verloren. Half er ihm aber, so würde den Lamparten morgen viel Blutvergießen erspart bleiben.
Wolfdietrich merkte, wie der Wächter zögerte: Ja, nun hing sein Schicksal wieder einmal an einem Haar. Vielleicht würde der Knecht ihm jetzt das Tor öffnen, und wenn er fort war, sogleich zu Sabene laufen. Und dann würde Sabene seine Reiter hinter ihm her hetzen, und sie würden ihn jagen wie ein wildes Tier. Er aber hatte nicht einmal Wildvogel, um ihnen zu entkommen und das Heer der Lamparten zu erreichen. Freilich war da König Ortnits Rüstung und das Schwert Rose und auch das palmatseidene Hemd, das ihn schon einmal gerettet hatte. Aber er war allein, und seine Verfolger würden viele sein: So mußte er zuletzt unterliegen. Saß er aber erst einmal im Turm, dann halfen ihm keine goldene Brünne und kein palmatseidenes Hemd mehr.
Da hörte er, wie der Wächter einen tiefen Atemzug tat. »Herr«, sagte er, »ich habe deinen Brüdern die Treue geschworen. Aber bei uns im Lande herrschen nicht die Könige, sondern Herzog Sabene. Sie tun alles, was er will, und wissen nicht, wie er sie betrügt. Er treibt Zins und Zehent ein, und das Geld verschwindet in seinen Schatzkammern. Kaufleute und Schiffsherren müssen ihm und seinen Handlangern kostbare Geschenke machen, damit sie die Erlaubnis erhalten, in der Stadt und im Lande Handel zu treiben. Niemand vermag etwas gegen ihn, denn er ist reicher und mächtiger als alle Edlen. Wenn du mir schwörst, daß meinen Herren kein Leid geschieht, so will ich dir gegen Sabene gerne beistehen!« Plötzlich brach er ab und schüttelte den Kopf. »Aber was rede ich da, Herr? Wie könntest du etwas gegen ihn ausrichten, da du allein und waffenlos bist?«
Wolfdietrich lachte leise. »Ich bin weder allein noch waffenlos.« Er schlug den Mantel auseinander, und der Wächter gewahrte mit Verwunderung, wie es darunter golden blinkte. »Mein Heer lagert nicht weit von hier im Gebirge. Wenn ich jetzt wieder dahin zurückkehre, so können wir morgen um

Mitternacht draußen vor dem Tore stehen. Ich will nicht gegen meine Brüder kämpfen. Öffnest du uns, so wird es keinen Kampf geben: denn wir werden in der Burg sein, ehe sie Zeit haben, zu ihren Waffen zu kommen. Deinen Herren wird nichts geschehen, das habe ich schon meiner Mutter geschworen. Auch du magst es mir glauben«, schloß er ernst und legte dem Wächter einen Augenblick die Hand auf die Schulter.
Nein, Herr Wolfdietrich log nicht, das wußte der Knecht ganz gewiß.
»Ich werde euch öffnen«, versprach er, und weil ihm doch nicht ganz wohl zumute war, hielt er sich schnell vor Augen, daß ja dann niemand zu sterben brauchte und daß er zuletzt doch nur half, seine Herren von ihrem bösen Ratgeber zu befreien.
Eine kurze Weile später wanderte Wolfdietrich schon wieder südwärts gegen das Gebirge. Es war ihm traurig ums Herz, während er so durch die Dunkelheit fürbaß ging. Freilich schien es, als sollte morgen alles gutgehen. Aber Berchtung war tot. Auch dies gehörte zu Sabenes Untaten, dachte Wolfdietrich voll Kummer und Zorn. Aber, bei Gott, es sollte nun endlich seine letzte sein!
Unversehens war die Dunkelheit ein wenig grau und durchsichtig geworden. Und als Wolfdietrich den Hang hinaufstieg, sah er schon draußen im Osten das Meer schillern, Nebel wanderte neben ihm von der Ebene herauf, schleierte um die Büsche, die dürre Arme daraus hervorreckten wie unselige Gespenster. Als er mitten in dem dichten grauen Gebrodel war, hörte er vor sich Hufschlag. Er hielt an und lauschte, und als er erkannt hatte, daß es zwei Pferde waren, lächelte er: Er wußte, wer da kam.
Helmnot und Engelwan sahen ihn erst, als er dicht vor ihnen stand. Ihre besorgten Gesichter hellten sich auf, aber gleich blickten sie wieder so finster wie möglich: Der König brauchte nicht zu merken, wie erleichtert sie waren.
»Ich werde mir das Schlafen abgewöhnen«, knurrte Helmnot,

»denn solange ich dein Dienstmann bin, komme ich doch nicht dazu, scheint mir.«
Engelwan sprang aus dem Sattel. »Du kannst mein Pferd haben, König Wolfdietrich, mich dünkt, du bist lange genug zu Fuß gelaufen.« Er grinste, daß es beinahe wie Schadenfreude aussah. Aber Wolfdietrich nahm es nicht übel. »Nein, ich will mit euch gehen«, sagte er. Er fühlte, wie froh er war, sie zu sehen.
Aber dieser Hang – wollte er denn nie ein Ende nehmen? Wenn er nicht bald oben war, dann, weiß Gott, dann würde er sich einfach unter den nächsten Baum legen. Nein, es ließ sich nicht mehr leugnen, daß er todmüde war!
Zuletzt stolperte er doch an den Wächtern vorüber, die verschlafen um das Lager hockten; die Lamparten lagen da und schliefen, die Pferde lagen da und schliefen auch. Nur ein wenig seitwärts stand ein grauer Hengst, witterte mit hocherhobenem Kopf und stampfte den Boden. Er war mit einem dreifachen Zügel an einen Ast gebunden.
»Wenn es dunkel wird, reiten wir nach Kunstenopel, bis dahin soll mich niemand wecken«, sagte Wolfdietrich nur noch, stolperte zu dem grauen Hengst hinüber, strich ihm übers Maul, warf sich neben ihm ins Gras und schlief im nächsten Augenblick.
Wildvogel legte sich behutsam so nahe neben seinen Herrn, daß er sicher war, er könnte ihm nicht mehr entkommen.

Es jagte durch die Nacht gegen Kunstenopel. Meile um Meile näherte es sich von Süden her mit dem dumpfen Donnern unzähliger Pferdehufe, mit tausendfachem Klirren von Stahl, mit einem gefährlichen kalten Blinken auf hundert und aber hundert Helmen.
Zur Linken, ein wenig entfernt, lag eine Burg. Auf der Mauer gingen zwei Wächter. Sie blieben stehen, als sie es herankommen hörten, und sie sahen es mit offenem Mund vorüberbrau-

sen, bis es die Dunkelheit verschlang und nur noch das Donnern eine Weile blieb.
Sie starrten einander an. »Was ist das für ein Heer?«
»Es reitet nach Kunstenopel.« Mehr wußten sie nicht zu sagen: Mochten die Könige und Herzog Sabene sich um Heere kümmern, die mitten in der Nacht nach der Hauptstadt jagten! Man scherte sich auf den Burgen des Griechischen Reiches nicht mehr sonderlich viel um die beiden traurigen Gestalten, die es beherrschten und selbst von Sabene beherrscht wurden.
Ein paar Männer ritten über die Heerstraße, die von Salneck herüberkam. Zwischen ihnen fuhr ein hochbeladener Ochsenwagen. Sie zügelten die Pferde, als sie das Donnern vernahmen. Aber sie ließen Ochsen und Wagen im Stich, als es schwarz und riesig heranbrauste, und hetzten querfeldein davon. Später kamen sie zögernd zurück, richteten den umgestürzten Wagen wieder auf und machten sich jammernd daran, ihre kostbaren Waren zusammenzusuchen, die überall auf der Erde verstreut lagen. Dazwischen lauschten und spähten sie ängstlich, ob nicht etwa das furchtbare Heer wiederkehre: denn sie waren Händler und allem kriegerischen Getriebe abgeneigt, weil man dabei allzu leicht Gut und Leben einbüßen konnte.
Weiter! Weiter! Ein Hirte schlief bei seiner Schafherde auf der Weide, gar nicht weit von der Stadt. Und als der nächtliche Spuk aufgetaucht und wieder verschwunden war, da war auch die Herde verschwunden, hinter irgendeinem vor Entsetzen toll gewordenen Hammel davongerast in die Nacht hinein. Lauf, Hirte! Er mußte sehr lange laufen, der arme Bursche.
Als der Wächter am Tore der Königsburg das Heer hörte, mußte er sich noch einmal sehr zusammennehmen. Aber dann schob er entschlossen die schweren Riegel zurück, die er am Tage fürsorglich geölt hatte. Nein, es war recht, was er tat: Die Könige und das Reich waren in den Händen eines gewissenlosen Schurken, und das mußte ein Ende haben!

Er horchte und wunderte sich, daß von keinem der Türme ein Hornruf scholl: denn auch die anderen Wächter mußten ja das Getöse gehört haben.
Das hatten sie freilich. Aber da keiner wußte, was es mit diesem nächtlichen Heere für eine Bewandtnis hatte, wartete jeder, bis der andere zu blasen anfinge, und so kam es, daß sie alle still blieben.
Just, als die eisernen Torflügel aufschwangen, schoß draußen Wildvogel um die Mauer. Im nächsten Augenblick flog er mit einem Sprung mitten in den Hof hinein. Hinter ihm sauste es durchs Tor, Pferd an Pferd, wie die wilde Jagd, im Handumdrehen waren die Lampartenritter aus dem Sattel und stürmten die Stiege hinauf zum Söller, die blanken Schwerter in der Faust, indes draußen an der Mauer das Heer die Burg umzingelte.
Während Wolfdietrich langsam die steinerne Treppe hinaufstieg, flackerte hinter den Fenstern des Saales ein Licht auf. Die Tür wurde aufgerissen, ein Kämmerer erschien mit verstörtem Gesicht, eine Leuchte in der Hand. Er prallte mit einem entsetzten Schrei zurück, als er Söller und Hof voll von fremden Rittern sah. Hastig wollte er die Tür wieder schließen. Aber Helmnot, der daneben stand, war schneller. »Warte«, sagte er und schob den Diener kurzerhand zur Seite. In diesem Augenblick fiel der Lichtschein auf Wolfdietrichs Gesicht. Der Kämmerer riß die Augen auf. »Junker . . . Junker Wolfdietrich!« stotterte er verblüfft.
»König Wolfdietrich!« verbesserte Helmnot streng. »Und nun mach Platz und zünde Licht an im Saale! Wir stehen nicht gerne vor der Tür!« Der Kämmerer gehorchte zögernd und entzündete die Leuchten an den Säulen. Als er einen Blick durchs Fenster warf, sah er, daß es auch draußen vor den Mauern ringsum lebendig geworden war. Er wußte nicht, was das alles bedeuten sollte. Aber eines schien ihm gewiß: Aus eitel Freundschaft waren sie nicht gekommen, Herr Wolfdietrich und diese

grimmigen Fremdlinge, nein, so sahen sie nicht aus. Großer Gott, der ganze Saal war schon voll von ihnen! Er mußte es doch wenigstens schnell den Königen sagen ... Da hörte er schon Wolfdietrichs ruhige Stimme: »Nun geh, wecke deine Herren und sage ihnen, ich warte hier im Saale auf sie: aber ich pflege nicht lange zu warten!«

Der Kämmerer rannte. Ein paar Knechte und Mägde steckten die Köpfe aus den Türen und fragten erschrocken, was es gebe. Aber er hatte keine Zeit zu antworten. Er stürzte in die Kemenate, wo die Könige schliefen. Sie hatten von dem ganzen Lärm nichts gehört, denn sie waren erst spät von einem Gastmahl in Sabenes Palast heimgekehrt, und der Wein bescherte ihnen stets einen tiefen Schlaf.

Es half nichts, daß der Diener rief, er mußte sie sehr heftig schütteln, bis sie endlich mühsam die Augen öffneten, die mit Pech verklebt schienen. Zuletzt setzte der Kämmerer in seiner Verzweiflung den älteren seiner Herren im Bette auf, und als er mit wackelndem Kopf dasaß, schrie er ihm ins Ohr: »Wach auf, Herr, Junker Wolfdietrich ist gekommen! Und draußen vor den Mauern steht ein Heer!«

Da wurden die Brüder freilich jäh nüchtern. »Was faselst du da, du Dummkopf?« Es klang zornig, aber in ihren schmerzenden Köpfen dämmerte schon eine Ahnung kommenden Unheils auf. »Es ist alles wahr«, beteuerte der Kämmerer und schwitzte vor Angst und Anstrengung. »Und Junker ... König Wolfdietrich, meine ich ... er sagt, er pflege nicht lange zu warten.«

»Was redest du denn von einem König Wolfdietrich!« schrie ihn der jüngere wütend an und kam endlich auf die Beine. »Wie käme denn unser Bruder nach Kunstenopel und noch dazu als König? Und woher sollte er ein Heer haben, he, du Esel? Und wie kann die Burg voll von Rittern sein, wenn doch die Tore geschlossen sind? Oder – hat sie vielleicht jemand eingelassen?« stieß er plötzlich mißtrauisch hervor.

»Du wirst es selbst sehen, Herr«, sagte der Diener kläglich und war froh, daß sie endlich Miene machten zu gehen. Freilich mußte er sich heimlich eingestehen, daß sie nicht eben besonders königlich aussahen mit ihren zerdrückten Gewändern und den wirren Haaren, aber die Zeit drängte, und so öffnete er ihnen eilig die Tür. Da blieb der ältere noch einmal stehen und sah mit gerunzelter Stirne seinen Bruder an. »Wir müssen es Sabene sagen«, murmelte er besorgt. Der andere nickte und packte den Kämmerer am Arm. »Hör gut zu!« befahl er hastig. »Wenn wir im Saale sind, so lauf, was du kannst, zu Herzog Sabene. Aber gib acht, daß dich niemand von den Fremden sieht. Erzähle ihm, was geschehen ist! Er wird wissen, was wir tun sollen!« Ja, Sabene wußte es immer. Und während sie nach dem Saale gingen, wünschten sie heftig, er möchte schon da sein, um diesen nächtlichen Spuk aus dem Wege zu räumen.
Aber einstweilen war da nur Wolfdietrich in seiner goldenen Rüstung und dem gekrönten Helm und diese fremden Ritter mit den hellen Gesichtern, die sie aus ruhigen Augen musterten, ohne die leiseste Ehrerbietung zu bezeigen: Nein, diese Könige waren nicht von solcher Art, daß die Lamparten auch nur den Kopf vor ihnen geneigt hätten.
Es war wieder fast genauso wie in ihrer Knabenzeit: Sie standen da, mager und gelbgesichtig, zwei hochfahrende Schwächlinge, mißtrauisch und übellaunig. Gegenüber stand Wolfdietrich. Sie sahen ihn an und haßten ihn wie eh und je. Und da war jetzt noch etwas: Sie fürchteten ihn.
Wolfdietrich fühlte fast mit Verwunderung, daß er etwas wie Mitleid für seine Brüder empfand. Es konnte wohl nicht viel Gutes aus ihnen werden, so wie sie geartet waren. Und das übrige tat Sabene dazu.
»Es hat sich viel geändert, seit wir uns das letztemal begegnet sind«, begann er ohne Zorn. »Ihr habt gewiß nicht geglaubt, mich wiederzusehen, als ich damals arm in die Fremde fuhr.

Ich mußte heimlich fliehen: denn sonst hättet ihr mich wohl nicht entkommen lassen, und ich läge im Turm, wie Berchtungs Söhne. Oder ich wäre tot wie Herzog Berchtung. Nun aber bin ich König von Lamparten, und ich bin zurückgekommen, um mir mein Recht zu holen. Ihr habt mir meinen Anteil am Reiche verweigert: Da dünkt es mich nur billig, wenn ich jetzt den euern nehme. Ich will nicht, daß ihr arm wie ich außer Landes gehen müßt: aber ihr sollt euer Erbe von mir zu Lehen erhalten und mir Treue schwören.«

Aber sie lachten ihm nur wütend ins Gesicht und schrien, er habe gar nichts zu fordern, da er nicht einmal in ehrlichem Kampfe, sondern durch List und Verrat sich der Burg und ihrer selbst bemächtigt habe. Und sie schworen, daß sie alle, die in dieser Nacht auf Mauern und Türmen Wache gehalten hätten, hängen lassen wollten.

Wolfdietrich schüttelte den Kopf.

»Wie wir hereingekommen sind, ist nicht wichtig«, sagte er kühl. »Wichtig ist, daß niemand sterben mußte. Und da wir nun einmal hier sind, wird alles nach Recht und Gerechtigkeit geordnet werden. Aber ich habe noch etwas anderes zu tun: Sabenes Maß ist voll. Und da es im Griechischen Reiche niemand gibt, der ihm das Handwerk legt, werde ich es tun.«

In diesem Augenblick riß Engelwan, der draußen auf dem Söller Wache gehalten hatte, die Tür auf und schritt rasch auf Wolfdietrich zu.

»Ich habe gerade den Kämmerer gesehen«, sagte er leise und beunruhigt. »Er schlich an der Mauer entlang nach dem Seitentore, das in die Stadt führt, schloß auf und verschwand. Dann sah ich ihn jenseits die Gasse hinablaufen, als wäre ihm der Teufel auf den Fersen. Ich weiß nicht, ob es etwas zu bedeuten hat . . .«

Wolfdietrich starrte ihn an, und sein Gesicht wurde jäh hart.

»Es hat alles zu bedeuten«, sagte er kurz. »Denn in dieser Gasse steht Sabenes Palast.« Er war schon an der Tür. »Wartet hier auf mich!« Dann war er fort, und sie hörten ihn die Stufen hinabspringen.

Er rief nach Wildvogel. Aber Wildvogel stand irgendwo in den Ställen und fraß, und es dünkte Wolfdietrich eine Ewigkeit, bis der Knecht den Hengst brachte.

Mit einem Satz war er im Sattel, und gleich darauf jagte er durchs Tor und die Gasse hinab, daß die Hufe einen wilden Wirbel auf den Steinen schlugen. Er ritt, tief auf Wildvogels Hals gebückt, mit zusammengebissenen Zähnen: Er hatte Zeit verloren, vielleicht zuviel Zeit! Aber es durfte nicht sein. Vorwärts, Wildvogel! Die Gasse lag leer und dunkel. Wo war der Kämmerer? Er mußte gelaufen sein wie ein Hase! Keine Spur mehr von ihm zu sehen.

Jetzt – dort vorn, das war Sabenes Haus – nein, nun war es nicht mehr weit, nur noch fünfzig Schritte vielleicht ... Aber da – da schoß aus dem Torbogen des Palastes ein schwarzer Schatten in die Gasse heraus, warf sich herum, schnellte nach vorn, verschwand mit trommelnden Hufen in der Dunkelheit ... fort!

Wolfdietrich schrie vor Zorn auf: Das war Sabene! Er hätte es schwören können! Sabene entkam! Nein, er durfte nicht entkommen! Wildvogel, du hast mich noch nie im Stich gelassen! Hörst du den Hengst da vorn? Es muß einer von deinen Brüdern sein! So schnell sind nur die Rosse aus der Wüste. Er darf aber nicht schneller sein als du, Wildvogel, denn der Mann, der ihn reitet, ist der größte Schurke unter der Sonne, und wir müssen ihn haben!

Dort drunten kommen wir bald an ein Tor, und wenn wir ihn bis dahin nicht eingeholt haben, entkommt er uns: denn der Wächter wird Sabenes Stimme erkennen und ihm öffnen, uns aber wird er nicht durchlassen! Da geht jemand vor uns: Platz da, sonst wird es euer Schaden sein! Vorbei! Zwei Wächter

gewiß, was schert's mich? Dort ist das Tor, ganz deutlich gegen den Himmel zu sehen.
Jetzt eine Stimme: »Das Tor auf! Ich bin Herzog Sabene!« Ja, du bist Herzog Sabene, ich habe es gewußt! Das Tor knarrt, der Knecht hat gewiß nicht geschlafen, so schnell gehorcht er! Wildvogel, wir müssen dort sein, ehe das Tor wieder zu ist, wir müssen!
Aber dann war es doch zu, und Wildvogel prallte auf die Hinterhand zurück, daß Wolfdietrich beinahe kopfüber aus dem Sattel geschossen wäre. Und draußen, jenseits der Mauer, entfernten sich die Hufschläge!
»Mach auf! Sofort!« sagte Wolfdietrich heiser vor Grimm und schüttelte den Knecht an der Schulter.
Aber der stand breitbeinig da und stemmte den Spieß gegen den Boden. »Wer bist du?« fragte er gemächlich.
In diesem Augenblick spürte Wildvogel die Sporen in den Flanken, so heftig, wie er es von seinem Herrn nicht gewohnt war. Und dann – ja, da blieb freilich der stärkste Mann nicht auf seinen Beinen stehen, wenn Wildvogel mit einem solchen Satz nach vorn prellte. Der Wächter zappelte noch auf dem Rücken, als Wolfdietrich vom Pferd herab die schweren Riegel zurückschob.
Da lag die Heide vor ihm, und der Boden war sandig, und nicht weit im Osten war das Meer. Und wo war Sabene? Wolfdietrich wußte es nicht: Der Sand verschlang den Hufschlag, und es war sehr dunkel. Aber Wildvogel wußte es. Er konnte genau erkennen, wo der fremde Hengst gelaufen war. Und dahin lief er auch: denn er mußte dieses Pferd einholen, das schneller sein wollte als er. Er flog über den Sand, seine Sprünge waren weit und schön, und vor ihm war die Witterung dieses Bruders. Oh, Wildvogel war noch nie so gelaufen! Er gab gut acht, wie weit der andere vor ihm war. Und nach einer Weile merkte er, daß er ihm näher kam: Da nahm er alle Kraft zusammen, die in

seinem schlanken Leibe und in seinen stahlharten Sehnen wohnte . . .
Und plötzlich sah Wolfdietrich Sabene wieder: zuerst nur als schwarzen Schatten, der nordwärts dem Walde zujagte. Aber dann konnte er ihn bald deutlicher erkennen, und er sah, daß der Herzog keine Rüstung trug: Er mußte sich wohl, so wie er war, aufs Pferd geworfen haben, als der Kämmerer ihm die üble Botschaft brachte.
Ja, so war es auch: Sabene hatte Angst, entsetzliche Angst. Diesmal, wußte er, war es sein Ende, wenn er Wolfdietrich in die Hände fiel. Wolfdietrich war nicht Berchtung, und er würde keine Gnade mehr kennen, nur noch Gerechtigkeit: und das bedeutete den Galgen für ihn, daran zweifelte er keinen Augenblick. Einmal schon war er ihm sehr nahe gewesen, und seitdem hatten sich seine bösen Taten unabsehbar vermehrt, auch das wußte er: denn selbst der größte Bösewicht weiß immer noch, was Gut und Böse ist, ob er es wahrhaben will oder nicht.
Tief auf den Hals seines Pferdes gebückt, jagte Sabene vorwärts.
Einmal schon war er den gleichen Weg geritten, fort von Kunstenopel, und war viele Jahre nicht wiedergekommen. Diesmal – nein, diesmal würde es überhaupt keine Wiederkehr mehr für ihn geben: denn auch mit seinen Königen war es nun aus, die ihm so getreulich zu Macht und Größe verholfen hatten! Diese Narren! Sie hatten doch wahrhaftig geglaubt, er würde nichts Eiligeres zu tun haben, als zu kommen und selber den Kopf in die Schlinge zu stecken. Er hätte laut lachen können über ihre Einfalt, wenn ihn die Angst nicht so gewürgt hätte!
Aber wenigstens war er Wolfdietrich entkommen. Er war nicht schlecht erschrocken, als er ihn hinter sich die Gasse herabjagen hörte: So toll ritt nur Wolfdietrich auf diesem Satan von einem Hengst! Aber nun war er ihn los, und wenn er erst einmal im Walde untertauchte, mochten sie ihn nur suchen.

Just, als er das dachte, hörte er Wildvogel zum erstenmal hinter sich schnauben.
Es durchfuhr ihn, als hätte ihn der Tod angerührt. Hastig wandte er sich um. Ein heiserer Laut kam aus seiner Kehle. Nein! Nein, das konnte nicht sein! Aber da schnellte sich dieser graue Hengst heran, und auf seinem Rücken saß der Tod und hatte eine goldene Rüstung an.
Sabene merkte nicht, daß der Morgen graute, und es wunderte ihn nicht einmal, daß er alles so deutlich sehen konnte: Wolfdietrichs helles Gesicht und seine ernsten Augen, in denen keine Freundlichkeit mehr war, und – ja, und das blitzende Schwert, das jetzt aus der Scheide fuhr.
Sabene ächzte. Vorwärts, vorwärts! Er mußte entkommen. Er stieß dem edlen Pferde, das er ritt, die Fersen in die Flanken, da er keine Sporen hatte.
Nein, keine Sporen, keine Waffen, nichts! Doch, etwas! Eine kleine Waffe nur, aber vielleicht tat sie doch ihren Dienst, wenn es sein mußte.
Jetzt bog Wildvogel zur Seite: Mit ein paar langen Sprüngen sauste er an dem fremden Pferd vorüber, warf sich herum und stand mit einem halsbrecherischen Satz quer vor ihm.
Sabenes Hengst stieg kerzengerade in die Höhe und überschlug sich.
Im selben Augenblick war Wolfdietrich aus dem Sattel.
Das Pferd sprang sofort wieder auf, und eine Weile später kam auch Sabene wieder auf die Beine. Er war grau im Gesichte, schien aber unverletzt.
Wolfdietrich beobachtete ihn genau, und als er seine Augen sah, wußte er, daß er auf der Hut sein mußte: Sabene war so gefährlich wie ein wildes Tier, das keinen Ausweg mehr sieht.
Langsam kam er näher. »Ich muß mit dir sprechen, Herr Wolfdietrich«, sagte er rauh.
Wolfdietrich schüttelte den Kopf. »Es würde dir nichts nützen,

Sabene. Du kannst sprechen, wenn über dich Gericht gehalten wird.«
Sabene kam noch einen Schritt näher. »Du – du willst mich also nicht anhören?« Seine rechte Hand verschwand im Wams, es sah aus, als geschähe es ganz achtlos.
»Nein«, sagte Wolfdietrich hart. »Soll ich alle deine Taten aufzählen, für die du längst vor das Teiding gehörst? Ich würde kein Ende finden, Sabene. Nimm dein Pferd, wir reiten zurück nach der Stadt. Du weißt wohl, daß es keinen Zweck hat, zu fliehen!«
»Du fühlst dich sehr sicher«, murmelte Sabene mit niedergeschlagenen Augen. Im nächsten Augenblick zuckte etwas blitzend durch die Luft. Ein Stoß traf Wolfdietrich gegen die Brust, daß er zurücktaumelte. Ein jäher scharfer Schmerz durchfuhr ihn, aber es war gleich wieder vorüber: nur etwa so, als habe er sich an einem spitzen Gegenstand heftig gestoßen, ohne sich aber zu verletzen. Es war so schnell gegangen, daß er nicht recht wußte, was geschah. Plötzlich fiel ihm etwas ein. »Das palmatseidene Hemd«, dachte er fast erschrocken, »war es wieder das palmatseidene Hemd, Mutter?«
Sabene starrte ihn mit maßlosem Erstaunen an und sprang mit einem Fluch zurück. »Zur Hölle! Du kannst nicht unverwundbar sein!« knirschte er.
Sein Arm fuhr in die Höhe, und als Wolfdietrich den haarscharfen Dolch sah, der sich auf sein Gesicht richtete, schlug er zu. Und das Schwert Rose war schneller als der Dolch. –
In der Königsburg herrschte indessen große Ratlosigkeit. Niemand wußte, was eigentlich geschehen war oder was jetzt zu geschehen hätte. Die Burgwache und die Knechte, die allmählich schlaftrunken und verstört zum Vorschein kamen, warteten auf einen Befehl ihres Hauptmannes. Der Hauptmann hatte versucht, in den Saal zu gelangen, um einen Befehl seiner Herren zu erhalten: aber die fremden Ritter ließen ihn nicht ein

und empfahlen ihm zu warten. Er sah durch die offene Tür die Könige nebeneinander in ihren Stühlen sitzen, stumm, mit verstörten Gesichtern, zwei dürftige, zerknitterte Gestalten mitten unter den großen Männern in ihren glänzenden Rüstungen. Sie warteten alle. Die Könige warteten auf Sabene, immer unruhiger, je mehr Zeit verging, und auch die Lamparten begannen gegen Morgen sorgenvoll zu überlegen, was wohl aus Wolfdietrich geworden sein mochte, weil er so lange nicht wiederkam.
Am meisten besorgt aber war der Wächter, der in der Nacht das Tor geöffnet hatte. Er wich keinen Augenblick vom Guckloch, und als er vor Angst schon zu schwitzen begann, sah er endlich Wolfdietrich kommen. Darüber fühlte er sich so erleichtert, daß er ihm vor die Mauer hinaus entgegenlief. Er hegte nicht den leisesten Zweifel darüber, was mit ihm geschehen wäre, hätten seine Herren Zeit gefunden, sich um ihn zu kümmern. Darum war es gut für ihn, daß sie im Saale gefangensaßen: denn er hatte in dieser Nacht noch etwas Verbotenes getan. »Edler Herr«, sagte er atemlos, als er neben Wildvogel zum Tore zurücktrabte, »ich habe heute, ehe du mit dem Heere kamst, den Gefangenen Fleisch und Brot durchs Fenster hinabgeworfen. Denn ich wußte, daß sie fast nichts zu essen bekamen. Freilich mußte ich es aus der Vorratskammer stehlen, und wenn mich jemand erwischt hätte, du lieber Himmel . . .«
Da packte Wolfdietrich den Wächter vom Pferde herab an der Schulter, so heftig, daß er beinahe unter Wildvogels Beine stolperte.
»Das lohne dir Gott«, sagte er rauh. »Und ich werde dir dein Brot mit Gold aufwiegen, das verspreche ich dir! Aber nun komm, wir wollen sofort zu den Gefangenen.« Er sprang aus dem Sattel.
Der Wächter warf einen Blick zum Saale hinauf. »Herr, sie warten alle auf dich«, wagte er zu erinnern.

»Meine Dienstmannen im Turm haben viel länger warten müssen«, beschied ihn Wolfdietrich kurz.
Da lief der Knecht eilig voran durch das kleine eiserne Pförtlein, die holperigen Steinstufen hinab und weiter den niederen gewölbten Gang entlang, in dem das Wasser an den schwarzen Mauern glänzte und die Ratten pfeifend über den Boden fuhren. Dann standen sie vor einer Tür. Es war niemand da, der sie gehindert hätte, die schweren Riegel zurückzuschieben: In der Königsburg war die Ordnung aus den Fugen geraten.
Als sich Wolfdietrichs Augen ein wenig an die graue Dämmerung gewöhnt hatten, die da herunten herrschte, sah er die zehn Männer. Aber – diese Männer mit den wilden Bärten und den fahlen Gesichtern, mit den elenden Kitteln, die um ihre dürren Gebeine schlotterten – Himmel, nein, das konnten nicht die Berchtungssöhne sein!
Jetzt kam einer zögernd auf ihn zu und blieb vor ihm stehen. »Wolfdietrich«, sagte er nur, und seine Stimme klang brüchig: aber es war dennoch die Stimme des jüngsten Berchtungssohnes.
Da legte ihm Wolfdietrich den Arm um die Schultern und – ja, weiß Gott, er war froh über das trübe Licht . . . so merkten sie es vielleicht nicht, wenn er sich schnell mit der Hand über die Augen fuhr.
Nein, es war kein königliches Gefolge, mit dem Wolfdietrich eine Weile später den Saal betrat. Aber dennoch sprangen die vornehmen Lamparten sofort auf: nicht nur um ihren König zu begrüßen, sondern auch um die zehn Dienstmannen zu ehren. Denn Treue galt ihnen als die höchste ritterliche Tugend.
Die Könige sahen die Berchtungssöhne sehr ungern: denn Gefangene, die nahe am Hungertode waren, brachten nur Schande ein. Zwar – man konnte immer noch sagen, Sabene sei schuld daran. Aber, wo blieb Sabene? Sie waren aufs höchste beunruhigt und ließen die Tür nicht mehr aus den Augen.

Da, jetzt kam Wolfdietrich den Saal herauf, und er sah ganz so aus, als gedenke er, ohne jegliche Milde Abrechnung zu halten! Und Sabene war immer noch nicht da!

Wolfdietrich blieb vor ihnen stehen und blickte finster auf sie hinab. »Ich hatte einmal elf Dienstmannen«, begann er hart. »Nun habe ich nur noch zehn. Wo ist Herzog Berchtung?«

Sie starrten trotzig zu Boden. »Ein alter Mann kann leicht sterben.«

»Ja, insbesondere dann, wenn man ihn im Turm verhungern läßt«, sagte Wolfdietrich zornig. »Und wo ist unsere Mutter?«

»Auf Lilienport«, antwortete der ältere eilig, »und auch die Herzogin von Meranien ist bei ihr. Niemand hat ihnen ein Haar gekrümmt.«

»Das ist euer Glück. Aber es gibt noch vieles andere, was ich mit euch bereden muß.«

»Wir wollen aber nichts mit dir bereden«, schrie der ältere plötzlich wütend. »Wir werden warten, bis Sabene hier ist: dann mag er mit dir sprechen.«

Der jüngere stand auf. »Ich will einen Boten zu Sabene senden«, sagte er heuchlerisch, »er wird gewiß sogleich kommen.«

Wolfdietrich betrachtete ihn kühl.

»Du hast bereits heute nacht einen Boten zu ihm gesandt, und er ist nicht gekommen. Ich kann dir sagen, warum: Er hat es vorgezogen zu fliehen, als er die Warnung erhielt. Denn er wußte wohl, daß es mit ihm zu Ende war.«

Sie rissen die Augen auf. »Er ist fort?«

Fast empfand Wolfdietrich wieder Mitleid, als er ihre ratlosen Gesichter sah. Nein, es war nicht viel Gutes an ihnen: aber Sabene war ihr böser Geist gewesen.

»Ja«, sagte er ernst, »er wird nie wiederkommen: denn er ist tot.«

Von diesem Augenblick an schien es, als hätten die Brüder alle Hoffnung aufgegeben.

Wohl weigerten sie sich nach wie vor, ihr Erbteil von Wolfdietrich zu Lehen zu nehmen, und zuletzt schwuren sie, eher wollten sie in die Fremde fahren, als seine Dienstmannen sein.
Darüber dachte Wolfdietrich eine Weile nach. »Das dünkt mich ein guter Ausweg«, sagte er endlich. »Für euch und für mich: denn es könnte doch nie Frieden zwischen uns geben, da ihr mir übel wollt. Aber ihr sollt nicht so arm außer Landes gehen wie ich, als ich nach Lamparten fuhr. Nehmt alles mit, was euch gehört. Ich mag nichts davon behalten: So würde es gewiß auch unsere Mutter wollen, obgleich ihr es nicht um sie verdient habt.« –
Sie gingen freilich keineswegs arm in die Fremde. Es dauerte dreißig Tage, bis ihre kostbaren Besitztümer von den Burgen nach dem Hafen und auf die Schiffe geschafft waren.
Als sie ausfuhren, stand das Volk von Kunstenopel auf den Hafenmauern und sah ihnen neugierig und ohne Bedauern nach: wie eben gestürzte Machthaber am Ende meist nur mehr ein Schaustück für die Menge sind, ehe sie vergessen werden.
Am Morgen darauf ritt Wolfdietrich mit den Berchtungssöhnen und einem großen Gefolge nach Lilienport.
Ja, nun hatte er alles gut geordnet, Land und Burgen seiner Brüder waren an seine zehn Dienstmannen verteilt, die Herren aus dem ganzen Reiche waren in der Königsburg erschienen und hatten ihm den Lehenseid geleistet, nicht einer war ausgeblieben. Aus Sabenes Palast befanden sich ungeheure Schätze unterwegs nach den Schiffen an der Südküste, um mitgeführt zu werden übers Meer. Im Palaste selbst saß der Wächter, der den Lamparten das Tor geöffnet hatte, und war ein großer Herr geworden. Denn Wolfdietrich meinte, da er ein kluger und rechtschaffener Bursche sei, tauge er wohl zum Verwalter der königlichen Güter.
Nun würde man in wenigen Tagen wieder westwärts segeln

nach dem mächtigen Reiche, über das man herrschen sollte. Und dann würde man nach Garten kommen, wo Sidrat wartete.

Ja, alles war gut. Aber Wolfdietrich vermochte dennoch nicht froh zu sein. Denn wie konnte er zu Lilienport der Herzogin unter die Augen treten, da Berchtung seinetwegen hatte sterben müssen?

Es wurde ihm immer schwerer ums Herz, je näher sie der Burg kamen. Und als sie drunten am Hang anlangten und er die beiden im Tore stehen sah, da war er so bekümmert, daß er am liebsten umgekehrt wäre.

»Reitet voraus!« sagte er, und die Berchtungssöhne schossen davon, während er Wildvogel zurückhielt, der ganz und gar nicht begriff, warum er der letzte sein sollte.

Einen nach dem andern umarmte die Herzogin ihre zehn Söhne, hielt schmal gewordene Gesichter zwischen den Händen, küßte behutsam eine Wange, über die eine kaum verheilte Narbe lief, strich über Schultern und Arme, als wollte sie ganz sicher sein, daß sie wirklich wiedergekommen waren.

Dann sah sie Wolfdietrich, der zögernd auf sie zuging, Wildvogel am Zügel. Als sie einen Blick in sein Gesicht geworfen hatte, schüttelte sie leise den Kopf und ging ihm schnell entgegen.

»Du sollst nicht traurig sein«, sagte sie und küßte ihn auf beide Wangen, »ohne dich hätte ich meine Söhne nie wiedergesehen. Gott lohne dir deine Treue!« Sie schob ihn sachte von sich. »Deine Mutter wartet auf dich«, mahnte sie freundlich.

Da war auf einmal aller Kummer fort, und Wolfdietrich ließ Wildvogel ganz einfach stehen und lief hinauf zum Tor.

»Oh, Mutter«, sagte er und gab sich Mühe, in seiner Freude nicht allzu unhöfisch zu sein. »Mutter, ich bin froh, daß es Frauen gibt wie dich und die Herzogin . . . und wie Sidrat.«

Sie horchte auf bei dem fremden Namen; aber noch fragte sie nicht.

Eine Weile später saß er wieder in ihrer Kemenate auf dem Boden, genau wie in der Nacht, ehe er auszog nach Lamparten. Die Königin blickte auf ihn hinab mit einem Lächeln in den Augen. »Vielleicht solltest du mir nun erzählen, wer Sidrat ist.«
Es erwies sich, daß diese Nacht viel zu kurz war.
Irgendeinmal, gegen Morgen, hielt Wolfdietrich im Erzählen inne und starrte mit gerunzelter Stirne vor sich nieder. Plötzlich hob er den Kopf und lachte unsicher. »Mutter, erinnerst du dich an das palmatseidene Hemd? Ich – ich habe nichts davon gehalten, und es schien mir sogar ein wenig läppisch, daß ich es tragen sollte. Aber es hat mich zweimal gerettet, Mutter: vor den Lindwürmern und vor Sabenes Dolch.«
Die Königin schien nicht verwundert. »Unsere großen Söhne dünken sich sehr bald viel weiser als ihre Mütter. Aber unsere Weisheit ist nur von anderer Art als eure: und ihr müßt erst viel älter werden, ehe ihr das begreift.«
»So muß ich indessen sehr alt geworden sein«, sagte Wolfdietrich nachdenklich. –
Fünf Tage darauf fuhren die Schiffe der Lamparten aus der kleinen Bucht an der Südküste aus und segelten heimwärts. Aber das Meer ging diesmal keineswegs sanft mit ihnen um. Sie gerieten mitten in die Herbststürme, es heulte und pfiff und prasselte ringsum, daß ihnen Hören und Sehen verging. Graue Fluten stürzten vom Himmel nieder, graue Fluten stiegen aus der Tiefe auf und ergossen sich über die Schiffe. Die Masten ächzten, und in den Segeln knallte es wie Peitschenhiebe. Den Lamparten schien es, als wollte die Reise kein Ende nehmen, und als sie dann doch, nach ... ach, wer wußte denn noch, wie viele Tage es waren – als sie dann doch wohlbehalten an Land stiegen, da sahen die tapferen Ritter und Knechte einander schaudernd in die grünlichen Gesichter und schwuren, nie mehr im Leben den Fuß auf ein Schiff zu setzen. Aber solche und auch andere Vorsätze geraten bei den Menschen meist recht

schnell wieder in Vergessenheit, wenn die bösen Zeiten vorüber sind. So ritten auch die Lamparten bald wieder wohlgemut nordwärts, und dann nahmen die Herren, einer nach dem andern, Abschied, um mit ihren Knechten heimzureiten.
Als der Rest des Heeres spät an einem Abend nach Trient kam, ritten auch die letzten fort, die zu beiden Seiten der Etsch auf ihren Burgen saßen. Nur Helmnot und Engelwan waren noch da und die Burgknechte von Trient und Garten.
Ja, morgen früh würde man nach Garten reiten und Sidrat wiedersehen. Aber je länger Wolfdietrich wach lag und an Sidrat dachte, desto weniger vermochte er einzusehen, warum er bis zum Morgen warten sollte. Und wieder nach einer Weile stand er leise auf, es mochte erst drei Stunden nach Mitternacht sein, und draußen war es noch stockfinster. Flink begann er Gewand und Rüstung anzulegen. Da hörte ihn der Kämmerer, der auf dem Bänklein vor der Tür schlief, stürzte herbei und griff eilig nach seinen Feuersteinen, um das Öl in der steinernen Lampe zu entzünden.
»Laß nur«, sagte der König vergnügt, »ich brauche kein Licht. Geh lieber in den Stall und laß Wildvogel satteln. Ich will gleich reiten.«
Der Kämmerer gehorchte verdutzt. »Aber, Herr, ich will doch zuerst Markgraf Helmnot und Herrn Engelwan wecken und auch die Knechte«, meinte er unter der Tür noch dienstfertig.
Wolfdietrich lachte. »Nein, gerade das sollst du ganz gewiß nicht tun. Erst wenn sie von selber aufwachen, magst du ihnen sagen, daß ich vorausgeritten bin nach Garten.«
Wildvogel schlug sogleich die Straße nach Westen ein, als sie draußen vor dem Tore waren. Der Hengst fühlte, daß der Morgen nicht mehr weit war, und trabte fröhlich die Straße entlang, die er nun schon kannte. Als es dämmerte, kam Wolfdietrich in das Tal, das südwärts gegen den Gartensee hinabführte. Der Herbstmorgen stieg blau und golden herauf, und die Welt schien wieder

einmal wunderschön, und es war nicht mehr weit nach Garten. Da spitzte Wildvogel die Ohren und wieherte hell. Und irgendwo antwortete ihm ein anderes Pferd. Hinter dem Hügel hervor, um den sich die Straße bog, kam eine weiße Stute, und auf ihrem Rücken saß eine Frau. Im nächsten Augenblick war Wolfdietrich aus dem Sattel gesprungen.

»Oh, Herrin«, sagte er nur, als er sie vom Pferde hob. Sonst nichts. Nein, niemand konnte unhöfischer sein als Wolfdietrich zuzeiten.

Aber sein Schweigen schien der Königin nicht zu mißfallen.

Später ritten sie zum See hinab, und Wildvogel ging neben der weißen Stute und blickte so sanft drein, als hätte er nie in seinem Leben einen Stallknecht oder ein fremdes Pferd gebissen.

»Erinnerst du dich, Herrin«, sagte Wolfdietrich nach einer Weile, und seine Stimme war nicht ganz so wie sonst, »erinnerst du dich, was wir am letzten Tage miteinander sprachen, ehe wir nach Trient zur Krönung ritten?«

Ihr Gesicht war ernsthaft geradeaus gerichtet. »Du sagtest, du könntest mich nicht bitten, deine Gemahlin zu werden, ehe du deine Dienstmannen befreit hättest.«

»Ja. Und – nun habe ich sie befreit.«

Sie wandte sich langsam zu ihm herüber.

»Ja, König von Lamparten«, sagte sie, und als sie einander ansahen, schien ihnen beiden, mehr brauchten sie nicht zu sagen.

So begann Wolfdietrichs Herrschaft in dem Reiche, das die Lamparten aufgerichtet hatten von den Städten Brissan und Botzen im Lande Tirol bis zum Herzogtum Benevent weit drunten an der Südküste.

Sie waren einst unter ihrem König Alboin von ihren Wohnsitzen an der Elbe aufgebrochen, um, einem uralten geheimen Gesetze gehorchend, nach Süden zu wandern und eine Zeitlang dort zu wohnen, wo vor ihnen andere Völker gewohnt hatten, deren Spuren sie verwischten, bis eines Tages auch von ihnen nur mehr verwischte Spuren blieben: denn dies ist das Schicksal der Völker. Und der es an den Lamparten vollzog, war Karl der Große, dessen abendländisches Reich sie aufnahm.